자기
개발
능력

SELF-DEVELOPMENT
COMPETENCY

PREFACE

어느 하나 중요하지 않은 습관이 있겠냐만 「성공하는 사람들의 7가지 습관」의 저자 스티븐 코비는 그중에서 "자신의 삶을 주도하는 습관"이 가장 중요하다고 했다. 자신의 삶에 주도성을 가진 사람만이 자신을 위한 인생의 목표와 비전을 가질 수 있다. 이를 이루기 위해 노력할 수 있고, 대인관계에서도 상호협력적인 관계를 맺고 살아가므로 효과적인 삶의 기틀을 마련할 수 있기 때문이다.

자신의 삶을 주도하는 것은 자기를 개발하는 것과 다름없다. 두 행동의 출발점은 항상 일치한다. 자신의 삶을 주도하는 것도, 자기를 개발하는 것도 모두 자신이 삶의 주인이라는 것을 인지하는 지점에서부터 출발한다. 이것은 자기개발이 모든 개인은 자신의 삶의 주인이라는 가장 기본적인 명제로부터 출발해야 한다는 것을 의미한다.

우리는 모두 자신의 주인으로 살아가야 한다. 모두 독립된 개인으로 태어났고 자신만의 삶을 선물 받았다. 그렇다면 우리는 우리 삶의 주인으로 살고 있는가? 또, 살아왔는가? 자신 있게 대답할 수 있는 사람이 몇 명이나 있을까? 그렇다. 정작 우리 자신은 자신의 삶에서 주인으로 살고 있느냐는 대답에 선뜻 대답하기 어렵다. 그렇다면 자신의 주인으로 산다는 것은 무엇일까?

첫째, 자기답게 사는 것이다.

자기다움의 실천이 우리 인생의 단 하나의 과제다. 이것은 다른 사람의 삶이 아닌 자신의 삶을 사는 것이다. 그리고 그 과정에서 자기개발은 가장 자기다운 삶을 만들기 위한 노력이고 과정이어야 한다. 진정한 자기개발은 자기를 알아가는 것이고, 자기를 알아야 자기개발이 가능하다. 자기를 안다는 것은 꼭 개인의 사명과 목적의 발견이라는 크고 거창한 일이 아니어도 된다. 내가 원하는 것, 되고 싶은 것, 이루고 싶은 것, 좋아하는 것을 아는 것, 그리고 그것을 내가 하는 일과 연결시킬 수 있는 용기이다. 그 속에는 자기개발을 하는 재미가 있다.

둘째, 끊임없이 삶을 탐험하고 실험하는 것이다.

자신의 삶에서 탐험가와 실험가가 되는 것이다. 탐험은 위험을 감수하고 어떤 곳을 찾아가서 살펴보고 조사하는 것이고 실험은 실제로 그런지 해보는 것이다. 탐험은 무모해 보이고 실험은 답답해 보인다. 누구에게나 시도는 낯설고 두렵다. 설렘도 있고 긴장도 있겠지만 탐험하지 않으면 새로운 곳으로 갈 수 없고 실험하지 않으면 진짜로 그런지 확인할 수 없다. 우리가 알고 있는 지구와 딱 우주는 우리가 탐험해 본 곳까지다. 마찬가지로 우리가 알게 될 세상도 우리가 탐험하고 실험한 만큼이 될 것이다. 세상에는 아직도 탐험해 볼 영토가 넓고 실험해 볼 주제가 많다. 탐험과 실험의 장소는 바로 자신이다. 그것이 자기개발의 시작이다.

셋째, 삶을 통해 배우고 성장해 가는 것이다.

우리는 모든 순간 배울 수 있다. 우연한 만남에서도, 뜻밖의 장소에서도 배움은 존재한다. 강의실과 책에는 배움이 있다. 그러나 중요한 것은 배움이 곧 실천과 이어져야 한다는 점이다. 실천은 실제로 그러한가 해보는 것이다. 해보기 전까지 배움은 내가 아는 것이 아니다. 책 속이나 연구실에 머물러 있는 지식일 뿐이다.

진정한 배움은 거기에 있다. 생각과 실천이 만나는 지점에서 배움이 싹을 틔우고 자라난다. 앎이 삶이 되고, 삶이 내가 되는 것이 자기다움이다. 그리하여 자기다움을 갖기 위해서는 우리는 끊임없이 배우고 실천하면서 앎을 좇아야 한다. 앎이 모여 삶이 되면 그것이 곧 가장 나다운 모습이 될 것이다.

경쟁을 위한 자기개발이 아닌 자기다움과 내 인생의 주인이 되는 것을 돕기 위해 NCS 기반 자기개발 책을 썼다. NCS 기반 자기개발능력의 구성은 4부로 나뉘어 있다.

PART 1 자기개발능력에서는 자기개발능력의 기반이 되는 NCS와 직업기초능력에 대한 개념을 학습한다. 자기개발의 의미와 특징을 소개하며 변화관리를 다루고 있다. 자기개발의 적용단계에서는 자기개발의 방법, 방해요인과 자기브랜드 구축을 위한 전략을 소개한다.

PART 2 자아인식능력에서는 자아의 개념과 자아를 이해할 수 있는 다양한 방법과 관점을 소개한다. 자아성찰을 포함한 다양한 자아인식 방법을 학습한다. 올바른 자아인식을 위한 패러다임과 능력성장신념을 사례와 함께 다루게 된다.

PART 3 자기관리능력에서는 자아인식을 바탕으로 효과적인 자기관리를 위한 5단계 프로세스를 학습한다. 또한 지속적인 자기관리를 위한 내면관리, 쇄신의 방안을 함께 살펴본다. 자기관리와 연결되는 합리적 의사결정 방법과 거절의 방법을 제시하고 있다.

PART 4 경력개발능력에서는 자기개발의 구체화 단계로 자기개발을 경력의 다양한 관점과 연결시켜 학습한다. 경력의 개념과 이론 및 경력개발 방법을 학습한다. 경력개발의 새로운 이슈와 과제를 다룬다.

NCS 기반 자기개발능력의 각 장은 [세부목차] - [사전 질문] - [들어가기] - [내용] - [토의] - [퀴즈] - [요약] 순으로 구성되었다. 자기개발능력은 이론적 접근보다는 개인의 삶을 개발하기 위해 적용하는 실천적 영역이기 때문에 교수자와 학습자가 함께 나누고 성찰하는 방식을 제안한다. 일방적인 강의가 아닌 학습자와 교수자 간에 이루어지는 활발한 토의를 통해 사고의 폭을 넓히고자 했다. 자기개발에 대한 배움과 실천이 자기답게 사는 데 도움이 되기를 바란다.

2023년 1월
조형훈

사전평가

☑ 체크리스트

다음은 모든 직업인에게 공통적으로 요구되는 자기개발능력 수준을 스스로 알아볼 수 있는 체크리스트이다.
본인의 평소 행동을 잘 생각해 보고, 행동과 일치하는 것에 체크해보시오.

문항	그렇지 않은 편이다.	그저 그렇다.	그런 편이다.
1. 나는 자기개발이 무엇인지 설명할 수 있다.	1	2	3
2. 나는 직업인의 자기개발이 왜 필요한지를 설명할 수 있다.	1	2	3
3. 나는 자기개발이 어떻게 이루어지는가를 이해하고, 자신을 관리하며, 경력을 개발하는 과정을 설명할 수 있다.	1	2	3
4. 나는 자기개발을 방해하는 요인에 대하여 설명할 수 있다.	1	2	3
5. 나는 나에게 적합한 자기개발 계획을 수립할 수 있다.	1	2	3
6. 나는 나를 브랜드화하기 위한 전략을 수립할 수 있다.	1	2	3
7. 나는 자아인식이 왜 중요한지에 대하여 설명할 수 있다.	1	2	3
8. 나는 나를 알아가는 여러 가지 방법들을 설명할 수 있다.	1	2	3
9. 나는 직업인으로서 나의 장단점, 흥미, 적성 등을 설명할 수 있다.	1	2	3
10. 나는 자아인식에서 자기성찰이 왜 중요한지를 설명할 수 있다.	1	2	3
11. 나는 직업인으로서 나의 발전목표를 스스로 수립할 수 있다.	1	2	3
12. 나는 나의 내면(인내심, 긍정적인 마음)을 관리할 수 있다.	1	2	3
13. 나는 여러 가지 방법을 활용하여 나의 업무수행 성과를 높일 수 있다.	1	2	3
14. 나는 합리적인 의사결정과정에 따라 의사결정을 할 수 있다.	1	2	3
15. 나는 경력개발이 무엇인지 설명할 수 있다.	1	2	3
16. 나는 일반적인 경력단계가 어떻게 이루어지는지 설명할 수 있다.	1	2	3
17. 나는 나의 경력개발 단계에 따라 계획을 수립할 수 있다.	1	2	3
18. 나는 경력개발과 관련된 최근의 이슈가 무엇인지 설명할 수 있다.	1	2	3

☑ 평가방법

체크리스트의 문항별로 자신이 체크한 결과를 아래 표를 이용하여 해당하는 개수를 적어보자.

문항	수준	개수	학습모듈	교재 Part
1~6번	그렇지 않은 편이다.	( )개	D 자기개발능력	Part 1
	그저 그렇다.	( )개		
	그런 편이다.	( )개		
7~10번	그렇지 않은 편이다.	( )개	D-2-가 자아인식능력	Part 2
	그저 그렇다.	( )개		
	그런 편이다.	( )개		
11~14번	그렇지 않은 편이다.	( )개	D-2-나 자기관리능력	Part 3
	그저 그렇다.	( )개		
	그런 편이다.	( )개		
15~18번	그렇지 않은 편이다.	( )개	D-2-다 경력개발능력	Part 4
	그저 그렇다.	( )개		
	그런 편이다.	( )개		

☑ 평가결과

진단방법에 따라 자신의 수준을 진단한 후, 한 문항이라도 '그렇지 않은 편이다'가 나오면 그 부분이 부족한 것이기 때문에, 제시된 학습내용과 교재 Part를 참조하여 해당하는 학습내용을 학습하시오.

CONTENTS

Part **01** 자기개발능력

Chapter 01. 국가직무능력표준(NCS)과 직업기초능력

1. 국가직무능력표준 ··· 8
  (1) NCS 개념 및 기대효과 ·· 8
  (2) NCS 연혁 및 구성 ··· 10

2. 직업기초능력 ··· 13
  (1) 직업기초능력의 개념 ·· 13
  (2) 직업기초능력의 하위능력 ······································ 17

3. 자기개발능력 ··· 18
  (1) 자기개발능력의 의미 ·· 18
  (2) 자기개발능력의 구성 ·· 18

Chapter 02. 자기개발의 이해

1. 자기개발의 개념 및 필요성 ·· 30
  (1) 자기개발의 개념 ··· 30
  (2) 자기개발의 유익 ··· 33

2. 자기개발의 특징 ·· 36
  (1) 자기개발의 주체 ··· 36
  (2) 지향점의 다양성 ··· 36
  (3) 평생학습의 과정 ··· 36
  (4) 업무경력과의 관련성 ··· 37

3. 자기개발과 변화관리 ⟶ 37
   (1) 변화의 속성 ⟶ 37
   (2) 자기관리를 위한 변화관리 5단계 ⟶ 40

Chapter 03. 자기개발의 적용

1. 자기개발의 방법 ⟶ 52
   (1) 자아인식 ⟶ 53
   (2) 자기관리 ⟶ 53
   (3) 경력개발 ⟶ 53

2. 자기개발 방해요인 ⟶ 55
   (1) 자기개발과 관성의 법칙 ⟶ 55
   (2) 자기개발 방해요인 ⟶ 56

3. 자기브랜드 전략 ⟶ 58
   (1) 자기브랜드 진단 ⟶ 59
   (2) 자기브랜드의 효과 ⟶ 60
   (3) 자기브랜드 개발 방법 ⟶ 61

Part 02 자아인식능력

Chapter 04. 자아인식의 개념

1. 자아의 개념 ⟶ 76

CONTENTS

2. 자아인식의 유익 ·· 79

(1) 자아인식의 필요성 ······································ 79

(2) 자아인식이 주는 유익 ································· 79

3. 자아인식에 대한 이해 ····································· 81

(1) 조하리의 창 ··· 81

(2) 프로이트의 이론 ······································· 83

(3) MBTI ·· 84

(4) DISC ·· 89

Chapter 05. 자아인식의 방법

1. 자기성찰 ·· 100

(1) 자기성찰의 의미 ······································· 100

(2) 자기성찰의 필요요소 ································· 100

2. 타인과의 커뮤니케이션 ·································· 103

3. 표준화된 심리검사 도구의 활용 ···················· 105

4. SWOT 분석 ··· 106

(1) SWOT 분석의 이해 및 활용 ······················ 106

(2) SWOT을 이용한 자아인식과 자기관리 단계 ··· 108

5. 강점 발견 ·· 109

(1) 강점의 이해 ··· 109

(2) 강점 발견의 방법 ······································ 109

Chapter 06. 자아인식과 패러다임

1. 자아인식과 패러다임 122
    (1) 패러다임의 이해 122
    (2) 패러다임 모델(SEE-DO-GET 모델) 및 특징 123
2. 능력성장신념 127
    (1) 능력성장신념의 개념 127
    (2) 능력성장신념의 행동양식 128

Part 03 자기관리능력

Chapter 07. 자기관리 프로세스 5단계 Ⅰ

1. 자기관리 프로세스 5단계 146
2. 1단계: 비전 및 목표 정립 147
    (1) 비전과 목표 148
    (2) 비전과 목표의 구체화 151
3. 2단계: 과제 발견 155
    (1) 과제의 발견 155
    (2) SMART 법칙 155

CONTENTS

Chapter 08. 자기관리 프로세스 5단계 II

1. 3단계: 일정수립 ··· 168
   (1) 시간관리 매트릭스 ··· 168
   (2) 우선순위 ··· 169

2. 4단계: 수행 ·· 174
   (1) 80 대 20 법칙 ··· 174
   (2) 실행력을 높이는 방법 ·· 174

3. 5단계: 반성 및 피드백 ·· 179
   (1) 반성과 피드백을 위한 성찰 ·· 179
   (2) 성찰의 3요소 ·· 180

Chapter 09. 자기관리능력의 지속

1. 내면 관리 ·· 192
   (1) 스트레스 관리하기 ·· 192
   (2) 스트레스 관리방법 ·· 194

2. 회복탄력성 ··· 199
   (1) 회복탄력성의 의미 ·· 199
   (2) 회복탄력성의 요소 ·· 200
   (3) 회복탄력성을 높이는 방법 ·· 202

3. 지속적인 쇄신 ··· 204
   (1) 지속적인 쇄신의 의미 ·· 204

(2) 지속적인 쇄신의 방법 —————————————————— 205

Chapter 10. 자기관리능력과 합리적 의사결정

1. 의사결정 모델 ————————————————————————— 218

   (1) PROACT 의사결정 모델 ——————————————————— 218

   (2) PROACT 의사결정 모델의 구성 ——————————————— 218

2. 거절의 의사결정 ———————————————————————— 224

   (1) 거절의 의사결정 ————————————————————— 224

   (2) 거절의 효과적인 기술 ——————————————————— 224

Part 04 경력개발능력

Chapter 11. 경력개발의 이해

1. 경력과 경력개발 ———————————————————————— 238

   (1) 경력의 개념 —————————————————————————— 238

   (2) 경력개발의 개념 ————————————————————— 239

   (3) 경력의 원칙 —————————————————————————— 240

2. 경력개발의 필요성 —————————————————————— 242

   (1) 내·외부적 환경 변화 ——————————————————— 242

   (2) 조직의 요구 —————————————————————————— 242

CONTENTS

(3) 개인의 요구 ·· 243

3. 경력개발 단계 ·· 244

  (1) 경력개발 단계 개요 ·· 244

  (2) 경력개발 단계 구분 ·· 244

4. 경력개발 이론 ·· 248

  (1) 개인특성 및 퍼스낼리티 관련 이론 ··· 248

  (2) 발달관련 이론 ·· 249

  (3) 학습관계 이론 ·· 252

  (4) 선택관련 이론 ·· 252

Chapter 12. 경력개발의 방법

1. 경력 닻 ·· 262

  (1) 경력 닻의 의미 ·· 262

  (2) 경력 닻의 구분 ·· 262

2. 경력개발 방법 ·· 267

  (1) 경력개발 방법 ·· 267

  (2) 경력개발 방법의 순서 ·· 267

3. 경력 포트폴리오 ·· 272

  (1) 경력 포트폴리오의 개념 ·· 272

  (2) 경력 포트폴리오의 중요성 ·· 272

  (3) 경력 포트폴리오 작성 방법 ·· 273

Chapter 13. 경력개발의 새로운 이슈

1. 경력개발 및 고용변동 요인 ⸻ 284

(1) 인구구조 및 노동변동의 요인 분석 ⸻ 284

2. 취업시장의 이슈 ⸻ 288

(1) 직무능력과 직무적합성 강조 ⸻ 288

(2) 블라인드 & AI 활용 채용 ⸻ 289

(3) 경력직 선호 ⸻ 290

3. 경력개발의 이슈 ⸻ 291

(1) 일의 비연속성에 따른 경력의 불안전성 ⸻ 291

(2) 개인 주도적 경력 ⸻ 292

(3) 주관적인 구성적 경력의 중요성 ⸻ 292

(4) 관계론적 경력의 관점 ⸻ 293

4. 경력개발의 과제 ⸻ 293

(1) 경력개발의 관점 전환 ⸻ 293

(2) 경력개발을 위한 세부 과제 ⸻ 294

● 참고문헌 ⸻ 306

자기개발능력

일반목표

직장과 사회에서 요구하는 다양한 능력과 특성 등의 개념에 대한 이해를 바탕으로 스스로 자기개발을 실천하고 성취할 수 있는 역량을 기를 수 있다.

세부목표

- NCS와 직업기초능력의 개념과 종류를 말할 수 있다.
- 자기개발의 개념과 필요성을 말할 수 있다.
- 자기개발의 구성요소와 방법을 설명할 수 있다.
- 자기개발의 방해요인을 인식하고 제거할 수 있다.
- 자기개발능력을 향상시키기 위한 계획을 수립할 수 있다.
- 자기브랜드 수립 전략을 세울 수 있다.

핵심단어

NCS, 직업기초능력, 자기개발능력, 자아인식, 자기관리, 경력개발, 변화관리, 자기브랜드

PART

1

국가직무능력표준(NCS)과 직업기초능력

목차

1. 국가직무능력표준(NCS)
2. 직업기초능력
3. 자기개발능력

학습목표

- 국가직무능력표준(NCS)의 개념과 개요에 대해 설명할 수 있다.
- 국가직무능력표준(NCS)의 유익을 인지할 수 있다.
- 직업기초능력의 개념과 종류를 설명할 수 있다.
- 자기개발능력의 기본적 개념을 설명할 수 있다.

핵심단어

국가직무능력표준(NCS), 직업기초능력, 자기개발능력

1

Chapter

국가직무능력표준(NCS)의 활용 사례

사례1_B공사의 NCS를 통한 직무능력 채용 사례

B공사는 2014년만 해도 학점, 어학, 자격증 등 이른바 오버스펙 위주로 채용을 해왔는데 지원자 능력이 공사 직무에 적합한지는 나중 일이라 판단했다. 인재를 뽑은 후 직무역량 교육을 하여 회사에 적합한 인재로 키우면 그만이라는 생각을 했기 때문이다. 하지만 그로 인한 부작용이 나타나기 시작했다. 직무와 관계없이 스펙 중심으로 채용하면 직무만족도가 떨어지게 되었고, 괜찮은 근로조건임에도 불구하고 적지 않은 신입 직원들이 조기 퇴사하는 악순환이 이어져, B공사는 과감하게 국가직무능력표준을 도입해 채용시스템을 바꾸기로 했다.

우선 신입사원이 배치된 모든 부서 업무를 NCS 분류체계에서 추출하여 실무자의 의견을 반영하고, 실제 신입사원이 그 업무를 활용하는지 꼼꼼히 확인했다. 이처럼 핵심책무, 직무수행 내용 등 신입사원이 수행할 직무를 명확하게 제시를 했다. 전형방법, 일반요건, 교육여건, 필요 지식 및 기술, 직무수행태도, 직업기초능력 등을 명확하게 명시했다.

NCS 도입 후 채용전형 단계별로 어떤 변화가 있었을까? 우선 서류전형은 입사지원서 제출 단계에서 개인정보를 최소화하고 교육사항, 자격증, 직무관련 활동, 자기소개서 등 직무/경력/경험 위주로 작성토록 했고, 이를 충실히 작성한 지원자 전원은 필기전형에 응시할 수 있도록 했다. 필기전형은 공사 직원으로서의 일반적인 기본역량을 평가하기 위한 직업기초능력평가와 공사 고유의 직무역량을 평가하기 위한 수단으로 직무수행능력을 실시했다. 이후 면접전형은 NCS 분류체계를 통해 분석한 필요 직무의 기초능력/직무수행능력과 인재상을 고려한 면접으로 진행되었다. 이러한 과정을 거쳐 B공사는 2015년 94명의 신입사원을 채용했다.

사례2_A씨의 NCS를 활용한 이직 준비

3년간 비정규직으로 일하면서 안정적인 공기업으로의 이직을 꿈꿨던 A씨는 D공기업에서 NCS 도입을 한다고 하자 고민에 빠졌다. NCS가 더 많은 사람에게 기회를 제공하는 것이라는 기사를 보긴 했는데 막상 어떻게 준비를 해야 하는지 막막했기 때문이다. 그러나 A씨는 기업 또는 공공기관에서 충분한 직무설명, 명확한 채용기준 등을 제시를 해주니 무엇을 준비해야 할지 목표가 더 명확해졌다고 한다.

출처: 고용노동부 공식 블로그, 내일을 위한 수다.

국가직무능력표준(NCS)은 최근 고등교육과정에 포함되었을 뿐 아니라 취업준비와 경력개발에도 중요한 영향을 미치고 있다. 1장에서는 국가직무능력(NCS)과 직업기초능력의 개념과 개요(개발 배경, 기대효과, 연혁, 구성체계 등)에 대해 살펴본다. 또한 자기개발능력에 대한 기본적 이해와 구성요소를 탐구한다.

사전질문

1. NCS는 무엇의 줄임말인가?

2. 국가직무능력표준(NCS)의 개발 배경은 무엇인가?

3. 국가직무능력표준(NCS)의 분류 및 세부 구성체계는 무엇인가?

4. 직업기초능력의 하위능력은 무엇인가?

5. 자기개발능력의 구성요소는 무엇인가?

1. 국가직무능력표준

(1) NCS 개념 및 기대효과

① NCS 개념

국가직무능력표준(NCS: National Competency Standards)이란 산업현장에서 직무를 수행하기 위해 요구되는 지식, 기술, 태도 등의 내용을 산업부문별로 국가가 체계화한 것을 의미한다. NCS는 산업계가 현장 직무에서 요구하는 지식, 기술, 태도의 부분들을 국가가 NCS로 체계화하여 교육훈련과 자격제도, 경력개발 등에 적용하여 산업현장에 적합한 인재를 개발하는 데 그 목적이 있다.

[그림 1-1] NCS 개요

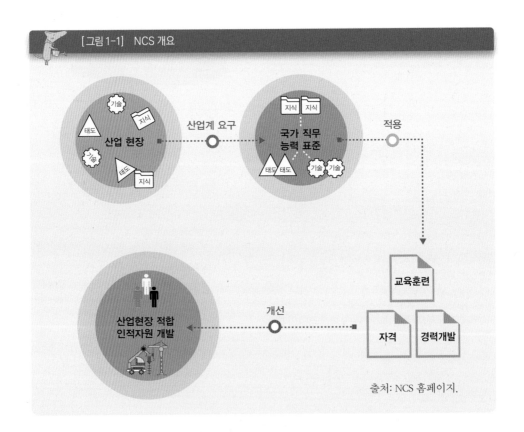

출처: NCS 홈페이지.

NCS
국가직무능력표준(NCS: National Competency Standards)은 산업현장에서 직무를 수행하기 위해 요구되는 지식, 기술, 태도 등의 내용을 국가가 체계화한 것

② NCS 기대효과

NCS의 개발을 통한 기대효과는 직업교육, 훈련 및 작업제도가 산업현장의 직무와 불일치하여 발생하는 사회적 비용을 줄이고 산업현장 중심의 인적자원을 개발하는 것이다. 무엇보다 스펙을 넘어 능력중심사회 구현을 위한 핵심인프라를 구축하고 고용과 평생직업능력개발 연계를 통해 국가경쟁력이 향상될 것으로 기대된다.

NCS 개발을 통한 기대효과는 다음과 같다.

㉠ 학교와 현장의 간격을 극복한 실무중심의 교육과 훈련과정 개편

㉡ 기존 이론 중심의 형식적 자격증 체계에서 벗어나 산업현장 직무에 맞게 자격시험의 전면 개편

[그림 1-2]   구직자 31.5% '잉여 스펙' 있다

불필요한 스펙을 계속 쌓고 있는 이유? (*복수응답)

* 하반기 신입직 취업준비생 1,316명 대상 조사

1위   취업에 대한 막연한 불안감 **46.9%**

2위   구직자들 스펙의 상향 평준화 **45.2%**

3위   무엇을 준비할지 몰라서 **24.9%**

4위   채용 시 기업들의 스펙 중시 풍토 **22.9%**

5위   직무 설정이 아직 안 돼서 **12.1%**

출처: 잡코리아, *알바몬, 2020.9.9.

ⓒ 산업현장 직무 중심의 인적자원 개발

ⓔ NCS 채용을 통한 기업의 능력중심 인사관리 및 근로자의 경력개발 관리 지원을 통한 개인과 국가경쟁력 향상

(2) NCS 연혁 및 구성

① NCS의 연혁

NCS는 일과 교육, 훈련, 자격 연계를 위해 1999년 국무조정실 자격제도 규제개혁 과제의 일환으로 논의가 시작되었다. 이후 2010년 국가직무능력표준 효율화 추진을 위한 국가정책조정회의 조정을 통해 NCS 명칭 통일 및 개발 주체가 고용부와 한국산업인력공단으로 일원화되었다. 다시 교육부와 한국직업능력개발원에서 NCS 연구 및 교육과정 지원의 역할을 분담하였다. 2013년부터는 능력중심사회를 위한 여건 조성이라는 핵심국정과제가 확정되어 지금에 이르게 되었다.

NCS는 기업을 포함한 여러 분야에서 다양하게 활용되고 있다. 기업체에서는 현장 수요기반의 인력 채용 및 인사관리 기준과 근로자의 경력개발 용도로 활용되고 있다. 특히 공기업에서는 NCS 기반 채용 방식으로 신규 직원 채용의 방식이 변경되었다. 대학을 포함한 교육훈련기관에서는 직업교육 훈련과정 개발과 교수 매체 및 도구 개발, 훈련 기준 개발 시 사용되고 있으며 자격훈련 기관에서는 자격 종목의 신설 및 폐지, 출제기준 개발과 개정, 시험 문항 및 평가 방법 개발 시에 NCS를 활용하고 있다.

② NCS 분류 및 구성

ⓐ NCS의 분류

NCS의 분류는 직무의 유형(type)을 중심으로 국가직무능력표준을 단계적으로 나타내는 것으로, 국가직무능력표준 개발의 전체적인 로드맵을 제시하고 있다. 상세하게 살펴보면 한국고용직업분류(KECO: Korea Employment Classification of Occupations)를 중심으로 한국표준직업분류, 한국표준산업분류 등을 참고하여 분류하였으며 '대분류-중분류-소분류-세분류'의 순으로 구성되며 직무의 수준에 따라 가장 낮은 수준인 1단계부터 고급 수준의 8단계로 분류된다.

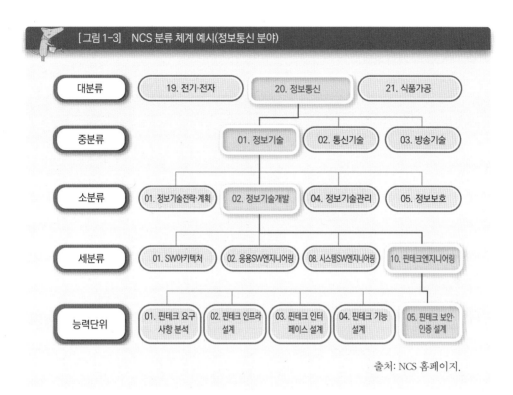

[그림 1-3] NCS 분류 체계 예시(정보통신 분야)

대분류	19. 전기·전자	20. 정보통신	21. 식품가공
중분류	01. 정보기술	02. 통신기술	03. 방송기술
소분류	01. 정보기술전략·계획 / 02. 정보기술개발	04. 정보기술관리	05. 정보보호
세분류	01. SW아키텍처 / 02. 응용SW엔지니어링	08. 시스템SW엔지니어링	10. 핀테크엔지니어링
능력단위	01. 핀테크 요구사항 분석 / 02. 핀테크 인프라 설계 / 03. 핀테크 인터페이스 설계 / 04. 핀테크 기능 설계		05. 핀테크 보안·인증 설계

출처: NCS 홈페이지.

ⓒ NCS 구성

NCS는 직무 분야에서 다시 세부적으로 분류가 이뤄진다. 직무는 어느 정도 비슷한 업무 내용을 가진 직위들을 하나의 관리 단위로 설정한 것이다. 일반적인 조직의 부서명을 직무로 이해할 수 있다. 예를 들어 영업, 홍보, 인사 등을 하나의 직무로 본다면 직무 아래 담당 부서에서 개인이 해야 할 개별 업무가 능력단위가 된다. 능력단위는 NCS 분류의 하위단위지만 동시에 기본 구성요소에 해당되는 핵심 개념이다. 실제 현장에서 조직 구성원들이 조직에서 담당하는 업무가 곧 능력단위이기 때문이다.

능력단위, 즉 조직 구성원들이 하는 업무는 다시 세부 업무로 구분된다. 이를 능력단위요소라 하며 모든 능력단위요소는 그 일이 하는 업무의 기준을 명시한 수행준거와 세부 업무를 수행할 때 필요한 지식, 기술, 태도를 구체화하였다. 예를 들어 인사라는 직무는 인사기획, 인력채용, 인사평가, 급여지급 등등과 같은 능력단위로 구성된다. 인력채용이라는 능력단위는 채용계획 수집하기, 채용예정자 모집하기, 채용예정자 선발하기와 같은

능력단위요소로 구성되며 각각의 능력단위요소는 업무의 기준이 되는 수행준거와 지식, 기술, 태도를 구체화하였다.

[그림 1-4] NCS 능력단위 구성

직무

1. 능력단위
- 능력단위 요소
- 적용범위 및 작업상황
- 평가지침
- 직업기초능력

- 수행준거
- 지식 · 기술 · 태도

2. 능력단위
- 능력단위 요소
- 적용범위 및 작업상황
- 평가지침
- 직업기초능력

- 수행준거
- 지식 · 기술 · 태도

출처: NCS 홈페이지.

토의 1-1

학벌, 지연, 스펙 중심이 아닌 능력중심사회를 만들기 위해 정부는 NCS를 개발하고 도입, 활용하고 있다. 개인과 조직이 경쟁력을 갖추기 위해서 능력중심사회가 되는 것이 왜 중요한지 자신의 생각을 정리하고, 이를 팀원들과 공유해보자.

2. 직업기초능력

(1) 직업기초능력의 개념

NCS는 표준화된 능력, 업무처리를 지향하지만 위에서 살펴본 새로운 시대가 요구하는 창의성과 협동능력 같은 6가지 역량과는 직접적 관련이 없다. NCS는 새로운 것을 만들어내기 위한 것이 아닌 기존의 내용을 기본 지식, 기술, 태도로 분류하는 것이기 때문이다. 이와 같이 NCS가 가진 유연성과 개별 업무 특성의 적용에 대한 구조적 문제의 대안으로 직업기초능력이 개발되었고 중요성이 커지고 있다. 21세기가 요구하는 인재가 되기 위해서는 NCS가 추구하는 해당 업무에서의 표준화된 능력에 대한 전문성과 해당 산업계와 기업에서 요구하는 개별적인 업무역량, 즉 직업기초능력이 필요하다.

직업기초능력이란 모든 사업 혹은 직업에서 기업체의 특성, 성별, 직급 등에 관계없이 직무를 성공적으로 수행하기 위하여 필요한 기초적인 능력을 의미한다.

급격한 사회경제적 변화로 인해 직업과 직무수행이 점차 복잡해지고 다양해지고 있는 상황에서 기업에서는 특정 직무와 관련한 한정된 전문적인 역량뿐 아니라 어떤 직무에도 유연하게 적응하여 실력을 발휘할 수 있는 인재를 요구하고 있다. 즉, 전문 역량과 함께 성공적 업무 수행을 위해 직업인으로서 단단한 기초능력이 강조되고 있는 것이다.

신수림 교수는 연구를 통해 나라별 직업기초능력 영역을 다음과 같이 소개했다.

 [표1-1] 나라별 직업기초능력 영역

나라	구분	영역	단계
미국	SCANS (Secretary's Commission on Achieving Necessary Skills)	• 직무현장능력(자원활용능력, 정보능력, 대인관계능력, 시스템능력, 기술활용능력) • 기본능력(기초능력, 사고력, 개인적 자질)	Level 1: 초보 수준 (preparatory) Level 2: 준비 수준 (work-ready) Level 3: 적응 수준 (intermediate) Level 4: 숙련 수준 (advanced) Level 5: 전문 수준 (specialist)
	ONET (Occupational Information Network)	• 기초능력(내용적 능력, 과정 능력) • 이전 가능한 능력(사회적 능력, 문제해결 능력, 기술적 능력, 시스템 능력, 자원관리 능력)	수준 1(low) 수준 2(medium) 수준 3(high)
	ACT (America College Testing)	• 의사소통능력 • 문제해결능력 • 대인관계능력	
영국	QCA (Qulification and Curriculum Authority)	• 의사소통능력 • 수리적 능력 • 정보활용능력 • 자기학습능력 • 대인관계능력 • 문제해결능력	Level 1 Level 2 Level 3 Level 4

나라	구분	영역	단계
영국	FEU (Further Education Unit)	• 개인적 발달과 진로발달능력 • 산업, 사회, 환경에 대한 연구능력 • 의사소통능력 • 사회적 능력 • 수리능력 • 과학과 공학능력 • 정보공학능력 • 창조적 개발능력 • 실전능력 • 문제해결능력	
호주	Myer 위원회	• 정보의 수집, 분석 및 조작능력 • 아이디어와 정보의 의사소통능력 • 직무 활동의 기회 및 조직 능력 • 팀, 다른 사람과 일할 수 있는 능력 • 수리적 아이디어와 기법의 이용 능력 • 문제해결능력 • 기술 공학이용능력	1단계 - 직무수행 능력 도달 2단계 - 판단, 선별 능력 도달 3단계 - 평가, 재조정 능력 도달
한국	국가직무능력표준 (National Competency Standards)	• 의사소통능력 • 수리능력 • 문제해결능력 • 자기개발능력 • 자원관리능력 • 대인관계능력 • 정보능력 • 기술능력 • 조직이해능력 • 직업윤리	

출처: 신수림, 직업교육훈련기관의 직업기초능력 향상을 위한 교양교과목 설계에 관한 연구-한국폴리
텍대학 사례를 중심으로, 2021.

NCS에서는 10가지로 직업기초능력을 구분하여 제시하고 있으며 그 개념은 다음과 같다.

[표 1-2]　10가지 직업기초능력의 정의

구 분	개 념
의사소통능력	업무를 수행함에 있어 글과 말을 읽고 들음으로써 다른 사람이 뜻한 바를 파악하고, 자기가 뜻한 바를 글과 말을 통해 정확하게 쓰거나 말하는 능력이다.
자원관리능력	업무를 수행하는 데 시간, 자본, 재료 및 시설, 인적자원 등의 자원 가운데 무엇이 얼마나 필요한지를 확인하고, 이용 가능한 자원을 최대한 수집하여 실제 업무에 어떻게 활용할 것인지를 계획하고, 계획대로 업무 수행에 이를 할당하는 능력이다.
문제해결능력	업무를 수행함에 있어 문제 상황이 발생하였을 경우, 창조적이고 논리적인 사고를 통하여 이를 올바르게 인식하고 적절히 해결하는 능력이다.
정보능력	업무와 관련된 정보를 수집하고, 이를 분석하여 의미 있는 정보를 찾아내며, 의미 있는 정보를 업무 수행에 적절하도록 조직하고, 조직된 정보를 관리하며, 업무 수행에 이러한 정보를 활용하고, 이러한 제 과정에 컴퓨터를 사용하는 능력이다.
조직이해능력	업무를 원활하게 수행하기 위해 국제적인 추세를 포함하여 조직의 체제와 경영에 대해 이해하는 능력이다.
수리능력	업무를 수행함에 있어 사칙연산, 통계, 확률의 의미를 정확하게 이해하고, 이를 업무에 적용하는 능력이다.
자기개발능력	업무를 추진하는 데 스스로를 관리하고 개발하는 능력이다.
대인관계능력	업무를 수행함에 있어 접촉하게 되는 사람들과 문제를 일으키지 않고 원만하게 지내는 능력이다.

구 분	개 념
기술능력	업무를 수행함에 있어 도구, 장치 등을 포함하여 필요한 기술에는 어떠한 것들이 있는지 이해하고, 실제로 업무를 수행함에 있어 적절한 기술을 선택하여 적용하는 능력이다.
직업윤리	업무를 수행함에 있어 원만한 직업생활을 위해 필요한 태도, 매너, 올바른 직업관이다.

(2) 직업기초능력의 하위능력

직업기초능력은 각각 다음과 같은 하위능력을 가지며 하위능력은 해당 직업기초능력의 세부 역량을 의미한다.

 [표 1-3] 직업기초능력 하위능력

직업기초능력	하위능력
의사소통능력	문서이해능력, 문서작성능력, 경청능력, 언어구사능력, 기초외국어능력
자원관리능력	시간자원관리능력, 예산관리능력, 물적자원관리능력, HR(인적자원)관리능력
문제해결능력	사고력, 문제처리능력
정보능력	컴퓨터 활용능력, 정보처리능력
조직이해능력	국제감각능력, 조직체제이해능력, 경영이해능력, 업무이해능력
수리능력	기초연산능력, 기초통계능력, 도표분석능력, 도표작성능력
자기개발능력	자아인식능력, 자기관리능력, 경력개발능력
대인관계능력	팀워크능력, 리더십능력, 갈등관리능력, 협상능력, 고객서비스능력
기술능력	기술이해능력, 기술선택능력, 기술적응능력
직업윤리	근로윤리, 공동체윤리

토의 1-2

직업기초능력이란 모든 사업 혹은 직업에서 기업체의 특성, 성별, 직급 등에 관계없이 직무를 성공적으로 수행하기 위하여 필요한 기초적인 능력을 의미한다. 자신이 관심을 가지고 있는 분야에서 요구되어지는 직업기초능력의 하위능력들과 왜 그러한 하위능력이 요구되어지는지 자신의 생각을 정리하고, 이를 팀원들과 공유해보자.

> 관심 분야:

3. 자기개발능력

(1) 자기개발능력의 의미

자기개발능력은 업무를 추진하는 데 스스로를 관리하고 개발하는 능력을 의미한다. 직무와 연결된 직업기초능력으로서의 자기개발은 위에서 살펴본 바와 같이 자아인식능력, 자기관리능력, 경력개발능력 3가지 하위능력으로 구성되었다.

(2) 자기개발능력의 구성

① 자아인식능력

자신의 흥미, 적성, 특성 등을 이해하고 이를 바탕으로 자신에게 필요한 것을 이해하는 능력으로서 세부요소로는 자기이해, 자신의 능력표현, 자신의 능력발휘 방법에 대한 인식이 있다.

② 자기관리능력

업무에 필요한 자질을 지닐 수 있도록 스스로를 관리하는 능력이다. 여기에 들어가는 세부요소는 개인의 목표 정립(동기화), 자기통제, 자기관리 규칙의 주도적인 실천을 포함한다.

③ 경력개발능력

끊임없는 자기개발을 위해서 동기를 갖고 학습하는 능력으로 삶과 직업세계에 대한 이해, 경력개발 계획 수립, 경력전략의 개발 및 실행이 세부요소이다.

[표 1-4] 자기개발능력의 하위능력

하위능력	정의	세부요소
자아인식능력	자신의 흥미, 적성, 특성 등을 이해하고 이를 바탕으로 자신에게 필요한 것을 이해하는 능력	• 자기이해 • 자신의 능력 표현 • 자신의 능력발휘 방법인식
자기관리능력	업무에 필요한 자질을 지닐 수 있도록 스스로를 관리하는 능력	• 개인의 목표 정립(동기화) • 자기통제 • 자기관리 규칙의 주도적인 실천
경력개발능력	끊임없는 자기개발을 위해서 동기를 갖고 학습하는 능력	• 삶과 직업세계에 대한 이해 • 경력개발 계획 수립 • 경력전략의 개발 및 실행

자기개발능력을 구성하는 3가지 하위능력은 아래와 같이 피라미드 구조를 갖는다. 모든 자기개발 활동은 자아인식으로 출발하기 때문에 자아인식능력은 자기개발능력의 가장 기초가 된다. 또한, 자아인식과 자기관리의 과정을 거쳐야만 개인의 경력개발은 완성도가 높아진다. 그러나 자기개발능력의 하위능력이 절대적으로 피라미드와 같은 위계구조를 따르는 것은 아니다. 개인의 상황에 따라 순서와 방향은 이동이 가능하다.

[그림 1-5] 자기개발능력 피라미드

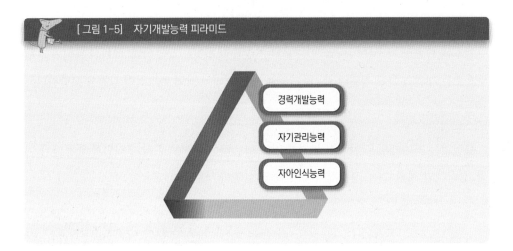

경력개발능력

자기관리능력

자아인식능력

 이야기

대추 한 알

장석주

저게
저절로 붉어질 리 없다

저 안에 태풍 몇 개,
저 안에 천둥 몇 개,
저 안에 벼락 몇 개,
저 안에 번개 몇 개가 들어서서
붉게 익히는 것일 게다

저게
저 혼자서 둥글어질 리는 없다

저 안에 무서리 내리는 몇 밤,
저 안에 땡볕 두어 달,
저 안에 초승달 몇 달이 들어서서
둥글게 만드는 것일 게다

대추야
너는 세상과 통하였구나

학습평가 Quiz

1. 다음 중 괄호 안에 들어갈 말은 무엇인가?

> (　　　　　　)(이)란 산업현장에서 직무를 수행하기 위해 요구되는 지식, 기술, 태도 등의 내용을 산업부문별로 국가가 체계화한 것을 의미한다.

① 직업기초능력　　　　　　　　② 직무
③ 능력단위　　　　　　　　　　④ 국가직무능력표준

2. 국가직무능력표준(NCS)의 내용 중에서 체계화한 것이 아닌 것은?

① 지식　　　　　　　　　　　　② 기술
③ 상표　　　　　　　　　　　　④ 태도

3. 다음 중 10가지 직업기초능력에 포함되지 않는 것은 무엇인가?

① 정보능력　　　　　　　　　　② 팀워크능력
③ 직업윤리　　　　　　　　　　④ 기술능력

4. 다음은 무엇에 대한 설명인가?

> 업무를 수행함에 있어 도구, 장치 등을 포함하여 필요한 기술에는 어떠한 것들이 있는지 이해하고, 실제로 업무를 수행함에 있어 적절한 기술을 선택하여 적용하는 능력이다.

① 기술능력　　　　　　　　　　② 자기개발능력
③ 정보능력　　　　　　　　　　④ 대인관계능력

5. 다음 중 자기개발능력의 하위요소가 아닌 것은 무엇인가?

① 자기관리능력　　　　　　　　② 자아인식능력
③ 실행능력　　　　　　　　　　④ 경력개발능력

학습내용 요약 Review(오늘의 Key Point)

1. 국가직무능력표준(NCS: National Competency Standards)이란 산업현장에서 직무를 수행하기 위해 요
   구되는 지식, 기술, 태도 등의 내용을 산업부문별로 국가가 체계화한 것을 의미한다.

2. NCS를 통한 기대효과는 직업교육, 훈련 및 작업제도가 산업현장의 직무와 불일치하여 발생하
   는 사회적 비용을 줄이고 산업현장 중심의 인적자원을 개발하는 것이다. 또한 능력중심사회 구
   현을 위한 핵심인프라를 구축하고 고용과 평생직업능력개발 연계를 통해 국가경쟁력을 향상시
   키는 것이다.

3. 직업기초능력이란 모든 사업 혹은 직업에서 기업체의 특성, 성별, 직급 등에 관계없이 직무를 성
   공적으로 수행하기 위하여 필요한 기초적인 능력을 의미하며 종류로는 의사소통능력, 수리능력,
   문제해결능력, 자기개발능력, 자원관리능력, 대인관계능력, 정보능력, 기술능력, 조직이해능력, 직
   업윤리가 있다.

4. 자기개발능력은 업무를 추진하는 데 스스로를 관리하고 개발하는 능력으로 자아인식능력, 자기
   관리능력, 경력개발능력 3가지 하위능력으로 구성되어 있다.

Mission 관심분야 NCS 검색하기

NCS 홈페이지를 접속하여 개인이 관심을 가지고 있는 분야에 대한 NCS능력단위와 세부
내용을 검색한 후 아래 내용을 채우시오.

Gᵒ NCS 홈페이지에서 개인 관심 분야 NCS 능력단위 세부내용 검색하기

관심분야:

- 대분류:

- 중분류:

- 소분류:

- 세분류:

- 능력단위명:

능력단위 정의:

Gᵒ 능력단위 요소(제시된 능력단위 요소 중 2개만 택하시오.)

능력단위 요소 1:

– 수행준거:

• 핵심지식 3가지:

• 핵심기술 3가지:

• 핵심태도 3가지:

능력단위 요소 2:

– 수행준거:

• 핵심지식 3가지:

• 핵심기술 3가지:

• 핵심태도 3가지:

자기개발의 이해

목차

1. 자기개발의 개념 및 유익
2. 자기개발의 특징
3. 자기개발과 변화관리

학습목표

- 자기개발의 의미를 구분하고 설명할 수 있다.
- 자기개발의 유익을 인식할 수 있다.
- 자기개발의 특징을 이해하고 설명할 수 있다.
- 변화의 속성과 단계를 이해하고 설명할 수 있다.

핵심단어

자기개발, 자기계발, 자기개발 필요성, 변화 방정식, 변화관리

2

Chapter

하던 대로나 잘하라고?

도전적인 리더의 전형 나디아, 철저한 계획에 근거해 행동하는 전형적인 관리자 스타일 니콜라스, 도전과 모험의 화신 에이요, 과감한 실행자 스타일 매트, 혁신적인 조직의 참여 촉진형 리더 레나 등 저마다 역할과 스타일이 다른 미어캣이 있었다.

미어캣들은 아프리카 남부의 따뜻하고 건조한 칼라하리 사막에 살고 있었다. 미어캣의 번식력은 어마어마해서 12마리로 시작한 무리가 순식간에 150마리로 불어난다. 무리가 커지면서 이를 안정적으로 유지하는 게 어려워지지만, 미어캣 무리는 이를 잘 극복한다. '규율과 질서'를 중심으로 두 지도자에서 출발한 네모와 선 조직을 만들어낸다.

하지만 평화는 오래가지 않았다. 사막에는 가뭄이 찾아오고, 가뭄은 새로운 포식자 독수리를 불러왔다. 미어캣 무리는 예상치 못한 위기에 흔들리고 무너진다. 처음 겪어보는 상황에 맞춰 변화를 시도해보려 하지만 돌아오는 대답은 이것이었다.

"하던 대로나 잘하세요(That's not how we do it here)."

창의적인 아이디어를 제안했으나 기존의 방식이 아니라는 이유로 거부당한 두 마리의 미어캣 나디아와 에이요는 무리를 떠난다. 그리고 새로운 무리를 만나게 된다. 이전의 무리와는 전혀 다른 방식으로 작동하는 원과 선의 조직을 만나게 되는 것이다.

모두가 평등하게 의견을 제시하고 토론과 협의를 통해 문제를 해결해나가는 새로운 조직은 완벽해 보였지만 이곳에서도 평화가 오래 지속되지 못했다. 무리가 커지면서 아주 작은 위기에도 조직 전체가 심각하게 흔들렸기 때문이다.

결국 미어캣은 조직의 안정성을 잃지 않으면서 갑자기 찾아온 위기에도 유연하게 대응할 수 있는 원과 네모의 조화를 그리게 된다. 즉, 원칙과 규율을 지키되 구성원 간의 자유로운 의사교환과 시도를 가능하게 하는 시스템이었다.

시행착오가 반복되고 갈등이 커지기도 하지만, 새로운 운영방식이 점점 발전해가면서 미어캣 무리는 주변의 다른 무리들에게 존경을 받게 되고 이러한 방식은 칼라하리 서식지 전체로 확대되어가게 되었다.

출처: 「하던 대로나 잘하라고?」 존 커터 저, 유영만 역, 김영사, 2017.

변화는 개인과 조직에 직접적 영향을 준다. 그러나 위의 사례에서 볼 수 있듯 사람들은 종종 변화를 거부한다. 2장에서는 자기개발에 대한 기본 개념과 자기개발이 개인에게 필요한 이유에 대해서 살펴본다. 또한 자기개발의 특징과 자기개발과 변화가 어떤 관련을 갖는지, 변화를 통한 자기개발이 어떻게 이뤄지는지 학습한다.

사전질문

1. 자기개발(開發)과 자기계발(啓發)의 의미를 구분할 수 있는가?

2. 자기개발의 필요성은 무엇인가?

3. 자기개발의 특징은 무엇인가?

4. 변화의 속성 4가지는 무엇인가?

5. 자기관리를 위한 변화관리 5단계는 무엇인가?

1. 자기개발의 개념 및 필요성

(1) 자기개발의 개념

자기개발은 '자기'와 '개발'의 합성어다. '자기'는 개발, 즉 행위의 주체가 본인임을 말한다. 즉, 개발이 타인과 환경에 의해 이뤄지는 것이 아닌 본인의 의지와 노력에 따라 일어나는 것을 가르킨다. 일반적으로 '개발(開發)'과 '계발(啓發)'은 비슷한 맥락에서 사용된다. '개발'은 '지식이나 재능 따위를 발달하게 함'을, '계발'은 '슬기나 재능, 사상 따위를 일깨워 줌'을 나타내는 말이다.

개발(開發)

1. 토지나 천연자원 따위를 유용하게 만듦

2. 지식이나 재능 따위를 발달하게 함

3. 산업이나 경제 따위를 발전하게 함

4. 새로운 물건을 만들거나 새로운 생각을 내어놓음

계발(啓發)

1. 슬기나 재능 사상 따위를 일깨워줌

'표준국어대사전'은 이러한 뜻을 나타내는 '개발'과 '계발'을 비슷한 말로 보고 있다. 특히 자신을 성장시킨다는 의미에서 두 개의 단어의 의미를 고려할 때 '자기개발'과 '자기계발'은 같이 표현할 수 있다. NCS와 직업기초능력에서는 '자기개발'을 사용한다.

자기개발(self-development)에서 사용되는 개발의 'development'의 동사 'develop'는 성장/발달하다(시키다), 개발하다 등의 의미를 가진다. 그 어원을 살펴보면 '감추어 있던 것 혹은 싸여 있던 것이 드러나다 혹은 풀어지다'의 뜻을 갖고 있다. 이 어원이 시사하는 것은

자기개발은 환경과 외부 자원을 쓸모 있게 만드는 것뿐만 아니라 개인의 재능과 내적 자원을 외부로 발휘할 수 있도록 드러나게 한다는 점이다.

　자기개발의 주체는 자기 자신이지만 개발할 내용과 주제는 사람마다 다르다. 개인이 속한 환경과 자원, 그것에 대한 인식이 각기 다르기 때문이다. 그러나 자기개발(自己開發, Self-development)의 한자와 영어가 갖는 어원과 의미에서 공통적으로 알 수 있는 것은 자기개발은 자신의 능력, 적성 및 특성 등에 있어서 자신의 강점과 약점을 찾고 확인하여 이를 강화시키고 관리하여 성장을 위한 기회를 활용한다는 점이다. 자기에 대한 이해를 바탕으로 자기를 끊임없이 성장, 개선시켜가는 행동이라는 점이다.

🕿 현재 개인의 모습에서 개발하고 싶은 영역은 무엇이 있는가? 자신이 개발하고 싶은 영역과 그 이유에 대해 자신의 생각을 정리하고 이를 팀원들과 공유해보자.

수치로 보는 코로나19 속 '자기계발'

코로나19로 우리의 일상과 계획들이 송두리째 바뀌었다. 인적 관계나 오프라인 활동이 제한되고, 근무 환경과 일자리가 바뀌었다. 평생 직장의 개념이 없어지고, 로봇이 인간의 일자리를 대체한다는 노동에 대한 막연한 고민이 코로나19로 당장 눈앞까지 닥쳐왔다.

경기 침체와 격변하는 사회에 대비하기 위해 많은 사람이 온라인으로 언택트 자기계발에 힘쓰고 있다. 트렌드 전문 조사 서비스를 제공하는 오픈 서베이의 '취미생활·자기계발 트렌드 리포트 2020'에 의하면 20~59세 남녀 중 76%가 코로나19에 영향 없이 정기적인 자기계발 활동을 이어가고 있었고, 2019년 전년 대비 자기계발 취미생활 시 온라인 채널을 활용한다는 응답이 약 61%였다.

코로나19와 상관없이 자기계발의 기본인 도서 판매량에서도 이러한 변화를 발견할 수 있었다. 예스24는 2020년 5월 전자책 판매량이 2019년 동기 대비 41% 급등했고, 2018년부터 2020년까지 3년간의 6~7월 동안, 가장 많이 팔린 도서 분야는 경제경영이 27.1%, 자기계발이 21%로 가장 많았다고 밝혔다.

온라인 자기계발이 가능한 플랫폼들의 이용 또한 늘어났다. 오디오북 플랫폼 스토리텔은 코로나19 이전 1분기 대비 국내 신규 가입자가 약 3.5배 증가했으며, 재테크와 경제경영 분야의 오디오북이 인기가 높다고 밝혔다. 온라인 클래스 플랫폼 클래스101의 경우 2020년 1월 대비 8월 거래액이 약 160% 상승해 최고 거래액을 달성했고, 동일 기간 누적 회원 수는 2배 가까이 많아졌다.

2020년 10월 14일 기준 약 3개월간의 #자기계발 검색량을 살펴보면 매일 700여 건이 검색된다. 주요 관련 키워드는 책과 독서에 관련된 검색어가 눈에 띄며 사회적 거리두기와 상관없이 지속할 수 있는 자기계발 방법이기에 코로나19와 상관없이 꾸준한 관심을 보이는 것을 확인할 수 있다.

3개월간의 연관어 변화에서도 자기계발=독서라는 기본 공식을 확인할 수 있었다. 또한, OO스타그램(공스타그램, 북스타그램, 독서스타그램 등) SNS에 업로드하며 이러한 자기계발을 즐기는 것을 엿볼 수 있었다.

검색량과 함께 자기계발에 대해서 사람들이 어떻게 느끼고 있는지 3개월간의 감성어 변화를 살펴봤다.

자기계발의 TOP4 감성어는 '좋은', '성공', '행복', '기적'이었다. 미래를 위한 성공, 좋은 삶, 인생의 행복, 그리고 이런 마음이 이루어지는 기적으로 주로 미래 지향적이고 긍정적인 연관어가 많았다. 하지만 코로나19로 누릴 수 있는 일상은 없어지고 재택근무로 일과 집의 경계가 모호해지면서 자기계발을 하는 것 자체가 위태롭고 스트레스로 다가오는 감정도 확인할 수 있다.

2020년 5월 기업 직장인 교육 전문기업 휴넷에 따르면 코로나19가 본격적으로 확산된 3월에 개인 학습자들의 구매 건수는 전월 대비 약 135%가 증가했다고 한다. 직장인들의 경우 공부를 하며 자기계발을 하는 모습을 꾸준히 보였으나, 코로나19 이후 포토샵, PPT, 코딩 등의 실무 능력을 위한 온라인 수업을 듣는 추세가 증가했다. 온라인클래스 플랫폼과 강의도 공급자와 소비자가 증가하고 있다.

이용자들의 온라인클래스 감성 연관어로 온라인 수업 자기계발에 어떤 심정인지 들여다보자면, 다양한 분야를 배울 수 있는 좋은 기회 등 긍정적인 연관어들을 볼 수 있다. 하지만 코로나19 장기화와 추석 연휴가 있어 업무량이 밀리는 9월을 지나면 "밀리다", "정신없다" 등의 부정적인 키워드가 등장한다. 본업을 해내면서 불확실한 미래를 위한 자기계발도 벅찬 것이다.

코로나19로 본격적인 언택트 원격의 시대가 도래하며 온라인 자기계발은 더욱 확산될 것이다. 개인의 자발적인 선택이든 외부의 반강제적인 필요든, 일상이 무너진 지금, 자신에게 적합한 일과 자기계발 영역의 경계를 살피는 것이 필요할 듯하다.

출처: 데일리팝(http://www.dailypop.kr), 2020.10.15.

(2) 자기개발의 유익

제4차 산업혁명과 함께 산업 분야에서 놀라운 기술의 진화가 진행되고 있다. AI 알파고와 이세돌 구단의 바둑 대결을 통해 인공지능이 얼마나 진화했는지를 직접 목격할 수 있었다. 이것은 미래에 대한 기대를 넘어 경각심을 불러일으키기에 충분했다.

세계경제포럼(WEF)에서 2020년 10월에 발간한 '일자리의 미래 2020(The Future of Jobs) 보고서'를 기반으로 국내 주요 업종을 전경련에서 추정하였다. 그 결과 2018년 기준 전체 833만 명의 종사자 중 16.1%에 달하는 133만 8,000명이 일자리 전환 위험에 노출되어 있었다. 이 중 52.7%인 70만 6,000명은 성공적인 일자리 전환에 실패할 가능성이 있는 것으로 분석되었다. 직업 세계에서 커다란 변화가 예상되고 있다.

팬데믹 이후 고용시장 불안 지속

유엔 책임투자원칙(PRI)은 '투자자가 양질의 일자리를 늘릴 방안'이라는 제목의 노동 관련 보고서를 지난 11일(현지시각) 발표했다. 국제 기준에 맞춰 양질의 일자리를 정의하고 인간-중심적 접근을 통한 노동권 향상 방안을 모색하기 위해서다.

보고서는 국제노동기구(ILO)가 정의한 괜찮은 일자리의 정의를 따른다. 양질의 노동은 직장 생활에서 열의를 가질 수 있는 요건을 포괄한다. 보고서는 양질의 일자리를 규정하는 요인으로 ▲생산적이고 적절한 수입 ▲직장 내 사회적 보호망 ▲자기계발과 사회통합에 기여 ▲표현의 자유 ▲조직 의사결정에 참여 ▲남녀 간 평등한 대우를 제시했다.

2001년 ILO는 "양질의 일자리 부족이 고용 기회 부족, 불충분한 사회적 보호, 노동자의 권리 행사 거부, 사회적 대화 단절로 이어졌다"고 발표한 바 있다.

코로나-19 팬데믹 시기에 상황은 더 악화됐다. 2020년 한 해에만 총 114만 개의 일자리가 사라졌다. OECD는 팬데믹의 첫 3개월 동안 일자리에 미치는 영향이 글로벌 금융위기 때보다 10배인 데다가 앞으로 지속될 가능성이 높다고 경고했다.

ILO '세계 고용 및 사회 전망 2022 보고서'에 따르면, 팬데믹으로 인해 7,700만 명이 극도의 빈곤에 놓이게 됐다. 특히 전염병 유행과 함께 큰 피해를 받은 비공식적 경제(informal economy)에 속한 경우가 많았던 개발도상국 여성 계층이 가장 큰 영향을 받은 것으로 나타났다.

비공식적 경제는 고용의 공식적 구조 밖에서 발생하는 보수를 받는 노동이다. 비공식적 경제는 농업 비중이 높은 개발도상국에서 주로 나타난다. 비공식적 노동은 법적으로 고용 지위가 없고 평균적인 수입이 낮다. 비공식적 경제 종사자는 열악한 근로 조건 속에서 사회적 보호 및 혜택에 접근하기 어렵다.

출처: IMPACT ON(임팩트온), 2022.7.14.

세계보건기구(WHO)가 2022년 발간한 보고서에 따르면 대한민국의 평균수명은 남자가 약 80.3세, 여자가 86.1세로 나타났다. 현재의 평균수명을 남녀 약 83세라고 본다면 65세에 은퇴를 해도 최소한 15년 이상을 새로운 일 혹은 기존과는 다른 일을 하며 살아야 한다. 더군다나 지금의 젊은 청년들이 살아갈 시대는 100세 시대를 넘어 그 이상까지 평균수명이 증가할 것이기 때문에 자기관리, 경력관리를 위한 준비가 요구된다.

이와 같이 기술, 사회, 산업의 급격한 변화, 짧아진 직업 주기와 늘어가는 은퇴 이후의

개인의 삶에 대한 인생관리, 경력관리라는 배경 속에서 자기개발이 주는 유익은 다음과 같다.

① 자아실현

매슬로우(Maslow)는 인간의 가장 큰 욕구를 자아실현이라고 하였다. 사람들이 평생을 살면서 겪는 경험의 궁극적 목적지는 자아실현이다. 자아실현은 자신이 진정으로 되고 싶은 모습이 되는 것이다. 주변의 기대가 아닌 자신의 가치와 비전, 강점에 따라 자아실현을 한다는 것은 인생의 행복과도 연결된다. 자아인식을 포함한 자기개발의 모든 과정은 진정한 자아실현을 위한 도구이다.

② 미래의 목표 성취

예측 불가능한 사회에서는 자신의 사고와 행동만이 예측과 통제가 가능하다. 미래를 예측하는 가장 확실한 길은 미래를 창조하는 것이다. 자기개발은 자신에게 다가올 내일을 준비하고 자신이 바라는 미래를 만드는 것이다. 자기개발은 가장 수익률이 높은 미래에 대한 투자다. 경제적 이득뿐 아니라 비경제적 측면에서도 최고의 가치를 가져다준다.

③ 현재의 풍요

변화를 뛰어넘는 역량과 기술력을 확보한 인재는 생산성이 향상되어 더 많은 경력의 기회와 성장의 기회를 갖게 되어 풍성한 현재를 만들 수 있다. 또한 목표를 설정하고 이뤄가는 노력 속에서 자연스럽게 성취감과 자신감을 느낄 수 있고 원만한 인간관계를 포함하는 자기개발은 이를 통해 삶의 질을 풍성하게 한다.

④ 개인과 조직의 승승

자기개발은 개인의 성장을 바탕으로 소속된 조직에도 이익을 준다. 개인의 역량 향상은 소속된 조직의 성과와도 연결된다. 회사 및 조직의 올바른 성과는 공공의 유익과 편리함에도 영향을 준다. 자기개발은 개인뿐 아니라 타인과 우리가 함께 번창할 수 있는 사회 발전의 계기를 만든다. 더 많은 사람들의 행복을 위한 공헌과 헌신은 개인의 자기개발과 밀접한 관련을 갖는다.

2. 자기개발의 특징

자기개발은 자신의 능력, 적성, 특성 등의 자아인식을 바탕으로 자기발전, 목표를 스스로 수립하고 성취해나가는 것으로 다음과 같은 특징을 가지고 있다.

(1) 자기개발의 주체

자기개발의 주체는 자기 자신이다. 다른 사람이 대신할 수 없다. 그러므로 개인의 의지가 없으면 자기개발은 불가능하다. 부득이한 환경 변화와 외부의 자극이 자기개발의 원인이 되기도 하지만 궁극적인 자기개발은 스스로의 의지와 노력을 통해 이뤄질 때 지속될 수 있다. 자기 자신을 개발하는 것이므로 자기에 대한 인식과 이해, 스스로 변화를 만들기 위한 개인의 주도성이 바탕이 되어 한다.

(2) 지향점의 다양성

자기개발의 지향점은 사람마다 다르다. 자기개발의 목적도 다르다. 경제적 성공을 위해, 지적인 풍성함을 위해, 개인의 만족을 위해, 원하는 것을 얻기 위해 등등 그 목적은 다양하다. 지향점이 다른 이유는 개인의 가치관, 관점, 경험, 환경에 영향을 받기 때문이다. 중요한 것은 주변의 타인이 원하는 지향점이 아닌 자신만의 목표와 방향을 갖고 자기개발을 실천해야 한다는 점이다.

(3) 평생학습의 과정

자기개발은 평생에 걸쳐 장기적으로 이뤄지는 평생학습의 과정이다. 사람의 지식과 인식은 물의 흐름과 같다. 계속 흘러가야 신선함을 유지할 수 있고 오랫동안 한자리에 고이면 썩는다. 개인도 마찬가지다. 사람은 발달단계와 주어진 상황의 변화에 따라 성장하고 변해야 한다. 기술뿐만 아니라 사회도 끊임없이 진화한다. 생존을 위해 변화에 대응해야 한다. 신선한 물을 유지하기 위해서는 끊임없이 흘러가야 하고 변해야 한다. 한

번의 성장과 성취에 안주하면 곧 정체될 수 있다. 그러므로 자기개발은 한 시점에서의 일시적 노력이 아닌 발달단계와 상황에 따라 인생 전반에 걸쳐 장기적으로 시도하고 노력해야 한다.

(4) 업무경력과의 관련성

현대인의 자기개발은 업무경력과 중요하고 밀접한 관련성을 갖는다. 자기개발의 방향은 개인의 삶의 질을 위한 부분과 일과 관련된 활동과 직접적 연결성을 가져야 한다. 일과 관련된 활동은 개인에게 직접 영향을 주는 요소이기도 하며 자기개발을 통해 업무와 관련된 역량 향상 등 개선과 변화를 이뤄갈 수 있기 때문이다.

3. 자기개발과 변화관리

> "모든 사람들이 세상을 변화시키는 것을 생각하지만 누구도 그 자신을 변화시키는 것은 생각하지 않는다."
>
> - 톨스토이

자기개발은 사회의 변화에 대응하는 과정에서 자기를 변화시키는 과정이다. 자기개발과 변화는 긴밀한 연관성을 가진다. 효과적인 자기개발을 위해서는 변화를 이해하고 변화관리를 위한 적용이 필요하다.

(1) 변화의 속성

변화는 세상에 존재하는 물체의 형상, 성질 등의 특징이 달라지는 것이다. 특징이 강해지거나 약해지는 것 혹은 새롭게 되는 것도 변화라고 한다. 변화는 다음과 같은 속성을 가진다.

① 변화의 가시성

큰 변화는 눈에 금방 띈다. 큰 변화는 쉬운 대응과 준비가 가능하다. 사람들은 작은 변화를 쉽게 놓친다. 그러나 큰 변화뿐 아니라 작은 변화도 개인과 조직에 영향을 준다. 특히 작은 변화를 대하는 우리의 자세가 큰 변화를 효과적으로 대응할 수 있는 지혜를 키워준다. 그러므로 큰 변화뿐 아니라 주변의 작은 변화에도 민감할 필요가 있다.

② 변화의 적응성

의도하지 않은 변화일지라도 변화는 우리의 삶에 영향을 주게 되고 적응하게 된다. 우리의 삶은 변화로 인해 영향을 받게 되고, 변화된 모습에 적응해가는 속성을 가지고 있다. 신상품의 새로운 기능에 대한 탄성은 오래가지 못한다. 신제품과 새로운 기능이 익숙해지고 시간이 지나면 과거의 기능과 방식은 익숙함을 넘어 불편함이 된다.

③ 변화의 시기

변화에 따른 결과는 한순간에 이뤄지지 않는다. 로드아일랜드대학 심리학 교수 제임스 프로차스카(James Prochaska)는 변화가 고려 전 단계를 거쳐 고려, 준비, 실행, 지속 단계 후 점차 시간이 지나 성숙되어 나타난다고 보았다. 변화를 위한 대응은 일회적으로 끝나는 것이 아니다. 실행 이전의 고려하는 단계를 포함해서 실행한 이후에도 지속적인 행동이 있어야 변화가 일어나게 되고 자리를 잡게 된다.

④ 변화에 대한 저항성

외부에서 힘이 가해지지 않는 한 모든 물체는 자기의 상태를 유지하려고 한다. 뉴턴이 말한 관성의 법칙이다. 변화도 관성의 법칙이 적용된다. 사람들은 익숙한 것을 선호하고 새로운 변화에 대해 불편해한다. 변화의 필요성을 인식해도 관성의 법칙으로 인해 쉽게 변화가 이뤄지지 않는다. 그러나 새로움과 성장은 변화에 대한 수용에서 출발함을 기억해야 한다.

리처드 베카드(Richard Beckhard)와 루벤 해리스(Reuben Harris)는 다음과 같이 변화 방정식을 제시했다.

$$C = D \times V \times F \rangle R$$

C(Change)
D(Dissatisfaction)
V(Vision)
F(First step)
R(Resistance)

변화는 현재의 불만족과 되고 싶은 미래의 비전 그리고 변화하기 위해 실천하는 첫 번째 조치를 곱한 값이 변화에 대한 저항보다 클 때만 이뤄진다고 보았다. 3가지 요소 중 한 개만 낮아도 변화의 가능성은 떨어지게 된다. 그만큼 변화에 대한 강한 의지와 노력이 있을 때에만 새로운 결과를 만들 수 있다.

 토의 2-2

☎ 아래 질문에 대한 자신의 생각을 정리하고, 이를 팀원들과 공유해보자.
  1. 최근 1년 동안 자신에게 일어난 주요한 주변 환경의 변화에는 무엇이 있는가?
  2. 리처드 베카드와 루벤 해리스의 변화 방정식을 적용하여 지금까지 지내면서 개인의 의지를 통해 만든 변화는 무엇인가?

(2) 자기관리를 위한 변화관리 5단계

▶ 1단계: 변화 인식 단계

자기에게 찾아오는 변화를 인식하고 이해하는 단계이다. 변화의 파도를 타기 위해서는 우선적으로 변화를 인식해야 한다. 현재에 대한 불만에서 변화를 인식할 수 있고, 새로운 기회를 찾는 과정에서 변화를 느낄 수도 있다. 주변의 변화를 인식하기 위해서는 통찰력과 관찰이 필요하다. 작은 변화는 자세히 의식하지 않으면 볼 수 없다. 깊은 통찰력이 있을 때에만 변화의 속성과 흐름을 감지할 수 있다.

▶ 2단계: 변화 목표 설정 단계

변화 대응 전략과 목표를 세우는 단계이다. 변화를 할 만큼 강한 비전과 목표가 있을 때 변화를 위한 시도가 가능하다. 이 단계에서는 변화의 흐름을 읽고 효과적인 대응 목표를 정한다. 변화 목표는 구체적이고 실현 가능해야 하며 변화의 방향과 흐름이 함께해야 한다.

▶ 3단계: 변화 관리 실행 단계

변화에 대응하기 위한 전략과 목표 달성을 위해 실천하는 단계이다. 무엇보다 시작이

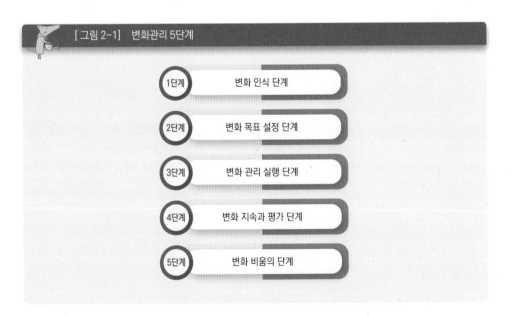

[그림 2-1] 변화관리 5단계

1단계	변화 인식 단계
2단계	변화 목표 설정 단계
3단계	변화 관리 실행 단계
4단계	변화 지속과 평가 단계
5단계	변화 비움의 단계

중요하다. 그리고 시작을 했으면 인내심과 함께 주변의 도움이 필요하다. 실행 단계에서는 중간에 포기하고 싶은 마음의 유혹을 극복해야 한다.

▶ 4단계: 변화 지속과 평가의 단계

변화 속에서 일어나는 자신의 대처 및 결과를 평가하는 단계이다. 긍정적으로 변화된 모습을 지속하기 위해서는 행동을 습관으로 연결시키는 작업이 필요하다. 또한 지난 과정에 대한 평가의 시간을 가져야 한다.

▶ 5단계: 변화 비움의 단계

비움의 단계는 새로운 변화를 준비하기 위한 단계이다. 변화된 모습에 안주하지 않기 위해 새로운 실천과 다양한 시도를 지속한다. 매 단계마다 변화 비움의 단계를 의식하고 꾸준한 변화와 이를 통한 성장을 위한 노력이 필요하다.

 학습평가 Quiz

1. 다음 중 개발(開發)의 의미로 적절하지 않은 것은?

   ① 토지나 천연자원 따위를 유용하게 만듦
   ② 슬기나 재능 사상 따위를 일깨워 줌
   ③ 지식이나 재능 따위를 발달하게 함
   ④ 산업이나 경제 따위를 발전하게 함

2. 다음 중 자기개발이 줄 수 있는 유익이 아닌 것은?

   ① 현재의 풍요   ② 미래 목표의 성취
   ③ 조직의 팀워크   ④ 개인과 조직의 승승

3. 다음은 자기개발의 특징 중 무엇에 대한 설명인가?

   > 사람은 발달단계와 상황에 따라 성장하고 변해야 한다. 기술뿐만 아니라 사회도 끊
   > 임없이 진화하기 때문이다. 한 번의 성장과 성취에 안주하면 곧 정체되고 만다. 그러
   > 므로 자기개발은 한 시점에서의 일시적 노력이 아닌 발달단계와 상황에 따라 인생 전
   > 반에 걸쳐 장기적으로 시도하고 노력해야 한다.

   ① 자기개발 지향점의 다양성   ② 자기개발의 주체
   ③ 자기개발은 평생학습   ④ 업무경력과의 관련성

4. 다음 중 변화의 속성으로 올바르지 않은 것은?

   ① 변화의 가시성   ② 변화의 다양성
   ③ 변화의 적응성   ④ 변화에 대한 저항성

5. 다음 중 리처드 베카드와 루벤 해리스의 변화 방정식(C = D × V × F > R)에 대한 설명으로 옳은
   것은?

   ① C(Change)   ② D(Disorder)
   ③ V(Value)   ④ R(Revolution)

6. 다음 변화관리 5단계 중 4단계 빈칸에 해당되는 것은?

1단계	변화 인식 단계
2단계	변화 목표 설정 단계
3단계	변화 관리 실행 단계
4단계	
5단계	변화 비움의 단계

① 변화 피드백 단계　　　　② 변화 실천의 단계
③ 변화 생성 단계　　　　④ 변화 지속과 평가 단계

학습내용 요약 Review(오늘의 Key Point)

1. 자기개발(自己開發, Self-development)이란 자신의 능력, 적성 및 특성 등에 있어서 자신의 강점과 약점을 찾고 확인하여 이를 강화시키고 관리하여 성장을 위한 기회를 활용하여 자기에 대한 이해를 바탕으로 자기를 끊임없이 성장, 개선시켜가는 행동이다.

2. 자기개발은 개인에게 자아실현, 미래의 목표 성취, 현재의 풍요, 개인과 조직의 승승이라는 유익을 줄 수 있다.

3. 자기개발의 특징은 자기개발의 주체는 자기 자신이라는 점, 자기개발의 지향점이 다양하다는 점, 자기개발은 평생학습의 과정이라는 점, 마지막으로 업무경력과 관련을 가진다는 점이다.

4. 변화는 가시성, 적응성, 저항성과 함께 한순간에 이뤄지는 것이 아닌 단계와 시기를 거쳐 일어나는 속성을 가지고 있다.

5. 변화관리의 5단계는 1단계 변화 인식 단계, 2단계 변화 목표 설정 단계, 3단계 변화 관리 실행 단계, 4단계 변화 지속과 평가 단계, 5단계 변화 비움의 단계이다.

Mission 변화 관리하기

앞으로 자신에게 일어날 환경적 변화와 그 변화가 자신에게 미칠 영향들, 변화에 어떻게 대응할 것인지에 대한 전략을 정리하고 작성하시오.

	자신에게 일어날 변화	변화가 미칠 영향들	변화에 대한 대응 전략
1			
2			
3			

자기개발의 적용

목차

1. 자기개발의 방법
2. 자기개발의 방해요인
3. 자기브랜드 전략

학습목표

- 자기개발능력의 3가지 하위능력의 종류와 내용을 설명할 수 있다.
- 자기개발 방해요인의 종류와 특징을 설명할 수 있다.
- 개인의 자기브랜드 현황을 인식할 수 있다.
- 자기브랜드 구축을 위한 전략을 설명할 수 있다.

핵심단어

자아인식능력, 자기관리능력, 경력개발능력, 자기개발 방해요인, 자
기브랜드

3
Chapter

자기투자에 올인하는 '자(自)테크' 인기

불안한 경제상황이 이어지면서 부동산은 물론 코인과 주식 등 이른바 '한방 투자'에 대한 인기도 시들어가고 있는 요즘, 믿을 것은 '자신'뿐이라며, 스스로에게 투자하는 이른바 '자(自)테크' 바람이 불고 있다.

시장조사전문기업 엠브레인 트렌드모니터가 전국 만 19~59세 성인 남녀 1,000명을 대상으로 '자(自)테크(나테크)' 관련 인식 조사를 실시한 결과, 미래에 대한 불안감이 확산되는 상황 속에서 스스로의 역량에 투자해야 한다는 인식이 높아지고 있는 것으로 조사됐다.

10명 중 9명 "현재 자기계발하고 있어"

전체 응답자의 10명 중 7명(73.8%, 동의율)이 한국 사회의 미래가 불투명하다는 인식을 드러내고 있었다. 우리 사회에서 안정적인 직업을 찾는 일이 점점 어려워지고 있는 만큼(84.3%) 10년 후의 내 모습에 대해서도 불안감을 느끼는 경우가 많은 편(61.2%)이었다.

이렇듯 사회 전반적으로 고용 안정에 대한 위기 의식이 높아지는 가운데 자신의 능력과 스펙에 대한 자신감은 매우 낮은 수준이었다. 나는 주변의 또래 사람들보다는 조금 더 능력이 좋은 편(20대 21.6%, 30대 22.0%, 40대 26.0%, 50대 25.6%)인 것 같고, 마음만 먹으면 얼마든지 원하는 곳으로 이직할 수 있을 것 같다(20대 29.2%, 30대 21.6%, 40대 19.6%, 50대 12.0%)는 응답이 낮게 나타나고 있었는데, 이는 자연스레 자기계발에 대한 많은 관심(70.0%)으로 이어지고 있었다. 자기 자신의 능력을 인색하게 평가한 만큼 스스로의 경쟁력 제고를 위한 자기계발 의지가 높게 나타난 것이다. 실제로 자기계발에 대한 니즈가 높아지는 건 그만큼 미래가 불안하기 때문이고(79.9%, 동의율) 지금 돈을 절약하는 것보다 자기계발 등을 통해 스스로의 몸값을 높이는 게 더 가치 있는 일인 것 같다는 인식(55.6%)을 확인해볼 수 있었다.

또한 전체 응답자의 87.2%가 현재 자기계발을 하고 있는 것으로 나타났다. 체력 및 건강 관리를 하고 있다는 응답이 가장 많았으며(43.7%, 중복응답) 그다음으로 재테크/투자 공부(34.1%), 나만의 루틴 만들기(25.5%), 운동 배우기(25.2%) 등에 대한 활동이 활발한 편이었다. 특히 20대 응답자의 경우 외국어 공부(20대 34.8%, 30대 26.0%, 40대 14.4%, 50대 14.8%)나 직무 관련 자격증 공부(20대 30.8%, 30대 20.4%, 40대 13.2%, 50대 12.4%), 전문기술 학습(20대 17.6%, 30대 14.0%, 40대 8.4%, 50대 12.4%) 등 자신의 직무 능력 및 커리어 개발을 위한 자기계발 활동이 상대적으로 더 많은 것을 알 수 있었다. 이를 통해 현재 취업을 준비하거나 사회초년생인 젊은 세대가 더 많은 미래 불안감을 느끼고 있음을 읽어볼 수 있었다.

미래 불안 속 스스로에 대한 투자는 '필수'

이처럼 최근 '자(自)테크'가 늘어나고 있는 이유는 스스로의 가치를 높여 대체 불가능한 사람이 되는 것이 가장 좋은 재테크 방식(77.3%, 동의율)이라고 생각하기 때문인 것으로 나타났다.

또한 나에 대한 투자는 가장 성공 가능성이 높은 재테크(63.5%)라는 인식도 높은 편이었는데, 자신의 역량을 키우고 경제적 생산 가치를 높여야만 불안정한 미래에 대비할 수 있다고 믿는 사람들이 많다는 것을 엿볼 수 있었다.

출처: 데일리팝(http://www.dailypop.kr), 2022.8.4.

자기투자에 올인하는 '자(自)테크'가 인기라고 한다. 3장에서는 본격적인 자기개발능력에 대한 내용을 학습하기 전에 자기개발의 거시적 측면에서의 자아인식능력, 자기관리능력, 경력개발능력을 소개한다. 또한 거듭되는 시도 속에서 자기개발의 노력을 실패로 이끄는 방해요인이 무엇인지 탐구한다. 또한 현재 자기브랜드 상황을 진단한 후 자기브랜드 구축을 위한 전략을 탐구한다.

사전질문

1. 자기개발능력의 3가지 하위능력의 종류는 무엇인가?

2. 자기개발 방해요인은 무엇인가?

3. 자기브랜드란 무엇인가?

4. 자기브랜드의 유익은 무엇인가?

5. 자기브랜드 개발 방법은 무엇인가?

1. 자기개발의 방법

자기개발의 중요성이 강조되고 있고 많은 사람들이 필요성에 공감하지만 정작 자기개발을 효과적으로 수행하기는 쉽지 않다. 해마다 많은 사람들이 자기개발 결심과 실패에 대한 좌절을 반복하고 있다. 수많은 결심과 실패는 작심삼일이라는 말에서도 알 수 있듯이 사람들은 긴 시간을 넘기지 못하고 좌절을 경험하며 이에 대한 스트레스를 받고 있다.

그렇다면 자기개발이란 무엇이고, 어떻게 하면 성공적이고 효과적인 자기개발을 할 수 있을까? 자기개발을 위해서는 먼저 자기개발능력의 구성요소를 알아야 한다. 자기개발능력은 자아인식능력, 자기관리능력, 경력개발능력의 3가지 하위능력으로 구성된다.

[표 3-1] 자기개발능력의 하위능력과 질문들

하위능력	세부요소	질문
자아인식 능력	• 자기이해 • 자신의 능력 표현 • 자신의 능력발휘 방법 인식	• 나는 누구인가? • 나를 소개할 수 있는가? • 나의 강점을 알고 있는가?
자기관리 능력	• 개인의 목표 정립(동기화) • 자기통제 • 자기관리 규칙의 주도적인 실천	• 나의 꿈과 목표는 무엇인가? • 스스로 절제할 수 있는가? • 스스로 선택하고 책임지는가?
경력개발 능력	• 삶과 직업세계에 대한 이해 • 경력개발 계획 수립 • 경력전략의 개발 및 실행	• 일의 의미와 관심 있는 일에 대한 정보를 수집했는가? • 나만의 경력개발 계획을 세웠는가? • 경력전략에 대해 경력을 준비하고 있는가?

(1) 자아인식

자아인식은 자기에 대한 이해이다. 자기개발은 자아인식으로부터 출발한다고 할 만큼 중요한 기초가 되는 요소이다. 자아인식은 자기개발의 방향을 결정하는 네비게이션 역할을 하고 자기개발의 길을 안내한다.

자아인식은 자신이 가지고 있는 흥미, 가치, 신념, 강점과 단점 등을 이해하는 것이다. 이것은 자기개발의 주요한 도구와 자원이다. 자신의 강점, 흥미와 가치에 기반한 목표 설정과 강점에 기반을 둔 진로 선택은 자기개발을 수월하게 만들기 때문이다.

자신을 인식하는 방법으로는 스스로 성찰을 통해 자신을 살펴보는 방법, 다른 사람과의 대화와 피드백을 통해 자신을 알아가는 방법, 검증된 표준화된 검사 도구를 활용하는 방법 등이 있다.

(2) 자기관리

자기관리는 목표를 향해 자기를 이끌어가는 능력이다. 자아인식을 바탕으로 스스로 목표를 세우고 성취하기 위해 자신의 자원을 집중하고 노력하는 것이다. 자기관리는 곧 셀프 리더십의 실천이다. 자기관리는 스스로의 삶에 리더십을 발휘하는 것이기 때문이다. 자기관리는 다양한 업무와 프로젝트를 해결하는 과정에서도 그대로 적용된다.

자기관리를 위해서는 자기이해에 기반한 비전과 목표를 수립하고 이에 대한 구체적인 과제를 발견하고, 일정 및 시간계획을 수립, 조정하여 수행한 후 다시 반성하고 피드백하는 과정으로 이뤄진다.

(3) 경력개발

경력은 일과 관련하여 일생에 걸쳐 경험하는 것으로 경력개발은 자신의 삶에서 의미 있는 경력을 만들기 위해 경력목표와 전략을 세우고 수행하며 피드백하는 과정이다. 사회적 존재인 인간은 개인으로서뿐만 아니라 소속된 조직과 기관 속에서 상호작용과 승승을 위해서 함께 성장하고 개발하는 노력을 기울여야 한다. 이러한 과정 속에서 경력개발은 자신의 경력 현실을 파악하고 목표를 달성하기 위해 경력 계획을 세우고 이를 준비하고 실행한 후 피드백하는 순서로 이뤄진다.

자기개발 Tip 성공하는 사람들의 7가지 습관

습관 1: 자신의 삶을 주도하라(Be Proactive)

자신의 삶에 주인이 되라. 자신이 할 수 없는 일에 집착하거나 외부의 힘에 반응하지 말고, 할 수 있는 일에 집중하라. 변환자가 되어 주변을 변화시키는 사람이 돼라.

습관 2: 끝을 생각하고 시작하라(Begin with the end in mind)

모든 것은 마음과 실제를 통해 두 번 창조되는 것을 기억하여 모든 시작에 앞서 마음속으로 개인의 사명과 비전, 목표를 생각하고 시작하라.

습관 3: 소중한 것을 먼저 하라(Put first things first)

긴급한 것이 아닌 중요한 것을 기반으로 우선순위를 정하라. 작고 사소한 일보다는 인생에서 크고 중요한 일에 먼저 우선을 두고 주간계획을 통해 효과적으로 시간을 사용하라.

습관 4: 승승을 생각하라(Think Win-Win)

풍요의 정신으로 타인과 함께 더 큰 성취를 추구하라. 승패의 마음을 넘어 나와 상대방이 함께 이길 수 있는 승승의 방안을 모색하라.

습관 5: 먼저 이해하고 나중에 이해시켜라(Seek first to Understand, then to be understood)

자신의 주장만을 앞세우기보다는 타인의 말을 공감적으로 경청하고 열린 자세를 가져라. 자기 중심의 자서전적 반응을 버리고 의견은 I-Message를 통해 효과적으로 전달하라.

습관 6: 시너지를 내라(Synergize)

혼자서는 할 수 없는 목표와 일을 달성하기 위해 함께 협력하라. 다양성을 존중하고 공동의 목표를 이루기 위해 제3의 대안을 찾는 노력을 시도하라.

습관 7: 끊임없이 쇄신하라(Sharpen the saw)

지속적인 성공을 위해 신체적 차원, 영적 차원, 정신적/지적 차원, 사회적/감정적 차원에서 끊임없이 쇄신을 실천하라.

출처: 성공하는 사람들의 7가지 습관, 스티븐 코비 저, 김경섭 역, 김영사, 1994.

 토의 3-1

☎ 새해에 세웠던 자신의 새해목표^(자기개발 계획)의 내용과 설정 이유를 정리하고 이를 팀원들과 공유
해보자.

 2. 자기개발 방해요인

(1) 자기개발과 관성의 법칙

관성의 법칙은 자연 현상뿐 아니라 개인의 내면과 사회 속에서도 존재한다. 사람들은
현재의 상태를 유지하고 싶어 하고, 익숙한 것을 선호하며 익숙하지 않으면 불편해한다.
자기개발은 '익숙한 것과의 결별'을 의미한다. 익숙함을 버리고 불편함을 감수하는 과정
에서 성장과 발전이 이뤄진다. 물론 모든 자기개발의 과정이 억지로 해야 하는 고역을 의
미하는 것은 아니다. 자기개발을 위해 개인의 삶에 변화가 생기면 사람들은 안정을 추구
하는 경향성 때문에 저항에 직면하지만 때로는 이러한 과정이 새로운 즐거움이 될 수 있
다. 그러나 현실 속에서 많은 사람들은 자기개발의 어려움을 호소한다. 이와 같이 변화를
만드는 과정에 발생하는 자기개발의 방해요인들은 무엇이 있을까?

(2) 자기개발 방해요인

① 개인의 욕구

사람은 살아가면서 다양한 욕구를 가진다. 매슬로우는 인간의 욕구를 생리적 욕구부터 출발해서, 인정의 욕구, 사회적 욕구, 존경의 욕구, 자아실현의 욕구까지 피라미드 모형의 5단계로 구분한 바 있다. 매슬로우의 욕구 위계 이론에서 사람들의 기본적 욕구는 생리적 욕구이며 각 욕구는 전 단계가 충족이 되어야 다음 단계가 충족되기를 원한다고 하였다. 자기개발은 자아실현의 욕구에 해당되는 최상위의 욕구이므로 그 하위에 있는 다른 욕구가 채워질 때 충족된다고 할 수 있다.

인간은 감정에 따라 행동하는 경향이 있다. 어떤 것에 대해 욕구하거나 욕망을 가져도 개인의 감정 상태에 따라 다른 행동을 보일 수 있다. 이러한 양 사이의 충돌은 자기개발을 어렵게 만드는 요인이 된다.

② 부정적 사고

사람들은 자신이 보는 관점에 따라 말하고 행동하는 경우가 많다. 부정적 사고를 가진 사람은 의식적으로 또는 무의식적으로 부정적으로 사고하고 행동하는 경향을 띤다. 부정적 사고를 가진 사람은 자기개발을 통해 얻는 유익보다는 그 과정의 어려움을 먼저 떠올리며 그 수고를 거부하는 사람이다. 이러한 부정적 사고는 우리의 행동과 선택에서 편향성을 유발하는데 이러한 편향성은 새로운 변화를 시도하는 자기개발을 방해하는 요소가 된다.

③ 낮은 자기효능감

자기개발은 새로운 시도이며 도전이다. 익숙한 것을 버리고 새로운 시도를 한다는 것 자체는 불편과 위험을 전제한다. 이러한 위험에 직면할 때 자신에 대한 신뢰가 있는 사람과 그렇지 못한 사람은 다른 행동 경향을 보여준다.

평소 자신이 어떤 일을 성공적으로 수행할 수 있다는 믿음과 신념이 있는 사람, 즉 높은 자기효능감(self-efficacy)을 갖는 사람은 새로운 도전과 시도를 받아들인다. 그러나 자신에

대한 신뢰가 부족하고, 낮은 자기효능감^(자신감 부족)을 가진 사람은 익숙하지 않은 도전과 새로운 자기개발 시도에 직면했을 때 회피하는 경향을 보인다.

④ 의존적 경향

자기개발은 개인이 주체가 되어 실천하는 활동이다. 자기개발의 활동들, 즉 자아에 대한 성찰을 포함해서 목표를 정하는 일, 일정을 수립하는 일, 계획된 일을 수행하는 일 등 모든 과정은 개인의 선택과 의지가 반영된다.

그러므로 독립적인 사람만이 자기개발을 실천할 수 있다. 선택할 수 없다면 시작할 수 없고, 시작하지 않으면 달라지는 것이 없다. 의존적 경향성을 가진 사람은 스스로 선택하지 못하는 사람이다. 다른 사람에 의해 움직이는 사람은 간단하고 짧은 활동은 수행할 수 있으나 장기적이고 주도적인 자기개발능력을 발휘하는 것은 어렵다.

⑤ 자기개발 방법에 대한 무지

가고 싶은 곳이 있어도 길을 모르면 도착할 수 없다. 지도나 네비게이션이 있어도 사용 방법을 모르면 소용이 없다. 자기개발도 마찬가지다. 자기개발을 위해 구체적으로 어떤 정보가 필요한지, 어떤 자료를 활용할 수 있고, 주변에서 어떤 도움을 받을 수 있는지 모르는 것은 자기개발에 장애물이다. 자기개발의 방법을 모르고 필요한 적절한 정보가 부족하면 자기개발의 길은 멀어져간다.

⑥ 실행력 부족

아무리 좋은 전략이 있어도 실행으로 연결하지 않으면 무용지물이 된다. 자기개발은 실천적 활동이다. 문제를 풀거나 계산을 하는 지적인 활동을 포함하여 몸이 반응하고 움직여야 하는 활동이다. 1그램의 실행이 1톤의 생각보다 값지다는 말이 있듯이 아무리 훌륭한 자기개발의 계획과 방법이 있더라도 실행력이 부족하면 자기개발의 열매를 얻을 수 없다. 실행은 씨앗이다. 씨앗이 없이는 나무가 자랄 수 없고 숲이 만들어질 수 없다.

토의 3-2

☏ 자신만의 자기개발 장애물은 무엇인지 적어보고 팀원들과 공유해보자.

> 🖎 자기개발 장애물:

3. 자기브랜드 전략

> "모든 사람은 자신의 브랜드를 가지고 있다. 다른 사람에게 브랜드를 팔고 있다. 개인 브랜드를 개
> 발하는 다양한 방법 중 가장 쉬운 건 당신의 영향력 범위에 변화를 주는 것이다. 성공한 사람의 곁
> 에 있어라. 그리고 그들과 함께 있는 시간을 늘려라."
>
> - 제러드 애덤스

브랜드는 고대 노르웨이 단어인 불에 굽다(bradr)라는 단어에서 유래했다는 설이 지배적
이다. 산업혁명 이전에는 가축의 소유주들은 자신의 가축에 소유권을 표시하기 위해 불
로 낙인을 찍었다. 이후 브랜드는 품질보증, 신용표시의 용도로 그 기능이 바뀌었고 지금
은 가치를 나타내는 하나의 상징적인 기능까지 확대되었다.

이와 같은 브랜드의 정의에서 확장하여 자기브랜드는 개인이 가지고 있는 모든 속성과
능력들의 통합으로서 결국에는 상대방의 인식 속에 자리잡고 있는 특정 이미지를 의미한

다고 할 수 있다. 자기브랜드 전략은 이런 이미지를 관리하고 강화해서 어떤 특정 분야의
차별화된 영역에서 자리를 잡는 것이다.

(1) 자기브랜드 진단

질문	매우 그렇다	그렇다	보통	아니다	전혀 아니다
[표 3-2] 자기브랜드 지수 점검표					
나의 업무(전공) 경험을 간단한 버전과 상세한 버전으로 나눠 설명할 수 있다.					
나만의 업무(전공) 노하우가 무엇인지 명확하게 말할 수 있다.					
10년 후 나의 모습을 그림으로 설명할 수 있다.					
내가 추구하는 성공의 가치와 유형이 무엇인지 알고 있다.					
감정을 적절하게 통제할 수 있다.					
다른 사람이 보는 나의 모습과 내가 추구하는 나의 모습이 유사하다.					
지금 자신을 설명하는 형용사 3개를 말하고 이유를 설명할 수 있다.					
내게 맞는 의상과 헤어스타일을 알고 있다.					
시간과 장소에 맞게 적절한 연출을 할 수 있다.					
나의 가치를 높이기 위한 전략과 전술을 가지고 있다.					
나의 비전을 한 문장으로 설명할 수 있다.					
프리젠테이션에 자신 있다.					

(매우 그렇다=5점, 그렇다=4점, 보통=3점, 아니다=2점, 전혀 아니다=1점)

<결과>

- 49점 이상

  자신의 가치를 충분히 알고 있으며 브랜드화 전략이 90% 이상 수립돼 있는 상태. 이미 자신감 있고 당당한 자세를 갖추고 있어 주변 사람들로부터 부러움을 받고 있을지도 모른다. 만일 아직 자신의 브랜드를 명확화하는 한 문장을 만들지 못했다면 지금 당장 만들어두자. 앞으로 중요한 것은 관리다. 자신을 설명하는 포장에 걸맞게 내실을 기울여라.

- 37~48점

  자신의 가치에 대해 알고 있고 브랜드화하려고 시도를 해보았다. 이런 고민 덕분에 자신의 업무 스타일에 대해서도 이해도가 높다. 다만 아직까지 자신의 브랜드라고 내세울 만한 표현력은 부족하다. 자신의 비전에 기초해 독특한 아이디어를 가미한 '자기브랜드'를 만들어보면 자신에 대해 더욱 자신감을 갖게 될 것이다.

- 25~36점

  브랜드화에 대한 고민은 있으나, 무엇부터 시작할지 잘 모르고 있을 가능성이 높다. 자신의 업무(전공)는 충실히 하고 있다고 하더라도 자기 PR에는 아직 미숙하다. 우선 자신의 업무 경험을 정리해보면서 업무 스타일과 문제 해결 방식을 점검해보자. 브랜드를 만들기 전에 자신에게 어떤 장점이 있는지 꼼꼼하게 체크하는 것부터 시작하는 것이 효과적이다.

- 24점 이하

  '자기브랜드'라는 단어조차 낯설지는 않은지, 업무(전공)에 대해서도 만족하지 않고 있으며 목표나 비전도 불분명할 가능성이 높다. 일(공부)을 즐겁게 하고, 자기 발전을 도모하기 위해서는 자신의 가치를 인정하고, 상대방에게 포장해 보여줄 수 있어야 한다. 이제는 자기 PR과 경쟁력 강화에 신경 쓸 시기라는 것을 명심하자.

(2) 자기브랜드의 효과

① 개인에 대한 믿음

자기브랜드를 갖게 되면 다른 사람들에게 믿음을 주게 된다. 상대방이 나에 대해 자세한 정보와 이해가 없어도 스스로 구축한 자기브랜드로 인해 자신을 신뢰할 수 있게 되는 것이다. 똑같이 피겨스케이팅에 대해 말할 때 김연아 선수와 취미로 스케이트 타는 사람 중에서 우리는 김연아 선수에 대해 더 신뢰를 갖게 된다. 같은 내용일지라도 상대에 대한 믿음의 정도가 다르기 때문이다.

② 처리 속도의 증가

자기브랜드를 통해 개인에 대한 믿음과 신뢰가 생기면 일의 진행 속도가 빨라진다. 검색과 확인에 들어가는 시간이 불필요하기 때문이다. 이로 인해 개인은 더 많은 기회를 갖게 된다. 같은 메뉴를 먹을 때라도 위생과 맛이 검증된 프랜차이즈 식당이라면 처음 보는 식당보다 먼저 발이 가게 될 것이다. 자기브랜드는 개인의 생산성을 올려준다.

③ 정체성의 확립

개인 차원에서 정체성의 확립이 이뤄진다. 자기브랜드가 만들어지면, 개인 차원에서의 정체성이 만들어지게 된다. 이때 만들어진 정체성은 개인의 삶의 목적과 이유가 된다. 그 사람이 누구인지 명확하게 나타나게 해주는 명확하고 분명한 기준이 된다.

④ 고객의 결정

나의 고객이 누구인지 결정된다. 사람은 타인과의 상호작용을 이루는 사회적 존재이다. 그런 면에서 자기브랜드가 결정되면 나의 고객이 누구인지 명확해진다. 자기브랜드의 분야에 따라 고객과 만나는 사람이 달라진다. 영향을 주기도 하고 받기도 한다. 고객을 결정하는 가장 중요한 기준은 자기브랜드다.

⑤ 개인의 경쟁력 향상

자기브랜드는 경쟁력을 높여준다. 자기브랜드는 자기의 강점이 극대화된 모습이다. 강점이 노출되면 주변에서 함께할 수 있는 일들이 많아진다. 개인의 몸값이 올라가고 경쟁력이 올라간다.

⑥ 개인의 몸값 상승

지금까지의 모든 효과가 더해지면 궁극적으로 뚜렷한 자기브랜드는 개인의 몸값을 상승시킨다. 같은 일을 해도 자기브랜드가 명확한 사람은 더 높은 가치와 신뢰를 인정받는다. 경제적으로 대우를 받는다.

(3) 자기브랜드 개발 방법

무한 경쟁시대에 자기브랜드는 한 개인의 경쟁우위를 좌우하는 핵심 요소다. 자기브

랜드는 개인이 가지고 있는 재능이나 전문적인 능력, 이미지의 총체로 남과 나를 구별시켜주는 핵심가치라고 할 수 있다. 이것은 자기브랜드를 구성하는 현재뿐 아니라 미래에 긍정적 영향을 미친다. 미국의 한 조사 결과에 따르면 브랜드 콘셉트와 비전을 가지고 있는 직장인이 그렇지 않은 직장인보다 10퍼센트 이상 높은 연봉을 받고 있다고 했다. 자기브랜드는 자기의 가치를 높이는 가장 효과적인 전략이다. 그렇다면 어떻게 해야 효과적인 자기브랜드를 개발하고 구축할 수 있을까? 효과적인 자기브랜드 개발 전략은 다음과 같다.

① 콘셉트 설정

자아인식에 기반한 브랜드 전략을 세워라. 자신의 현재 모습과 강점과 약점에 따라 그에 맞게 전략을 세울 수 있다. 브랜드화할 때는 가장 자신 있는 일을 찾거나 자신의 스타일을 파악하는 것이 핵심이다.

자아인식이 중요하다. 자신의 가치를 스스로 조사, 계획하고 자신의 능력을 가늠해본 다음 자신이 추구하고자 하는 방향을 찾는 것이 필요하다. 이 과정에서 필요에 따라 자기의 단점을 과감하게 드러내서 성공하는 경우도 있다. 누구에게나 장점과 단점이 동전의 양면이 될 수 있음을 기억하고 있는 그대로 자기의 특성을 나타내는 것이 중요하다.

② 차별화 전략

자기브랜드 전략에 따라 자기 만들기를 추구하라. 브랜드는 만들어나가는 것이다. 자아에 대한 정확한 인식과 분석으로 브랜드 전략을 세웠다면 적절한 추구 활동으로 브랜드의 파워를 키우는 것이 중요하다. 자신에게 맞는 콘셉트의 전략을 세웠다면 평소 거기에 맞춰 감각을 키울 수 있는 활동 등을 해야 한다.

때때로 이를 위해 튀는 의상과 행동에도 거부감이 없어야 한다. 또 개인의 이미지를 일관되게 구축하는 것이 중요하다. 일관성은 자기를 표현하는 가장 효과적인 도구가 되기 때문이다. 그리고 그 과정에서 자기를 쉽고 간단하게 표현할 수 있는 핵심메시지를 만들면 효과적이다.

③ 고객의 탐색

개발된 자기브랜드를 타인에게 PR하라. 기업이 마케팅과 홍보를 하듯 자신만의 자기

브랜드를 개발했다면 다양한 방법으로 표현하고 알리는 것이 중요하다. 가장 효과적인 PR 방법은 구전방법이다. 남이 나를 언급하고, 특징지어주면 가장 좋다.

직접적으로 언급하는 것보다는 자신의 브랜드와 관련된 정보를 다루거나 그와 관련된 사람에 대해 언급하는 것도 자신을 알릴 수 있는 방법이다. 소개한 인적 네트워크를 활용한 방법 외에도 소셜 네트워크를 활용하거나 자신만의 명함을 만들어 활용하는 것도 좋은 방법이 될 수 있다.

④ 자기브랜드 업데이트

자기브랜드는 정기적으로 업데이트하라. 개인의 경력은 한번 완성되었다고 평생 지속되는 것은 아니다. 특히 요즘처럼 세상의 변화가 빠를 때는 시대에 맞게 자기브랜드를 확장시켜주는 것이 필요하다. 또한 자신에게 걸맞은 이미지로 자리를 잡았는지 점검하고 현재의 상황에 맞는지도 검토해서 필요하면 수정할 필요가 있다.

이를 위해 자기만의 경력 포트폴리오를 제작하여 자신의 전문적인 능력과 자기개발 노력 등을 점검하는 방법이 있다. 단순한 자신의 경험이라도 포트폴리오를 만들면 경력이 될 수 있다. 포트폴리오는 정기적으로 업데이트하고 문자로만 만들지 말고 이미지나 그래픽 등으로 구성하면 더욱 효과적으로 보일 수 있다.

출처: 최효진, 여러분의 퍼스널브랜드는 무엇입니까?.

💬 자신의 자기브랜드 진단 점수 결과를 공유하고, 개발하고 싶은 자기브랜드 콘셉트에 대해 자신의 생각을 정리하고, 이를 팀원들과 공유해보자.

학습평가 Quiz

1. 자기개발능력 세부요소 중 하위능력이 다른 것은?

① 자기이해
② 자신의 능력 표현
③ 자기통제
④ 자신의 능력발휘 방법 인식

2. 다음은 자기개발의 방해요인 중 무엇에 대한 설명인가?

> 자기개발은 새로운 시도이며 도전이다. 익숙한 것을 버리고 새로운 시도를 한다는 것 자체는 불편과 위험을 전제한다. 이러한 위험에 직면할 때 반응 중에서 자신에 대한 신뢰가 있는 사람과 그렇지 못한 사람은 다른 행동 경향을 보여준다.

① 부정적 사고
② 개인의 욕구와 감정의 작용
③ 의존적 경향
④ 낮은 자기효능감(자신감 부족)

3. 빈칸에 공통적으로 들어갈 단어는 무엇인가?

> (   )은/는 고대 노르웨이 단어인 불에 굽다(bradr)라는 단어에서 유래했다는 설이 지배적이다. 산업혁명 이전에는 가축의 소유주들은 자신의 가축에 소유권을 표시하기 위해 불로 낙인을 찍었다. 이후 (   )은/는 품질보증, 신용표시의 용도로 그 기능이 바뀌었고 지금은 가치를 나타내는 하나의 상징적인 기능까지 확대되었다.

① 브랜드
② 자기인식
③ 자기개발
④ 경력개발

4. 다음 중 자기브랜드의 효과가 아닌 것은 무엇인가?

① 개인에 대한 믿음
② 업무의 정확성
③ 정체성의 확립
④ 고객의 결정

5. 다음은 자기브랜드 개발 방법 중 무엇에 대한 설명인가?

> 자기브랜드 전략에 따라 자기 만들기를 추구하라. 브랜드는 만들어나가는 것이다. 자아에 대한 정확한 인식과 분석으로 브랜드 전략을 세웠다면 적절한 추구 활동으로 브랜드의 파워를 키우는 것이 중요하다. 자신에게 맞는 콘셉트의 전략을 세웠다면 평소 거기에 맞춰 감각을 키울 수 있는 활동 등을 해야 한다.

① 콘셉트 설정   ② 차별화 전략
③ 고객의 탐색   ④ 자기브랜드 업데이트

학습내용 요약 Review(오늘의 Key Point)

1. 자기개발능력의 하위능력으로는 자아인식능력, 자기관리능력, 경력개발능력이 있다.

2. 자기개발 방해요인은 개인의 욕구, 부정적 사고, 낮은 자기효능감(자신감 부족), 의존적 경향, 자기개발 방법에 대한 무지, 실행력 부족 등이 있다.

3. 자기브랜드는 개인이 가지고 있는 모든 속성과 능력들의 통합으로서 상대방의 인식 속에 자리잡고 있는 특정 이미지를 의미한다.

4. 자기브랜드의 효과로는 개인에 대한 믿음, 처리 속도의 증가, 정체성의 확립, 개인의 고객에 대한 결정, 개인의 경쟁력 향상, 개인의 몸값 상승이 있다. 자기브랜드는 개인의 경쟁력에 긍정적인 작용을 한다.

5. 자기브랜드의 개발 방법으로는 자아인식에 기반한 콘셉트 설정, 자신만의 차별화 전략, 개인의 고객 탐색, 지속적인 자기브랜드 업데이트가 있다.

Mission 자기관리 목표 세우기

자기개발능력의 하위능력 3가지를 적용하여 차별화된 자기브랜드 개발을 위한 구축전략
과 홍보 전략을 세워보시오.

자기브랜드 구축 전략	자아인식능력 (나만의 특징, 장점 등)	
	자기관리능력 (나만의 꿈과 목표, 실행경험 등)	
	경력개발능력 (하고 싶은 일에 대한 준비 등)	
	홍보 전략 (자기브랜드 PR 및 홍보 방안)	

자아인식능력

일반목표

자신의 장단점, 흥미, 적성, 관점 등을 분석하여 성공적인 사회생활을 위한 건강한 자아인식을 가질 수 있다.

세부목표

- 자아인식의 개념과 필요성을 설명할 수 있다.
- 자아를 인식하는 방법을 설명할 수 있다.
- 자아 및 사회를 보는 관점의 개념을 설명할 수 있다.
- 능력성장신념을 통해 자신의 모습을 반성적으로 성찰할 수 있다.
- 자신의 강점을 찾을 수 있다.

핵심단어

자아인식, 조하리의 창, MBTI, DISC, 자기성찰, 강점, 패러다임, 능력성장신념

2
PART

자아인식의 개념

목차

1. 자아의 개념
2. 자아인식의 유익
3. 자아인식에 대한 이해

학습목표

- 자아의 개념을 설명할 수 있다.

- 자아인식이 주는 유익을 설명할 수 있다.

- 자아인식을 다양한 관점에서 이해하고 설명할 수 있다.

핵심단어

자아인식, 자아, 자아인식의 유익, 조하리의 창, 프로이트의 정신구조, MBTI, DISC

4
Chapter

나 자신을 알라(Know Thyself)

심리학을 기반으로 인간의 자기인식이라는 메타인지를 연구하는 인지과학자 스티브 플레밍(Stephen Fleming)은 그의 저서 「나 자신을 알라」에서 자기인식을 뇌과학 측면에서 접근하고 있다.

자기인식은 "자기 자신과 자신의 행동을 의식적으로 성찰할 수 있는 능력"이다. 자기인식이 발달한 사람은 자신의 상황을 정확히 인식할 수 있을 뿐 아니라 뛰어난 마음읽기 능력을 바탕으로 다른 사람의 처지와 상황, 역량도 제대로 파악한다. 따라서 효과적인 학습 방법을 이용해 자신의 성장을 꾀할 수 있고, 지적 겸손함과 개방적인 태도로 다른 이들과의 협업도 잘 이끌어낸다.

현대 사회는 부정확한 정보와 가짜 뉴스가 넘쳐나 확증편향에 빠진 편협한 사고가 지배하기가 어느 때보다 쉬워졌다. 이럴 때일수록 자기 자신을 돌아보고, 자기 자신이 아는 것을 확인하고 의심하는 태도가 어느 때보다 중요하다. 제3자의 시각으로 자신을 바라보고, 자신이 틀렸을 수 있음을 인정하는 '지적 겸손'이야말로 절실히 필요한 덕목이라 할 수 있다.

다들 취업준비를 해야 하는 4학년이 되면 발등에 불이 떨어지니까 고민을 한다.
그때 사실 가장 먼저 했어야 하는 고민이 '난 뭘 하고 싶지, 난 뭘 좋아하지'이다. 이게 해결된 다음에 여기에 맞는 회사가 어디인지를 찾아야 하는데 그것에 대한 고민이 해결되지 않으니까, 연봉 많이 주면 거기 지원하고, 이런 식의 패턴이 된다.
제 친구 중에 남들이 부러워하는 스펙(학력, 경력)을 가진 친구들이 정말 남들이 부러워하는 회사에 취직을 했는데 2~3년 차에 접어드니까 그중의 반이 회사를 그만두고 나왔다.
회사를 나온 그들은 모두 똑같이 이렇게 말했다.
"이건 내가 원하는 게 아니야!"

김태원(구글 비즈니스 전무)

"가장 중요한 건 자기가 뭘 좋아하는지, 뭘 잘하는지 알아야 해요. 발전 가능성이 그 안에 있거든요."

최성애 교수(심리치료사)

출처: SBS스페셜, 인재전쟁 1부, 신화가 된 인재.

자신의 적성, 흥미가 맞지 않아 도중에 학교와 직장을 그만둔 사람들이 많아지고 있다. 4장에서는 자기개발능력 중 첫 번째에 해당되는 자아인식능력에 대해 살펴본다. 자아의 개념이 무엇이고 자아인식이 개인에게 어떠한 유익을 주는지 알아본다. 또한 자아인식에 대한 다양한 이론을 학습한다.

사전질문

1. 내면적 자아와 외면적 자아의 차이점은 무엇인가?

2. 자아인식이 주는 유익은 무엇인가?

3. 조하리의 창의 4가지 영역은 무엇인가?

4. 프로이트의 이론 중 인간의 정신구조 3가지는 무엇인가?

5. MBTI의 4가지 이분척도별 구분은 어떻게 나눠지는가?

6. DISC는 무엇의 줄임말인가?

1. 자아의 개념

　자아는 자기 자신을 일컫는 말로서 스스로 자신의 존재를 인식하고 타인과 자기 외부에 대해서 판단하고 행동하는 독립체라고 할 수 있다. 학문적 의미에서 자아(自我)는 크게 철학과 심리학적 관점으로 살펴볼 수 있다. 철학에서 자아는 대상의 세계와 구별된 인식 행위의 주체이며, 체험 내용이 변화해도 동일성을 지속하여, 작용, 반응, 체험, 사고, 의욕의 작용을 하는 의식의 통일체, 즉 나를 의미한다. 이것의 반대말은 객아(客我) 혹은 타아(他我)와 비아(非我)라고 표현한다.

　심리학적 관점에서 자아는 자신에 대한 의식으로 심리적, 정신적인 의미로 쓰이며, 정신분석에서는 인간의 행동을 현실에 적응시키는 것이라 가정하여 이러한 자아는 청년기에 확립된다고 보고 있다.

[표 4-1] 자아의 철학적, 심리학적 구분

철학적 관점	• 대상의 세계와 구별된 인식 행위의 주체 • 작용, 반응, 체험, 사고, 의욕의 작용을 하는 의식의 통일체 • 반대말은 객아(客我) 혹은 타아(他我)와 비아(非我)
심리학적 관점	• 자신에 대한 의식 • 정신분석에서는 인간의 행동을 현실에 적응시키는 것이라 가정하여 이러한 자아는 청년기에 확립된다고 봄

　굳이 학문적 비교를 통해 자아를 살펴보지 않더라도 자아에 대한 개념은 쉽게 알 수 있다. 사고하고, 행동하고, 존재하는 내 자신이 곧 '자아'가 되는 것이다. 중요한 것은 자아에 대한 인식은 단순히 이름과 성별 같은 자신에 대한 표면적 정보를 넘어 실존적 존재로서

의 내가 누구인가를 인식하고, 이해하는 것을 의미한다는 점이다. 이는 깊은 사색과 성찰과 같은 자신과의 내면의 대화를 통해서만 가능하므로 자아의 개념을 아는 것과 자신의 자아에 대해 아는 것은 별개라고 할 수 있다.

자아에 대한 구성요소는 그 복잡성으로 인해 다양하게 해석되지만 대표적으로 자신의 내면과 외면으로 나누어 구분할 수 있다.

먼저 외면적 자아는 자신의 외면적 특징을 나타내는 요소로 인종과 나이, 신체 등으로 구성된다. 외면적 자아는 자신뿐 아니라 타인에게도 금새 인식될 수 있다. 반면 내면적 자아는 개인이 가지는 적성, 흥미, 성격, 신념, 태도 등 보이지 않는 부분으로서 개인의 내면을 구성하는 요소다. 내면적 자아는 측정하기 어렵다.

[표 4-2] 자아의 구성요소

내면적 자아	• 자신의 내면을 구성하는 요소 • 측정의 어려움 • 개인의 적성, 가치, 흥미 등
외면적 자아	• 자신의 외면을 구성하는 요소 • 신장, 외모, 나이 등

소크라테스는 "너 자신을 알라"라는 명언을 통해 자기 자신을 아는 것이 삶에서 얼마나 중요한 것인가에 대해 말했다. 중국의 손자는 손자병법에서 '지피지기(知彼知己)면 백전불태(白戰不殆)'라면서 "자기를 알면 백번을 싸워도 위태롭지 않다"는 표현으로 자기인식의 가치를 표현했다. 이렇듯 자아인식은 전쟁 중인 장수와 군대의 목숨을 살린 것만큼 개인의 삶에서도 올바른 선택의 방향을 제공한다는 측면에서 중요하다고 할 수 있다.

자아인식은 자아를 인식하는 상태다. 자신의 외면적 자아뿐 아니라 내면적 자아를 아

는 것이다. 나아가 이러한 자아가 자신의 행동에 어떻게 영향을 미치는지를 인식하는 것이다. 사람들은 자신이 하는 행동을 인식하지 못한 채 습관적으로 행동을 반복하는 경우가 있으며 자신이 한 행동이 다른 사람들과 자기 자신에게 어떤 영향을 미치는지 인식하지 못하는 경우도 있다. 모두 자기인식이 낮은 상태이다.

나를 안다는 것은 다양한 방법을 활용하여 자신에게 어떤 강점이 있고, 어떤 분야에 흥미가 있고, 어떤 행동을 선호하는지 종합적으로 분석하고 이해할 수 있다는 것이다.

토의 4-1

☎ 아래 빈칸의 자기소개서를 작성하고 이를 팀원들과 공유해보자.

이름	
태어난 곳 & 자란 곳	
현재 소속(학교)	
나의 종교	
나의 가치관(좌우명)	
내가 생각하는 나의 성격	
내가 좋아하는 것	
내가 관심 있는 일	
10년 내 이루고 싶은 꿈	1. 2. 3.
기타	

2. 자아인식의 유익

(1) 자아인식의 필요성

올바른 자아인식은 자아에게 균형을 준다. 또한 자신을 존중하게 하고, 자신을 가치 있다고 여기게 하는 동시에 자신의 한계를 받아들이고 이를 보완해야겠다는 욕구를 가질 수 있도록 해준다. 무엇보다 가장 중요한 혜택은 자신의 모습을 있는 그대로 받아들이고 수용할 수 있게 하는 것이다.

자아인식의 과정은 개인에게 자아정체감을 확인시켜주며 동시에 자기개발의 토대를 제공한다. 자아인식은 성인으로서 속한 조직에서 자신의 요구를 파악하고 자신의 능력 및 기술을 이해하여 자신의 가치를 확신하는 것으로 개인과 팀의 성과를 높이는데도 필수적으로 요구된다. 구체적으로 자아인식의 유익을 소개하면 다음과 같다.

(2) 자아인식이 주는 유익

① 자아에 대한 관점의 균형

올바른 자아인식은 자기를 바라보는 관점에 균형을 준다. 균형이 무너지면 자신의 긍정적인 면만 보고 부족한 부분을 무시하거나 혹은 그 반대 행동을 하게 된다. 자신의 가치 있는 면을 보는 것은 의미 있고 중요하지만 보완할 부분을 외면하면 지속적인 개발과 성장은 불가능하다. 반대로 자신에 대한 존중을 무시한 채 한계와 부족한 면만 집중한다면 내면에 가진 좋은 자원을 활용할 기회를 놓치게 된다. 올바른 자아인식은 자아에 대한 관점의 균형을 준다.

② 자기개발의 방향과 방법을 제시

자아인식은 자기개발을 위한 올바른 방향과 효과적인 방법을 제시한다. 목적지에 정확하게 가기 위해서는 차에 탑승한 후 도착할 목적지를 네비게이션에 입력하는 것처럼 내가 원하는 목적지에 가기 위해서는 자기인식이라는 네비게이션이 필요하다. 네비게이션

이 우리가 목적지에 도달할 수 있는 가장 정확하고, 효과적인 길을 안내하는 것처럼 자기인식은 우리가 이루고 싶은 자기개발을 위한 방향과 길을 제시한다.

③ 성과 향상에 기여

자아인식에 기반한 자기개발은 직장과 조직에서 자신의 장점에 집중할 수 있도록 도와줌으로써 개인이 속한 조직과 팀의 성과 향상에 기여한다. 개인은 자신의 장점을 바로 인식하고 이를 최대로 끌어올릴 때 최대의 역량을 발휘하는 과정에서 자연스럽게 주변의 성과에 기여하게 된다.

또한 올바른 자아인식은 타인과의 상호작용 속에서 조직과 팀이 요구하는 역량에 관심을 가지게 하며 이를 충족시키기 위한 구체적인 전략을 세우게 함으로써 성과 향상에도 기여하게 된다.

④ 내적 안정감 제공

올바른 자아인식을 가지면 외부적 자극과 환경에 의해 흔들리지 않고 마음의 안정을 유지할 수 있다. 올바른 자아인식에 기반한 자기개발은 진행과 결과에서 남과 자신의 모습을 비교하지 않는다. 자신이 가야 할 길을 알고 거기에 집중할 수 있기에 불안하거나 초조할 필요도 없어진다.

토의 4-2

☎ 위에서 소개된 4가지 자기유익 외에 자기인식을 통해 진로결정과 직업선택 등 개인의 생활 속에서 얻을 수 있는 유익을 정리해보고 이를 팀원들과 공유해보자.

3. 자아인식에 대한 이해

자아인식은 효과적인 자기개발 방향을 제시한다. 아무리 빠른 속도로 달려도 목적지와 반대 방향에 도착하면 소용이 없듯 인생에서도 속도보다 방향이 중요하다. 자기보다 자신을 잘 아는 사람이 없다고 하지만 사람들은 정작 자신의 진짜 모습에 대해 무지한 경우가 많다. 자신의 내면을 구성하는 수많은 요소를 살펴보고 점검할 시간과 노력을 기울이는 것이 부족한 것도 이유겠지만 알고 싶어도 방법을 몰랐기 때문이기도 하다. 자기개발을 위해서 꼭 알아야 할 자아인식의 방법과 도구에 대해 살펴보도록 하자.

(1) 조하리의 창

조하리의 창(Johari's Window)은 미국의 심리학자인 조셉 루프트(Joshep Luft)와 해리 잉햄(Harry Ingham)이 고안한 모델이다. 두 명 이름의 앞 글자를 따서 조하리의 창(Johari's Window)이라 불리고 있다. 조하리의 창은 자아를 인식하고 이해하는 훈련의 용도로 활용된다.

조하리의 창은 4개의 영역으로 구분되어 개인을 이해하는 데 도움을 주고 있다. 4가지 영역은 공개영역, 맹인영역, 비밀영역, 미지영역으로 구분한다.

① 공개영역

공개영역(Open area)은 자신과 상대방 모두가 알고 있는 개방된 영역이다. 자신의 외면적 자아와 내면적 자아가 일치하고 있다는 것을 나타내고 있으며 타인과의 관계에서도 긍정적인 인간관계가 이뤄지고 있음을 보여주는 영역이다. 대인관계에서도 공개영역을 넓히는 것이 중요하다.

② 맹인영역

맹인영역(Blind area)은 자신은 모르지만 상대방 모두가 알고 있는 영역을 의미한다. 상대방의 피드백을 통해 맹인영역을 줄여가면 자신이 모르는 부분을 알아가는 자기확장의 기쁨을 느낄 수 있다.

③ 비밀영역(Hidden area)

비밀영역(Hidden area)은 자신은 알지만 상대방은 모르는 영역이다. 타인에게 숨기고 싶은 영역이며, 주변에서 비밀이 많은 사람은 비밀영역이 넓은 사람에 해당된다.

④ 미지영역(Unknown area)

미지영역(Unknown area)은 자신과 상대방 모두가 모르는 영역이다. 아직 밝혀지지 않은 부분으로 미지영역을 줄이기 위해서는 자신과 상대방 모두의 적극적인 노력이 필요하다. 이를 위해 먼저 본인의 노력이 선행되야 하며 이를 바탕으로 타인의 도움을 통해 공개영역을 확장시키기 위한 노력이 필요하다.

[그림 4-1] 조하리의 창

	자신이 아는 부분 (Known by self)	자신이 모르는 부분 (Unknown by self)
다른 사람이 아는 부분 (Known by others)	공개영역 (Open area)	맹인영역 (Blind area)
다른 사람이 모르는 부분 (Unknown by others)	비밀영역 (Hidden area)	미지영역 (Unknown area)

올바른 자아인식을 위해서는 조하리의 창 중에서 공개영역을 확장하는 것이 필요하다. 공개영역을 확장하기 위해서는 자신을 말하여 알리는 것과 타인의 의견을 경청하는 방법이 있다.

먼저 자신을 말하여 알리는 방법으로는 자기노출과 자신의 정보에 대한 개방을 의도적으로 많이 하는 것과 자신의 의견을 숨기지 말고 정중하게 표현하여 타인으로 하여금 자신이 어떤 생각을 가지고 있는지 분명하게 의사표현을 하는 것이 도움이 된다. 또한 자신이 알고 있는 정보와 생각을 타인과 공유하고, 적극적으로 타인에게 자신을 알리고 어필하는 노력이 있어야 한다.

타인의 의견을 경청하여 영역을 넓히는 방법으로는 무엇보다 경청을 통해 상대방의 이야기를 적극적으로 듣는 것과 피드백을 요청해서 상대의 의중을 정확히 파악하는 방법이 있다. 또한 질문을 통해 더 많은 정보를 얻고, 상대방에 대한 온전한 인정과 수용, 자신의 의견에 대한 상대방의 반응을 잘 살피는 방법 등이 있다.

(2) 프로이트의 이론

인간의 내면적 자아에 대해 깊이 있게 소개한 사람으로 지그문트 프로이트(Sigmund Freud)를 꼽을 수 있다. 프로이트는 인간의 마음이 3층 구조로 되어 있다고 보았다. 처음에는 이를 무의식, 의식, 전의식으로 구분했고 후기에는 이를 원초아(Id), 자아(Ego), 초자아(Super-Ego)로 구분했다. 프로이트는 사람에게는 3가지 요소가 함께 존재하며 이들의 역동적인 관계에 의해 인간의 성격이 결정된다고 보았다. 여기서 역동적인 관계라는 것은 고정된 상태가 아니라 서로 움직이며 작동을 하는 것을 의미한다. 이것은 개인에 처한 상황, 조건, 발달단계에 따라 상대적인 우위에 있기도 하고, 항시 상호갈등을 갖게 되며, 상호 간에 긴장관계 또는 변화하는 것을 의미한다.

① 원초아

원초아(Id)는 본능적인 나를 말한다. 원초아는 생물학적이고 본능적인 요소를 지칭한다. 인간이 태어날 때부터 존재하는 유전적인 것, 성적인 것, 공격적 에너지를 포함하여 인간이 가진 모든 충동의 저장고라 할 수 있다. 원초아를 움직이는 원리는 쾌락 원칙으로 일차적이고 반사적인 욕구를 충족시켜주는 것을 목적으로 한다.

② 자아

자아(Ego)는 현실적인 나를 말한다. 자아는 외부현실과 초자아의 현실을 고려하여 원초아의 욕구를 표현하고 만족시키는 정신기제를 말한다. 자아는 개체의 보존과 안전이 유

지되고 위험에 빠지지 않는 범위 내에서 원초아의 욕구가 실현되도록 의사결정을 하는 의식적인 요소로 눈먼 왕이라 불리는 원초아의 힘을 안내하는 길잡이 역할을 하는 것으로 비유된다.

③ 초자아

초자아(Super-Ego)는 도덕적인 나를 말한다. 초자아는 프로이트의 성격기제에서 마지막으로 발달하는 체계로서 사회규범과 기준이 내면화된 것을 의미한다. 인간은 사회화 과정을 통해 합리적인 사회적 가치, 규범, 윤리체계를 받아들이게 된다.

(3) MBTI

MBTI(Myers-Briggs Type Indicator)는 칼 융(Carl Jung)의 심리유형론을 근거로 캐서린 브릭스(Katharine Briggs)와 이자벨 브릭스(Isabel Briggs Myers)가 보다 쉽고 일상 생활에 유용하게 활용할 수 있도록 고안한 성격유형을 탐색하는 심리검사다. 개인이 쉽게 응답할 수 있는 자기보고 방식으로 각자 선호하는 경향을 찾고, 이러한 선호경향들이 하나하나 또는 여러 개가 합쳐져서 인간의 행동에 어떤 영향을 미치는가를 파악하여 실생활에 응용할 수 있도록 제작된 심리검사이다.

이러한 MBTI 성격유형검사는 인간행동이 그 다양성으로 인해 종잡을 수 없는 것같이 보여도, 사실은 아주 질서정연하고 일관된 경향이 있다는 데서 출발한 융의 심리유형론에 근거하여 인간의 성격을 4가지의 분리된 선호경향으로 구분하여 선호 인식양식, 선호 판단양식에서의 개인차를 통해 개인의 성격 특성을 유형론적으로 제시해준다. 여기서 선호경향이란 교육이나 환경의 영향을 받기 이전에 이미 인간에게 잠재되어 있는 선천적 심리경향을 말한다. 각 개인은 자신의 기질과 성향에 따라 아래의 4가지 이분척도에 따라 둘 중 하나의 범주에 속하게 된다.

① 외향성과 내향성

외향(Extroversion)-내향(Introversion) 지표는 심리적 에너지와 관심의 방향이 자신의 내부와 외부 중 주로 어느 쪽으로 향하느냐를 보여주는 지표이다. 외향적인 사람은 주로 외부 세

계에 관심의 초점을 두고 더 주의를 기울이며, 사교적이고 활동적이다. 말로 표현하기를 즐기고, 외부의 자극을 통해 배우는 방식을 선호하기 때문에 경험한 후 이해하는 경향이 있으며, 자신을 숨기기보다는 드러낸다.

반면, 내향적인 사람은 자신의 내면에 더 주의를 집중하며, 조용하고 내적 활동을 즐기는 경향이 있다. 생각이 많고, 말보다는 글로 표현하는 것을 더 편하게 느끼며, 이해한 다음에 경험하는 방식을 선호하여 생각을 마친 후에 행동하는 경향이 있다.

② 감각형과 직관형

감각(Sensing)-직관(iNtuition) 지표는 사람이나 사물 등의 대상을 인식하고 지각하는 방식에서 감각과 직관 중 어느 쪽을 주로 더 사용하는지에 관한 지표이다. 감각형인 사람들은 일반적으로 오감에 의존하고, 현재에 집중하는 경향이 있다. 일 처리가 철저한 편이고, 실제적인 것을 중시하며, 사건을 사실적으로 묘사하는 경향이 있고, 세심한 관찰 능력이 뛰어나다.

반면, 직관형인 사람들은 상상력이 풍부하고 창조적이며, 보이는 것 그대로를 보기보다는 육감에 의존하려 한다. 나무보다는 숲을 보려는 경향이 있고, 가능성을 중요시하며, 비유적인 묘사를 선호하는 경향이 있다.

③ 사고형과 감정형

사고(Thinking)-감정(Feeling) 지표는 수집한 정보를 바탕으로 판단하고 결정을 내릴 때 사고와 감정 중 어떤 것을 더 선호하는지 알려준다. 사고형인 사람들은 객관적인 사실에 주목하며, 분석적으로 판단하고자 한다. 공정성을 중요한 가치로 여기고, 원칙과 규범을 지키는 것을 중요시한다. 비판적이고, '맞다-틀리다' 식의 사고를 하는 경향이 있다.

반면, 감정형인 사람들은 판단을 내릴 때 원리 원칙에 얽매이기보다는 인간적인 관계나 상황적인 특성을 고려하여 판단하고 결정을 내리고자 한다. 이들은 '좋다-나쁘다' 식의 사고를 하며 정서적 측면에 집중하고, 논리적인 판단이나 원칙보다는 사람들에게 어떤 결과를 가져올지 등을 더 중요시한다.

④ 판단형과 인식형

판단(Judging)-인식(Perceiving) 지표는 인식기능과 판단기능을 바탕으로 실생활에 대처하는 방식에 있어 판단과 인식 중 어느 쪽을 주로 선호하는지에 관한 경향성을 나타내는 지표이다. 판단형의 사람들은 빠르고 합리적이며 옳은 결정을 내리고자 한다. 이들은 목적 의식이 뚜렷하며, 조직적이고 체계적으로 행동하는 경향이 있다.

인식형의 사람들은 판단형의 사람들보다 상황에 맞추어 활동하고, 모험이나 변화에 대한 열망이 높다. 매사에 호기심이 많으며, 사전에 계획을 세웠다 하더라도 상황에 따라 유연하게 행동하는 경향이 있다.

[표 4-3]   MBTI의 4가지 이분척도별 구분

외향(E) Extraversion	에너지 방향, 주의 초점	내향(I) Introversion
감각(S) Sensing	인식기능(정보수집)	직관(N) iNtuition
사고(T) Thinking	판단기능(판단, 결정)	감정(F) Feeling
판단(J) Judging	이행양식 / 생활양식	인식(P) Perceiving

MBTI는 위에서 소개한 4가지 분류 기준에 따라서 16가지 심리유형으로 분류한다. 16가지 성격유형은 인식기능(S 혹은 N)과 판단기능(T 혹은 F) 가운데 가장 선호하는 것을 주기능이라고 말하며, 주기능을 보조하는 기능을 부기능이라고 한다. 모든 16가지 성격유형은 서로 다른 주기능과 부기능을 가지고 있으며 이는 다시 정상적 에너지의 방향성이 외향이냐 또는 내향이냐에 따라 나눠져서 각기 다른 특성을 띠게 된다. 〔표 4-4〕는 16가지 성격유형의 특성에 대한 간략한 설명이다.

[표 4-4] MBTI 16가지 성격유형의 특성

ISTJ 세상의 소금형	ISFJ 임금 뒤편의 권력형	INFJ 예언자형	INTJ 과학자형
책임감이 강하며, 현실적이다. 철저하고 보수적이다.	차분하고 헌신적이며, 인내심이 강하다. 타인의 감정 변화에 주의를 기울인다.	높은 통찰력으로 사람들에게 영감을 준다. 공동체의 이익을 중요시한다.	의지가 강하고, 독립적이다. 분석력이 뛰어나다.
ISTP 백과사전형	**ISFP 성인군자형**	**INFP 잔다르크형**	**INTP 아이디어 뱅크형**
과묵하고 분석적이며, 적응력이 강하다.	온화하고 겸손하다. 삶의 여유를 만끽한다.	성실하고 이해심이 많으며 개방적이다. 잘 표현하지 않으나, 내적으로 신념이 강하다.	지적 호기심이 높으며, 잠재력과 가능성을 중요시한다.
ESTP 수완 좋은 활동가형	**ESFP 사교적인 유형**	**ENFP 스파크형**	**ENTP 발명가형**
느긋하고 관용적이며, 타협을 잘한다. 현실적 문제 해결에 능숙하다.	호기심이 많으며, 개방적이다. 구체적인 사실을 중시한다.	상상력이 풍부하고, 순발력이 뛰어나다. 일상적인 활동에 지루함을 느낀다.	박학다식하고, 독창적이다. 끊임없이 새로운 시도를 한다.
ESTJ 사업가형	**ESFJ 친선도모형**	**ENFJ 언변능숙형**	**ENTJ 지도자형**
체계적으로 일하고, 규칙을 준수한다. 사실적 목표 설정에 능하다.	사람에 대한 관심이 많으며, 친절하다. 동정심이 많다.	사교적이고 타인의 의견을 존중한다. 비판을 받으면 예민하게 반응한다.	철저한 준비를 하며, 활동적이다. 통솔력이 있으며 단호하다.

출처: 네이버 지식백과 MBTI(Myers-Briggs Type Indicator), 심리학 용어사전.

토의 4-3

1. 위의 〔표 4-3〕 MBTI의 4가지 이분척도별 구분을 참고하여 자신의 유형을 추측해보고, 이를 팀원들과 공유해보자.

2. 아래 사례를 보고 MBTI 사분할 조합(IS, EN, IN, ES) 중 어디에 해당되는지 자신의 생각을 정리하고 이를 팀원들과 상의해보자.

사 례

사례 1. 행동지향적 개혁가 박진수 군

박진수 군의 강점은 혁신과 개발이며, 별칭은 행동지향적 개혁가이다. 업무 스타일은 격려하며 동기부여하며 변화와 모험, 위험을 감수한다. 창조적이고 혁신적, 도전적이라는 평가를 많이 받고 있고 통찰력과 설득력, 카리스마를 가지고 있다.

반면 주변 사람에게 상황을 주도하려고 한다는 것과 강압적일 때가 있다는 불만을 듣곤 한다. 또 세부사항에는 신경을 많이 쓰지 않는다고 팀장님께 혼나는 경우도 종종 발생한다. 박진수 군은 MBTI 사분할 조합 중 어디에 해당할까?

사례2. 사려 깊은 현실가 정찬주 양

정찬주 양의 강점은 꼼꼼한 관리다. 주변에서는 사려 깊은 현실가라는 얘기를 많이 듣는다. 정찬주 양은 조용하게 실질적으로 업무를 완수하고 세부사항 및 데이터에 대한 높은 이해를 가지고 있다. 검증된 절차에 따라 문제를 해결하고 철저한 사전 준비 후 업무를 진행한다.

반면 함께 일하는 다른 사람은 정찬주 양이 세부사항을 너무 많이 전달한다거나 지나치게 구체적인 질문을 자주 하고, 업무 진전 속도가 상대적으로 느린 것에 대한 불만을 가지고 있다. 정찬주 양은 MBTI 사분할 조합 중 어디에 해당될까?

출처: 어세스타 홈페이지.

(4) DISC

사람들의 행동 패턴(Behavior Pattern) 또는 행동 스타일(Behavior Style), 즉 행동의 경향성을 구분하는 성격유형검사이다. DISC는 환경에 대한 인식에 따라 4가지 유형으로 구분하며 4가지 행동 유형(주도형-Dominance, 사교형-Influence, 안정형-Steadiness, 신중형-Conscientiousness)의 머리글자를 따서 DISC라 부른다.

1928년 미국 콜롬비아대학교 심리학 교수인 윌리암 마스톤(William Marston)박사는 독자적인 행동유형모델을 개발하여 설명했다. 마스톤 박사는 인간은 환경을 어떻게 인식하고 또한 그 환경 속에서 자기 개인의 힘을 어떻게 인식하느냐에 따라 4가지 유형의 구별되는 행동을 보인다고 주장했다.

① 주도형: Dominance

- 자아가 강하다.
- 목표 지향적이고 빠른 의사결정을 선호한다.
- 도전에 의해 동기부여된다.
- 통제권을 상실하거나 이용당하는 것을 두려워한다.
- 힘과 권위가 허락되는 환경과 개인적 성취가 인정받는 환경을 선호한다.

② 사교형: Influence

- 낙관적이다.
- 사람 지향적이고 사교적이다.
- 사회적 인정에 의해 동기부여된다.
- 사람들로부터 배척당하는 것을 두려워한다.
- 압력하에서 일을 체계적으로 처리 못 할 수 있다.
- 의사표현이 자유롭고 통제로부터 자유로운 환경을 선호한다.

③ 안정형: Steadiness

- 정해진 방식으로 일을 수행한다.

- 팀 지향적이다.

- 현재의 상태를 안정적으로 유지하는 것에 의해 동기부여된다.

- 새로운 환경에서 새로운 방식으로 일하는 것을 두려워한다.

- 압력하에서 지나치게 남을 위해 자신을 양보한다.

- 변화가 없는 안정적이고 조용한 환경을 선호한다.

④ 신중형 : Conscientiousness

- 세부적인 사항에 주의를 기울이고 분석적이다.

- 과업 지향적이다.

- 정확성과 양질을 요구하는 것에 의해 동기부여된다.

- 예측이 어렵고 일관적이지 못한 상황을 두려워한다.

- 압력하에서 자기 자신과 다른 사람들에 대해 기대가 높고 지나치게 비판적일 수 있다.

- 업무 수행의 기준이 명확하고, 성과의 성취를 인정해주는 환경을 선호한다.

학습평가 Quiz

1. 자아의 구성요소 중 내면적 자아에 해당되지 않는 것은?

① 적성 ② 가치

③ 흥미 ④ 외모

2. 다음 중 자아인식의 유익이 아닌 것은?

① 자아에 대한 관점의 균형을 준다.

② 자기개발에 있어서 자신에게 맞는 방향과 방법을 제시한다.

③ 자아인식은 자기가 맡은 일에 있어서 성과 향상에 기여한다.

④ 자아인식은 신체적 건강에 직접적 도움을 준다.

3. 다음은 조하리의 창 중에서 어떤 영역에 대한 설명인가?

> 자신과 상대방 모두가 알고 있는 개방된 영역이다. 자신의 외면적 자아와 내면적 자아가 일치하고 있다는 것을 나타내고 있으며 타인과의 관계에서도 긍정적인 인간관계가 이뤄지고 있음을 보여주는 영역이다.

① 공개영역 ② 맹인영역

③ 비밀영역 ④ 미지영역

4. 프로이트가 말하는 인간의 정신구조 3가지는 무엇인가?

5. MBTI 유형 중에서 인식기능(정보수집)을 나타내는 유형은 무엇인가?

① 외향(E)과 내향(I) ② 감각(S)과 직관(N)

③ 사고(T)와 감정(F) ④ 판단(J)과 인식(P)

6. 다음은 DISC의 4가지 유형 중 어느 유형에 대한 설명인가?

> • 낙관적이다.
> • 사람 지향적이고 사교적이다.
> • 사회적 인정에 의해 동기부여된다.
> • 사람들로부터 배척당하는 것을 두려워한다.
> • 압력하에서 일을 체계적으로 처리 못 할 수 있다.
> • 의사표현이 자유롭고 통제로부터 자유로운 환경을 선호한다.

① 주도형   ② 사교형   ③ 안정형   ④ 신중형

 학습내용 요약 Review(오늘의 Key Point)

1. 자아의 구성요소는 자아의 내면을 구성하는 내면적 자아(개인의 적성, 흥미, 가치 등)와 눈으로 볼 수 있는 외면적 자아(신장, 외모, 나이 등)로 나뉜다.

2. 자아인식의 유익은 자아에 대한 관점의 균형, 자기개발의 방향과 방법의 제시, 성과 향상에 기여, 내적 안정감 제공이다.

3. 조하리의 창은 4개의 영역으로 구분되어 개인을 이해하는 데 도움을 주고 있다. 4가지 영역은 자신의 인지 여부와 타인의 인지 여부에 따라 공개영역(Open area), 맹인영역(Blind area), 비밀영역(Hidden area), 미지영역(Unknown area)으로 구분한다.

4. 올바른 자아인식을 위해서는 조하리의 창 중에서 공개영역을 확장하는 것이 필요하다. 공개영역을 확장하기 위해서는 자신을 말하여 알리는 것과 타인의 의견을 경청하여 공개영역을 넓히는 방법이 있다.

5. 프로이트가 말하는 인간의 정신구조 3가지는 원초아(Id), 자아(Ego), 초자아(Super-Ego)이다. 원초아는 본능적인 자아를 의미하고, 자아는 현실적인 자아를 말한다. 초자아는 도덕적인 자아를 의미한다.

6. MBTI는 교육, 환경의 영향을 받기 이전에 잠재되어 있는 선천적 심리경향이며 자신의 기질과 성향에 따라 4가지 이분척도별로 나뉘게 된다. 에너지 방향/주의 초점에 따라 외향(E)과 내향(I), 인식기능(정보수집)에 따라 감각(S)과 직관(N), 판단기능은 사고(T)와 감정(F), 생활양식으로는 판단(J)과 인식(P)으로 구분된다.

7. DISC는 환경에 대한 인식에 따라 4가지 유형으로 구분하며 4가지 행동 유형(주도형-Dominance, 사교형-Influence, 안정형-Steadiness, 신중형-Conscientiousness)의 머리글자를 따서 DISC라 부른다.

Mission 조하리의 창 완성하기

최소 3명 이상 주변 사람의 도움(인터뷰)을 받아 자신의 '조하리의 창'을 완성해보시오.

	자신이 아는 부분 (Known by self)	자신이 모르는 부분 (Unknown by self)
다른 사람이 아는 부분 (Known by others)	공개영역(Open area)	맹인영역(Blind area)
다른 사람이 모르는 부분 (Unknown by others)	비밀영역(Hidden area)	미지영역(Unknown area)

자아인식의 방법

목차

1. 자기성찰
2. 타인과의 커뮤니케이션
3. 표준화된 심리검사 도구의 활용
4. SWOT 분석
5. 강점 발견

학습목표

- 자기성찰의 의미와 방법을 설명할 수 있다.
- 자기인식의 방법으로 타인과의 커뮤니케이션의 중요성을 인식할 수 있다.
- 표준화된 심리검사 도구의 종류를 설명할 수 있다.
- SWOT 분석의 개념과 방법을 적용할 수 있다.
- 자신의 강점을 발견하는 방법을 설명할 수 있다.

핵심단어

자기성찰, 커뮤니케이션, 심리검사, SWOT 분석, 강점

5
Chapter

스티브 잡스가 서체학 강의를 들은 이유

스탠포드대학 졸업식 축사에서 스티브 잡스가 한 유명한 말이 있다.
"당신이 사랑할 수 있는 일을 찾아야 한다. 일은 인생에서 가장 큰 부분을 차지하고, 인생에서 만족감을 느낄 수 있는 방법은 바로 당신이 사랑하는 일을 하는 것이다."

전 세계인의 마음을 사로잡고 창조의 아이콘이 될 수 있었던 것은 자신이 사랑하는 일을 찾았기 때문이다. 잡스는 청년시절 리드칼리지에 입학했지만 대학 교육에서 의미를 찾지 못하고 6개월 만에 자퇴를 했다. 대신 학교에 남아 자신이 관심 있었던 서체(caligraphy) 강의에 빠져들었다.
"정규과목을 들을 필요가 없었기 때문에 서체 수업을 들었습니다. 그때 저는 세리프와 산세리프체를 다른 글씨와 조합할 때의 여백과 다양함 등, 무엇이 위대한 글자체의 요소인지에 대해 배웠습니다. …… 이 중 어느 하나라도 제 인생에 실질적으로 도움이 될 것 같지는 않았습니다. 그러나 10년 후 우리가 첫 번째 매킨토시를 구상할 때 그것은 고스란히 빛을 발했습니다. 우리가 설계한 매킨토시에 그 기능을 모두 집어넣었으니까요. 그것은 아름다운 서체를 가진 최초의 컴퓨터였습니다."

만약 잡스가 자신의 흥미를 따라 서체학 강의를 듣지 않았다면, 컴퓨터는 언제쯤 아름다운 서체를 갖게 되었을까요?

출처: 어세스타 홈페이지.

스티브 잡스는 자신의 흥미를 알고 있는 사람이었다. 그렇기 때문에 흥미와 일을 연결하여 자신의 분야에서 커다란 성과를 낼 수 있었다. 4장에서는 자아에 대한 이해와 자아인식의 유익, 관련한 이론을 살펴봤다. 5장 자아인식의 방법에서는 자아인식을 위한 방법을 탐구한다. 자기성찰을 통한 자아인식방법과 자아인식을 위한 타인과의 커뮤니케이션에 대해서 학습한다. 이 외에도 객관적인 자아인식을 위한 표준화된 심리검사 도구를 소개하고 SWOT 분석과 강점 발견을 통한 자아인식의 방법을 살펴본다.

1. 자아인식의 방법 5가지는 무엇인가?

2. 타인과의 커뮤니케이션의 배경에 대한 이론은 무엇인가?

3. 표준화된 심리검사 도구의 종류에는 무엇이 있는가?

4. SWOT 분석은 무엇인가?

5. 자아인식을 위한 강점 발견의 방법의 종류에는 무엇이 있는가?

 1. 자기성찰

(1) 자기성찰의 의미

자아인식을 위한 가장 대표적 방법은 자기성찰이다. 성찰은 자신이 한 일을 깊이 되돌아보는 것이다. 자기성찰은 바둑의 복기(復碁)와 같다. '복기(復碁)'란 바둑에서 한번 두고 난 바둑의 판국을 비평하기 위해서 두었던 대로 다시 처음부터 놓아보는 행위이다. 모든 프로바둑기사는 본인의 경기에 대한 복기를 한다고 한다. "승리한 대국의 복기는 이기는 습관을 만들어주고, 패배한 대국의 복기는 이기는 준비를 만들어준다"는 말이 있듯이 남은 경기를 이기고자 한다면 복기는 선택이 아닌 필수가 되어야 한다.

(2) 자기성찰의 필요요소

최근에는 자기성찰과 관련된 명상과 호흡 관련한 다양한 활동이 활발해지고 있는 추세지만 여전히 바쁜 현대인에게 자기성찰은 필요하지만 어려운 일이다. 효과적인 자기성찰을 위해서는 몇 가지 요소가 필요하다.

① 시간과 장소

의식적으로 자신의 과거와 어제, 마친 일들을 돌아볼 수 있는 시간과 장소가 있어야 한다. 사람은 환경에 영향을 받는다. 시끄럽고 산만한 장소에서 일을 되돌아보는 것은 어려운 일이다. 물론 조용한 곳에서만 성찰이 이뤄지는 것은 아니다. 그러나 성찰에 방해가 예상된다면 그 장소를 옮기는 것이 낫다. 혼자서 집중할 수 있는 장소와 시간을 확보하는 것은 성찰의 첫 번째 요소다.

② 의지와 집중

성찰에 의지와 집중을 한다는 것은 지속적으로 연습을 한다는 말이기도 하다. 시간과 장소가 있다고 성찰이 되는 것은 아니다. 사람은 시간이 주어지면 정적이고 밋밋해 보이는 성찰보다는 그동안의 업무와 스트레스로 지친 자신을 달래줄 다른 요소에 신경이 기울게 된다.

성찰을 하겠다는 의지가 있어야 하고, 방해받지 않기 위해서 집중을 발휘해야 의미 있는 성찰이 가능하다. 짧은 시간에도 성찰이 가능하다. 집중을 발휘하는 것은 자신이 가진 에너지를 쏟는 것이며 이럴 때 일과 학업이 그렇듯 고효율의 성찰이 가능해진다. 이와 같은 방식으로 반복적으로 성찰할 때 기존의 성찰을 통한 축적된 노하우를 발현할 수 있다.

③ 성찰을 위한 도구와 기록

기록 없는 성찰은 금방 잊힌다. 또한 성찰에 대한 기록이 축적되면 새로운 도전을 해결해나갈 수 있는 노하우가 되기도 한다. 일기장, 플래너, 에버노트와 같은 앱 등은 좋은 성찰 도구이다. 아날로그 방식으로 직접 글을 쓰는 것도 좋고, 컴퓨터를 활용해서 디지털 기기에 성찰의 기록을 남기는 것도 좋은 방법이다.

중요한 것은 도구는 성찰을 위한 하나의 수단이므로 기록이든 입력이든 의지와 집중력을 발휘할 때 이기는 습관을 만들어주거나, 이기는 준비를 만들어주는 성찰이 될 수 있음을 잊지 말아야 한다.

④ 사고를 깨워주는 질문

자신을 돌아볼 수 있는 깨어 있는 질문은 성찰의 깊이를 더해준다. 좋은 질문은 우리의 의식을 외부가 아닌 자아에 집중할 수 있도록 돕는다. 아래는 자기성찰을 위한 유용한 질문들이다. 어떤 일이 발생하면 다음과 같이 스스로 질문해보는 습관을 들여보자.

- 지금 일이 잘 진행되거나 그렇지 않은 이유는 무엇인가?
- 이 상태를 변화시키거나 혹은 유지하기 위하여 해야 하는 일은 무엇인가?
- 이번 일 중 다르게 수행했다면 더 좋은 성과를 냈을 방법은 무엇인가?
- 이번 일에서 가장 중요한 것은 무엇인가?
- 이번 일이 나에게 갖는 의미는 무엇인가?

 이야기

내가 누구인지 질문을 던지다.

자기이해는 자기수용으로 가는 과정이다. 그래서 있는 그대로 자신을 인정하고 받아들이는 것에서 출발한다. 스스로 인정하기 싫은 면도 변화하는 것이기에 온전히 수용한다. 그리고 부정적인 면보다는 긍정적인 면에 초점을 맞추고 자신을 관찰하는 단계부터 시작되어야 한다. 좀 더 떨어져 있는 그대로 일단 인정하고 받아들이는 마음으로 자신을 관찰하는 것이다.

내가 무엇에 흥미를 느끼고, 왜 감정이 오르고, 의욕이 나며, 참아내고 있는지 관찰하는 것이다. 주변의 조건과 환경을 살피는 것이 아니라 내가 느끼고 반응하는 것이 무엇이었는지 관찰하고 적어보자. 나에 대한 관찰의 조각들이 많아지면 나와의 거리가 줄어들게 되고 삶을 이해하기 시작하며 할 것이 많아진다. 그러면 감사와 행복이 가까워진다. 관찰하기 위해서는 조금 떨어져 자신을 바라보고 때로는 질문해야 한다. 그리고 질문에 스스로 답해야 한다.

출처: 내 삶의 주인으로 산다는 것, 김권수 저, 책들의 정원, 2017.

 **토의 5-1**

📞 아래 질문을 참고하여 최근에 일어난 일에 대한 자기성찰을 작성해보고, 이를 팀원들과 공유해보자.

- 최근에 일어난 일:

- 이번 일이 발생하게 된 이유:

- 만약에 다시 그 일을 한다면 어떻게 다르게 하겠는가?:

- 이번 일을 통해서 내가 얻은 것과 잃은 것:

- 기타 느낀 점 혹은 깨달은 점:

2. 타인과의 커뮤니케이션

조하리의 창에서도 알 수 있듯이 맹인영역이 넓은 사람은 자신에 대해 타인은 잘 알지만 정작 자신의 모습에 대해 모르는 부분이 많다. 맹인영역을 줄이고 자신에 대한 이해의 영역을 넓히는 가장 쉬운 방법은 타인과 대화를 나누는 것이다. 이러한 과정을 통해 맹인영역이 공개영역으로 확장이 될수록 타인과의 커뮤니케이션은 쉬워지고 마찰은 줄어든다. 이것은 다시 소통을 촉진하는 선순환 구조를 만들어 그 속에서 자기에 대한 이해를 확장시켜주는 역할을 한다.

타인과 대화를 하게 되면 내가 놓쳤던 부분을 알게 되고, 다른 사람들은 나의 행동을 어떻게 판단하고 받아들이는지 보다 객관적으로 알 수 있다. 특히 타인의 진솔한 피드백은 자신을 이해하는 데 직접적인 정보를 들을 수 있는 좋은 기회가 된다. 그러므로 주변 사람들과의 대화는 내가 몰랐던 자신의 모습을 발견하는 중요한 수단이 될 수 있다.

 사 례

글로벌 기업들이 동료평가를 효과적으로 활용하는 방법

구글은 연간 2회의 성과평가를 실시하는데, 상반기를 마무리하는 시점에 간단한 Preview를 실시하고, 하반기를 마무리하는 시점인 11월에 Complete Review를 실시한다. Complete Review는 자기평가, 동료평가, 조정 그리고 확정의 4단계로 진행된다.

성과평가의 첫 단계로 임직원들은 자기평가를 실시한다. 구글다움(Googleyness), 문제해결(Problem-solving), 실행(Execution), 사고 리더십(Thought Leadership), 리더십(Leadership), 존재감(Presence)의 6가지 기준에 대해 '전혀 발휘하지 않는다'부터 '항상 발휘한다'에 이르는 5점 척도로 평가하고, 이러한 자기평가의 근거로서 자신의 행동에 대한 예시를 제시할 수 있다. 다음으로 임직원들은 자신의 주요 업적과 기여에 대해 적게 되는데, 이 내용은 다음 단계에서 진행되는 동료평가에서 자신을 평가하게 될 동료에게 전달된다. 마지막으로 자신의 강점과 개선해야 할 부분에 대해서도 기술한다.

자기평가를 마치고 나면 360도 평가가 이어진다. 360도 평가는 관리자가 피평가자를 더 잘 이해하고, 피평가자에 대한 편견을 없애기 위한 프로세스이다. 360도 평가를 위해 임직원들은 관리자와 상의해 평가를 요청할 3~8명의 동료를 선택한다. 선택된 동료는 평가를 요청한 동료의 강점 및 개선이 필요한 부분에 대해서 코멘트를 주고, 자기평가에서 사용된 6가지 평가 기준으로 동료들을 평가하며 특정 프로젝트의 기여도에 대한 피드백을 제공한다. 동료평가의 작성자가 누구인지는 관리자에게만 보이고, 평가를 받는 임직원은 평가 내용만을 볼 수 있다.

자기평가와 동료평가가 모두 이루어지고 나면, 관리자들이 모여 임직원들의 평가를 함께 리뷰하는 조정 과정을 거친다. 관리자들은 OKRs에 기반해, 임직원들의 성과를 Needs Improvement, Consistently Meets Expectations, Exceeds Expectation, Strongly Exceeds Expectations, Superb의 5단계를 사용해 먼저 평가하고, 이러한 평가를 확정하기 전에 5~10명의 관리자들이 모여 조정 단계를 거치게 된다. 관리자들은 임직원들의 자기평가와 동료평가 결과를 함께 리뷰하고, 관리자의 평가가 공정한지에 대해 논의하게 된다. 이러한 조정 과정은 임직원 평가가 편향되지 않도록 하고 임직원들이 평가가 공정하다고 느끼도록 하기 위해 실시된다.

성과평가가 확정되고 나면, 관리자는 임직원과 두 차례의 미팅을 하게 된다. 하나는 동료평가와 관리자의 평가를 기반으로 피드백을 제공하기 위한 것이고, 다른 하나는 보상 및 승진에 관한 이야기를 나누기 위한 시간이다. 보통 이 두 가지를 동시에 진행하는 경우가 많지만, 그런 경우 대부분 임직원들은 보상 측면에만 집중하고 자신의 성장과 관련해서는 소홀할 수 있기 때문에 구글에서는 연봉 및 보너스와 관련한 결정과 개인의 성장과 개발을 분명히 구분하기 위해 연봉 논의는 한 달 후에 진행한다.

출처: 월간 HR Insight, 2020.5.

토의 5-2

- 자기성찰을 위해 타인의 의견을 효과적으로 듣기 위한 방법에는 무엇이 있겠는가? 자신의 생각을 정리해보고, 이를 팀원들과 나눠보자.

3. 표준화된 심리검사 도구의 활용

　자아인식의 주체는 자기 자신이기 때문에 스스로 자신을 파악하고 이해하는 것은 여전히 어렵다. 이를 보완하여 객관적으로 자신을 이해하기 위해 표준화된 심리검사 도구를 활용하는 방법이 있다. 표준화된 심리검사 도구는 객관적으로 자아의 특성을 타인과 비교해볼 수 있는 기준을 제공한다. 실제로 다양한 용도의 심리검사 도구가 자아에 대한 특성뿐 아니라 진로 선택과 의사결정방식에 있어서까지 구체적인 정보를 제공하고 있다. 이것은 자신에게 맞춰진 자기개발 방법을 선택하는 데 큰 도움을 줄 수 있다.

　표준화된 심리검사 도구를 활용 시에는 자신의 모습을 있는 그대로 응답해야 한다. 무엇보다 검사 이후에는 임의로 해석하기보다는 전문 상담사와 함께 해석을 해야 자신에 대한 오해를 막고, 명확한 이해가 가능하다.

[표 5-1] 표준화된 심리검사 도구

검사 기관	검사 도구 종류
커리어넷	직업흥미검사, 직업적성검사, 직업가치관검사
워크넷	직업흥미검사, 적성검사, 직업가치관검사, 직업인성검사
한국행동과학연구소	적성검사, 인성검사, 직무지향성검사
어세스타 온라인심리검사센터	대인관계검사, 갈등관리유형검사
한국가이던스	E심리검사
한국심리검사연구소	MBTI, STRONG 진로탐색검사, 직업흥미검사, AMI 성취동기검사, 일반적성검사
한국적성연구소	진로흥미검사, 적성특성종합검사, 일반적성검사, 진로탐색검사
중앙적성연구소	생애진로검사, 학과와 직업 적성검사, GATB 적성검사, 적성진단검사
한국사회적성개발원	KAD(Korean Aptitude Development) 검사, 인성검사, 인적성검사

 토의 5-3

☎ 성격유형검사(MBTI)나 직업흥미검사(Holland 검사) 등의 표준화된 심리검사 도구를 활용한 개인의 경험이 있다면 진단 결과와 느낀점을 정리해보고, 이를 팀원들과 공유해보자.

 4. SWOT 분석

(1) SWOT 분석의 이해 및 활용

SWOT 분석은 당면한 문제 상황의 내부 환경요인과 외부 환경요인에 대한 분석을 기초로 하여 전략 목표 달성을 돕는 기법으로 미국의 경영 컨설턴트 알버트 험프리(Albert Humphrey)에 의해 고안되었다. 일반적으로 문제를 가진 대상의 내부환경요인의 강점과 약점, 외부환경요인의 기회와 위협요인을 찾아 강점은 살리고 약점은 최소화하며, 기회는 활용하고 위협요소는 억제하고자 하는 전략으로 사용된다.

SWOT 분석은 각 앞 글자를 딴 4가지 요인을 분석한다. 강점(Strength)은 개인의 자원이나 능력, 장점을 의미하며 약점(Weakness)은 목표 달성능력을 저해하는 결핍요인, 즉 단점을 말한다. 강점과 약점은 조직이나 개인의 내부적 상황을 의미한다. 반면, 기회(Opportunity)는

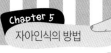

외부환경에 대한 기회 요인을 말하고 위협(Threat)은 자신에게 불리한 방향으로 작용하는
환경을 의미하는데 이것은 외부의 환경을 의미한다.

[표 5-2] SWOT 분석

구분		의미	내용
내부환경요인	S	강점: Strength	나의 강점은 무엇인가?
	W	약점: Weakness	나의 약점은 무엇인가?
외부환경요인	O	기회: Opportunity	나에게 기회는 무엇인가?
	T	위협: Threat	나에게 위협은 무엇인가?

[그림 5-1] SWOT 분석의 예

Strength

긍정적 성격
꼼꼼함
독서를 좋아함
관심 직업분야 인턴십 경험
다양한 교육경험

Weakness

타인의 평가에 민감
일을 미루는 성격
분석적 사고 부족
어학점수가 낮음
다양한 사회경험 활동 부족

Opportunity

인문학 중요시하는 분위기
다양한 교육 지원 증가
일자리 창출 사업 확대
수도권 거주, 정보 접근 용이

Threat

경기 침체
취업난
글로벌 시대 해외연수 경험자들
고스펙의 경쟁자

SWOT은 각 영역을 각각 도출한 다음 이를 토대로 각 요인을 믹스하여 SWOT 분석을 실시해야 한다.

[표 5-3] SWOT 믹스 전략

구분	강점(Strength)	약점(Weakness)
기회(Opportunity)	SO 전략 강점을 가지고 기회를 살리는 전략	WO 전략 약점을 보완하여 기회를 살리는 전략
위협(Threat)	ST 전략 강점을 가지고 시장의 위협을 회피하거나 최소화하는 전략	WT 전략 약점을 보완하면서 위협을 회피, 최소화하는 전략

SWOT 분석의 핵심은 각 영역에 대해 '각각 무엇인가'를 파악하기보다 '이를 어떻게 극복할 것인가'이다. 결국 영역별로 개별적인 지식과 이해를 넘어 약점과 위협의 요소를 강점과 기회의 요소로 옮길 수 있는 방안까지 연결하는 것, 즉 자기인식을 넘어 자기관리와 실행까지 가는 것이 SWOT 분석의 진정한 종착점이다.

(2) SWOT을 이용한 자아인식과 자기관리 단계

① 1단계: 자신의 S, W, O, T를 각각 분석한다. 분석을 할 때는 개인적 성찰뿐 아니라 가까운 주변 사람의 도움을 받는다.

② 2단계: 내부환경분석(S, W)과 외부환경분석(O, T)을 믹스하여 SO, ST, WO, WT의 영역별 전략을 세운다.

③ 3단계: 각 단계별 이동 전략을 수립하여, 어떻게 하면 단점을 회피하여 장점으로 갈 수 있는지 도출한다.

5. 강점 발견

(1) 강점의 이해

일반적으로 강점을 이해할 때 남들보다 잘하는 것으로 해석한다. 그러나 강점은 남과의 비교를 통해서 얻는 것이 아닌 자신에 대한 성찰을 통해 찾을 수 있는 내면의 보석과 같다.

내가 진정 잘할 수 있고 좋아하는 일은 무엇인가? 진정한 자기개발은 세상이 정의하는 내가 아닌, 내가 정의하는 나를 찾는 과정이다. 자아인식의 과정 속에서 자신의 진정한 강점을 발견하는 것은 성공적인 자기개발을 위한 핵심요소다. 자아인식과 내면의 강점을 찾는 가장 좋은 방법은 '혼자가 되어보는 것'이다.

(2) 강점 발견의 방법

레오나르도 다빈치는 이렇게 말했다. "고독을 견뎌내지 못하는 사람은 그 자신을 찾을 수 없을 것이다. 혼자 있을 때 너는 완전한 너이고, 다른 이와 있을 때의 너는 절반의 너다." 강점 발견을 위해서는 자기성찰이 전제되어야 한다. 깊이 있는 자아인식 속에서 자신만의 강점을 찾는 방법은 다음과 같다.

① 생애 분석을 통한 방법

자신의 과거를 돌이켜보고 기억 속 중요한 사건들을 살펴보며 인생 그래프를 그려본다. 부정적인 경험, 긍정적 경험 모두 세밀하게 분석하고 내적 욕구를 찾아보는 방법이다. 산맥처럼 이어지는 그래프 모양을 보면서 개인에게 일어난 사건의 의미를 되새기며 강점을 적어보는 것이다. 강점은 긍정적 경험뿐 아니라 부정적 경험을 통해서도 발견할 수 있다.

② 유전적 기질의 분석을 통한 방법

유전적인 기질을 분석하여 타고난 개인의 강점을 발견하는 방법이다. 가족의 기질적

특성이 드러나는 장면을 기록하여 나의 모습과 비교해보기도 하고, 궁금한 질문들을 모아 가족과 심층 인터뷰하여 강점을 발견한다. 어릴 적 자신이 좋아했던 놀이와 경험을 복원하는 것은 자신의 흥미와 강점을 찾는 귀중한 단서가 될 수 있다. 자신의 기질적 특성을 발견하는 것 이외에도 가족과의 관계를 회복하는 기회를 얻을 수 있다.

③ 욕망 점검을 통한 방법

자신이 하고 싶은 것, 흥분되고 가슴 떨리는 일 등 자신이 가진 욕망들을 시간을 두고 반복해서 적어서 자신의 강점과 흥미를 분석하는 방법이다. 욕망리스트에 다양한 형태로 중복되는 욕망을 발견하거나 진정한 욕망이 아닌 유사 욕망, 거짓 동경을 가려내며 진짜 원하는 것에 갈 수 있게 된다.

④ 몰입경험 분석을 통한 방법

누가 시키지 않고 본인 스스로 몰입했던 장면들을 떠올리며 자신이 좋아했던 일, 잘했던 일, 싫증냈던 일들을 분석하는 방법이다. 몰입경험에서 알 수 있었던 자신의 기질과 재능을 적어보며 강점을 발견할 수 있다. 자발적인 몰입은 그것을 좋아한다는 것이고, 좋아하는 일을 오랫동안 반복하면 강점으로 다져질 가능성이 매우 높다.

⑤ 피드백 분석을 통한 방법

자신이 계획한 일의 과정과 결과를 분석하여 강점을 찾는 방법이다. 자신이 선택한 일의 예상 결과를 기록하고 실제 결과와 비교하여 어떤 강점이 발휘되었는지 살펴볼 수 있다. 일의 과정과 결과를 피드백하여 잘한 부분에서 보이는 강점을 적어본다.

⑥ 내면 탐험을 통한 방법

외부 분석도구와 내부의 자신이 적은 기록물 등을 수집하고 총 분석한 후 정리하여 강점을 발견하는 방법이다. 외부 분석도구는 MBTI나 애니어그램 등의 객관적이고 표준화된 검사 도구를 활용한다. 내부 분석도구는 일기나 타인이 말하는 나에 대한 조사결과를 모아보는 것이다. 내·외부적으로 수집된 자료를 빈도와 강도에 따라 분류하고 분석하여 자신의 강점을 정리한다.

출처: 내 안의 강점발견법, 구본형 변화경영연구소 저, 고즈원, 2008.

워렌 버핏을 특별하게 만든 재능

"나는 여러분과 전혀 다르지 않습니다. 어쩌면 나는 여러분들보다 돈이 더 많을 수는 있겠지만, 그것은 여러분과 나의 진정한 차이가 되지 못합니다.

물론 나는 비싼 최고의 양복을 살 수 있습니다. 하지만 내가 입으면 싸구려처럼 보입니다. 게다가 내 입맛에는 100달러짜리 고급 음식보다 패스트푸드점의 치즈버거가 더 잘 맞습니다. 여러분과 나 사이의 차이가 있다면 단지 나는 매일 아침 일어나서 하고 싶은 일을 할 수 있는 기회를 가진다는 사실입니다. 매일매일 말이죠. 이 말은 내가 여러분에게 해줄 수 있는 최선의 충고입니다."

- 위대한 나의 발견, 강점 혁명 중에서

펀드매니저, 증권맨이라고 하면 어떤 사람이 탁월한 성공을 거둘 수 있다고 생각하세요? 보통은 시장의 흐름을 읽을 수 있는 분석력, 중요한 사람들을 통해 정보를 얻어낼 수 있는 협상, 의사소통능력, 나만의 직감, 빠르게 대처하는 대응 능력 등에 대해 떠오르지 않으세요? 그런데 워렌 버핏은 어떤 사람이었을까요?

그는 너무나도 느긋한 성격이었습니다. 오죽했으면 20년 전망이라는 독특한 방식으로 20년 이상을 투자할 수 있는 확신이 드는 기업에만 투자를 했을까요? 그는 실제적인 성격으로 투자 회사들의 전략, 미래 가능성 등을 보지 않았습니다. 버핏이 투자를 결정할 때 중요하게 본 것은 2가지입니다.

첫 번째는 실제적인 상품과 서비스입니다. 상품과 서비스가 훌륭하다면 이 회사는 20년 이상 성공할 수 있다는 자신감입니다. 그래서 코카콜라, 워싱턴포스트와 같은 기업에 투자를 했다고 합니다.

두 번째는 경영자입니다. 최근 들어 우리나라에서도 오너 리스크가 많이 발생하고 있는데 사람을 잘 믿는 성격 탓에 20년 이상 기업을 바르게 운영할 수 있는 경영자인지를 판단하기 위해 항상 회사의 최고 경영진을 조심스럽게 관찰했다고 합니다. 그렇게 믿을 만한 사람이라고 판단이 되면 경영에는 절대 관여하지 않았고요.

1956년 100달러를 가지고 회사를 세운 버핏은 이 전략으로 성공을 이룬 사람입니다. 어떻게 가능했을까요? 어떤 회사에 인사, 영업, 투자 등의 직무에, 사원, 주임, 과장, 임원 등의 직급에 맞는 적합한 강점은 없다고 생각합니다. 단지, 내가 나의 강점을 바로 알고, 그 강점이 제대로 활용될 수 있도록 일하는 방식, 소통하는 방식을 개발하고 사용해서 꾸준하게 실행하며 성과를 내는 것, 그것이 정답이라고 생각합니다.

토의 5-4

☎ 자신이 생각하는 '강점'의 정의를 정리하여 작성해보고, 자신의 강점을 10가지 이상 작성한 후 이를 팀원들과 공유해보자.

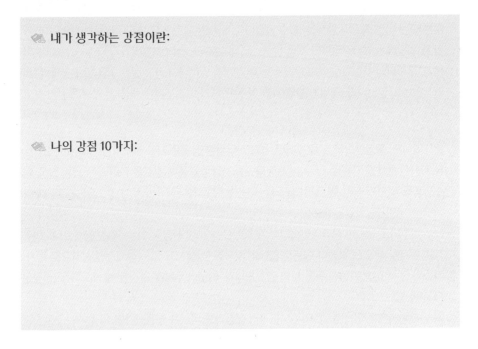

📖 내가 생각하는 강점이란:

📖 나의 강점 10가지:

☎ 팀원들과 함께 우리 팀의 강점을 7가지 이상 탐구해보고, 이를 공유해보자.

학습평가 Quiz

1. 다음 중 자기성찰을 위해 꼭 필요한 것이 아닌 것은?

　① 가까운 지인　　　　　　　　② 시간과 장소
　③ 의지와 집중　　　　　　　　④ 성찰을 위한 도구와 기록

2. 다음 중 자아인식에 도움이 되지 않는 타인과의 커뮤니케이션은?

　① 선배/상사로부터 받은 피드백　　② 동기/동료로부터 받은 업무 평가
　③ 선배의 의견 경청　　　　　　　④ 후배의 형식적인 말

3. 다음은 무엇에 대한 설명인가?

> 이것은 당면한 문제 상황의 내부환경요인과 외부환경요인에 대한 분석을 기초로 하여 전략 목표 달성을 돕는 기법으로 미국의 경영 컨설턴트 알버트 험프리(Albert Humphrey)에 의해 고안되었다. 일반적으로 문제를 가진 대상의 내부환경요인의 강점과 약점, 외부환경요인의 기회와 위협요인을 찾아 강점은 살리고 약점은 최소화하며, 기회는 활용하고 위협요소는 억제하고자 하는 전략으로 사용된다.

　① 조하리의 창　　　　　　　　② 표준화된 심리검사 도구
　③ SWOT 분석　　　　　　　　④ 강점 발견

4. SWOT 믹스 전략 중에서 강점을 가지고 시장의 위협을 회피하거나 최소화하는 전략은 무엇인가?

　① SO 전략　　　② WO 전략　　　③ ST 전략　　　④ WT 전략

5. 다음은 강점발견 방법 중 무엇에 대한 설명인가?

> 외부 분석도구와 내부의 자신이 적은 기록물 등을 수집하고 총분석한후 정리하여 강점을 발견하는 방법이다. 외부 분석도구는 MBTI나 애니어그램 등의 객관적이고 표준화된 검사 도구를 활용한다. 내부 분석도구는 일기나 타인이 말하는 나에 대한 조사결과를 모아보는 것이다. 내·외부적으로 수집된 자료를 빈도와 강도에 따라 분류하고 분석하여 자신의 강점을 정리한다.

　① 생애 분석을 통한 방법　　　　② 내면 탐험을 통한 방법
　③ 욕망 점검을 통한 방법　　　　④ 피드백 분석을 통한 방법

학습내용 요약 Review(오늘의 Key Point)

1. 자아인식을 위한 가장 대표적 방법은 자기성찰로서 자기성찰은 자신이 한 일을 깊이 되돌아보는 것이다.

2. 효과적인 자기성찰을 위해서는 시간과 장소, 개인의 의지와 집중, 성찰을 위한 도구와 기록, 사고를 깨워주는 질문이 필요하다.

3. 타인과 대화를 하게 되면 내가 놓쳤던 부분을 알게 되고, 다른 사람들은 나의 행동을 어떻게 판단하고 받아들이는지 보다 객관적으로 알 수 있다. 선배와 후배 상관없이 타인과의 진솔한 커뮤니케이션은 자아인식에 도움을 준다.

4. 표준화된 심리검사 도구는 객관적으로 자아의 특성을 타인과 비교해볼 수 있는 기준을 제공한다.

5. SWOT 분석은 당면한 문제 상황의 내부환경요인과 외부환경요인에 대한 분석을 기초로 하여 전략 목표 달성을 돕는 기법으로 강점, 약점의 내부적 상황과 기회, 위협의 외부의 환경을 분석한다.

6. SWOT 믹스 전략은 다음과 같이 4가지가 있다. SO 전략은 강점을 가지고 기회를 살리는 전략이고, WO 전략은 약점을 보완하여 기회를 살리는 전략이다. ST 전략은 강점을 가지고 시장의 위협을 회피하거나 최소화하는 전략이고, 마지막으로 WT 전략은 약점을 보완하면서 위협을 회피, 최소화하는 전략이다.

7. 자신만의 강점을 발견하기 위한 방법으로는 생애 분석을 통한 방법, 유전적 기질의 분석을 통한 방법, 욕망 점검을 통한 방법, 몰입경험 분석을 통한 방법, 피드백 분석을 통한 방법, 내면 탐험을 통한 방법이 있다.

 Mission 개인 SWOT 분석하기

1. 현재 상황에서 자신에 대한 SWOT(강점, 약점, 기회, 위협요소)을 분석해보시오.

Strength	Weakness

Opportunity	Threat

2. SWOT 믹스를 활용하여 자기관리 전략을 구체화해보시오.

구분	강점(Strength)	약점(Weakness)
기회 (Opportunity)	SO 전략: 강점을 가지고 기회를 살리는 전략	WO 전략: 약점을 보완하여 기회를 살리는 전략
위협 (Threat)	ST 전략: 강점을 가지고 시장의 위협을 회피하거나 최소화하는 전략	WT 전략: 약점을 보완하면서 위협을 회피, 최소화하는 전략

자아인식과 패러다임

목차

1. 자아인식과 패러다임
2. 능력성장신념

학습목표

- 패러다임의 개념을 설명할 수 있다.
- 패러다임의 특징을 설명할 수 있다.
- 능력성장신념의 개념을 설명할 수 있다.
- 능력성장신념을 자신에게 적용할 수 있다.

핵심단어

패러다임, SEE-DO-GET 모델, 패러다임 특징, 능력성장신념,
능력고정신념

6
Chapter

재능 없이 성공할 수 있는 방법

1940년 하버드대학에서는 2학년 학생 130명을 대상으로 최대 속도의 러닝머신에서 최대 5분 정도를 달리게 한 실험을 한다. 러닝머신의 경사를 높이고 속도를 최대로 설정해서 학생들은 보통 4분밖에 버틸 수 없었다. 눈 깜짝할 사이에 끝나는 단순한 실험이었고 실험을 마친 사람들은 일상으로 돌아갔다.

하지만 진짜 실험은 그때부터 시작되었다. 조지 베일런트(George Vaillant)라는 정신과 의사가 러닝머신 실험에 참가했던 이들을 추적 조사했다. 40년이 흐르고 당시 참가자들이 60세가 되자, 직업, 연봉, 만족도가 눈에 띄게 높은 사람들이 생겨나기 시작했다. 그들의 공통점에 대해 다양한 추측이 쏟아졌지만 러닝머신 실험에서 그들의 공통점은 딱 하나였다. 바로 그릿(GRIT) 점수였다.

하버드대학에서는 체력에 한계가 왔음에도 불구하고 포기하지 않고 몇 발자국이라도 더 뛰었는가를 바탕으로 그릿 점수를 매겼는데 결국 한계라고 느끼면서도 한 발짝 내딛은 사람들이 40년 뒤 성공적인 삶을 살고 있던 것이다.

심리학자 안젤라 더크워스(Angela Duckworth)는 어릴 때 부모로부터 이런 얘기를 자주 들었다.

"네가 아무리 내 딸이긴 하지만, 머리가 나쁘니 성공하긴 어려울 거다."

그녀는 어릴 때부터 아버지로부터 재능이 없다는 말을 반복적으로 들어왔다. 그녀는 그 말을 부정하고 싶었다. 그리고 그녀는 단순히 자신이 재능이 있다는 것을 보여주고 싶다고 하였다. 재능 없이도 성공할 수 있다는 것을 보여주고 싶어 했다.

그때부터 성공에 관한 연구를 계속 진행했다. 10년이 넘어가는 연구에 다들 시간 낭비라 했지만 그녀가 43살이 되던 해 그녀는 그 연구로 전 세계 단 20명의 천재들만 받는다는 맥아더상을 수상하게 된다. 그녀 스스로가 재능을 넘어서 성공하는 법을 증명한 것이다.

출처: 그릿, 안젤라 더크워스 저, 김미정 역, 비즈니스북스, 2019.

안젤라 더크워스는 그녀의 저서 「그릿」을 통해 재능이 없어도 포기하지 않는 의지와 노력이 있다면 성공할 수 있다는 것을 증명했다. 그러나 더 중요한 것은 그러한 의지와 노력은 자아에 대한 올바른 인식과 신념으로부터 출발한다는 점이다. 6장 자아인식과 패러다임에서는 자아인식에서 패러다임이 미치는 영향을 탐구한다. 이를 위해 패러다임이 무엇이며 어떤 특징을 가지고 있는지 학습한다. 또한 우리의 자기개발능력에 영향을 주는 패러다임으로서 능력성장신념과 능력고정신념을 비교하여 살펴본다.

1. 패러다임이란 무엇인가?

2. SEE-DO-GET 모델은 무엇인가?

3. 패러다임의 특징은 무엇인가?

4. 능력성장신념은 무엇인가?

5. 능력성장신념과 능력고정신념의 차이점은 무엇인가?

1. 자아인식과 패러다임

(1) 패러다임의 이해

패러다임(Paradigm)은 한 시대 사람들의 견해나 사고를 근본적으로 규정하고 있는 테두리로서의 인식의 체계, 또는 사물에 대한 이론적인 틀이나 체계를 의미한다. 세상을 보는 관점이라 할 수도 있다. 비슷한 개념으로 프레임(Frame)이라는 말이 함께 사용되고 있다.

패러다임의 어원은 그리스어 '파라데이그마'인데 '패턴'이라는 의미를 가진다. 「과학혁명의 구조」라는 책에서 토마스 쿤(Thomas Kuhn)이 처음으로 제안한 개념으로 한 시대의 사회 전체가 공유하는 이론이나 방법, 문제의식 등의 체계를 뜻한다. 토마스 쿤이 제안한 패러다임의 단어는 처음에는 천문현상과 같은 과학의 현상을 풀이하는 개념으로 사용되었지만 현재는 사회과학뿐 아니라 전 분야에 걸쳐서 광범위하게 사용되는 단어가 되었다. 패러다임은 다음과 같은 비유적 표현으로도 이해할 수 있다.

① 안경

패러다임은 안경으로 비유한다. 안경이라는 틀을 통해 사물을 보듯, 우리가 세상과 사물, 현상을 패러다임을 통해 보기 때문이다. 자기개발에 있어서 패러다임은 자신과 세상을 인식하는 하나의 도구가 되며 인식, 관점, 신념 등의 단어로 쓰이기도 한다. 실제와는 다르게 자신이 쓰고 있는 안경의 색상으로 세상이 비춰지듯 우리는 안경이라는 패러다임을 통해 세상과 사물을 바라본다.

② 마음의 지도

패러다임은 마음의 지도다. 그러나 지도란 땅의 어느 지점들에 대한 설명일 뿐이다. 지도가 지역 그 자체는 아니다. 패러다임이란 어떤 것 자체가 아니라 그것에 관한 의견이나 해석이며 모양을 나타내는 모델인 것이다. 우리는 각자가 가진 마음의 지도를 통해 세상과 현상을 해석하고 인식한다.

사례

프로크루스테스의 침대

프로크루스테스(Procrustes)는 그리스로마 신화에서 나오는 신화 속 존재이다. 프로크루스테스는 겉으로 보기엔 나그네를 초대하여 자신의 침대까지 제공하는 친절을 보였지만 실제로는 침대의 크기에 따라 사람을 죽이는 악당이었다. 그는 나그네가 침대 길이보다 짧으면 다리를 잡아늘이고 길면 잘라버리는 방식으로 엽기적인 행각을 보였다. 프로크루스테스라는 말도 '잡아 늘이는 자'라는 뜻을 가진다. 아테네의 영웅 테세우스는 프로크루스테스를 자신이 저지르던 악행과 똑같은 방법으로 심판한다.

이후 '프로크루스테스의 침대(Procrustean bed)' 및 '프로크루스테스 체계(Procrustean method)'라는 말이 생겼다. 프로크루스테스의 침대는 융통성이 없거나 무언가를 억지로 끼워 맞추려는 아집과 편견을 비유하는 관용구로 사용되고 있다. 자기만의 패러다임을 갖고 다른 사람을 예단하거나 판단하는 편견을 의미한다.

(2) 패러다임 모델(SEE-DO-GET 모델) 및 특징

스티븐 코비는 사람들은 보는 시각(SEE)에 따라 행동(DO)하고 행동한 대로 결과(GET)를 얻는다고 하였다. 이것을 SEE-DO-GET 모델이라고 한다. 결과를 만드는 것은 행동이지만 행동은 보는 시각에 의해 만들어진다. 우리가 어떤 시각을 가졌느냐에 따라서 우리의 행동이 달라지고 새로운 결과가 나오게 된다.

보는 시각을 검토하기 위해서 가장 좋은 방법은 자신에게 묻는 것이다. "현재 나는 원하는 결과를 만들어내고 있는가?" 이 질문을 잘 생각해보면 행동의 변화만으로는 근본적인 해결이 어렵다. 진정한 변화는 우리의 패러다임(SEE)으로부터 출발한다는 것을 알 수 있다.

예시 1) SEE: 지능보다 노력이 중요하다는 신념
    ↓
      DO: 처음부터 좋은 결과는 아니어도 꾸준한 노력과 도전
    ↓
    GET: 과정에서의 학습, 인내를 통한 성과

예시 2)   SEE: 취업의 기회는 국내뿐 아니라 국외에도 다양하다.
↓
DO: 국내외 다양한 취업 정보를 수집한다. 관련 직무 경험을 쌓는 도전과 실천을 한다.
↓
GET: 도전을 통한 직무 경험 취득, 준비 과정을 통한 자신감

 토의 6-1

🐾 최근에 자신이 경험한 사건 중에서 SEE-DO-GET 모델을 적용해보고 이를 팀원들과 공유해보자.

📝 최근 경험한 사건:

📝 SEE(나의 관점):

📝 DO(내가 한 행동):

📝 GET(얻은 결과):

우리는 끊임없이 패러다임을 가지고 세상을 보고 살아가고 있다. 패러다임을 잘 이해하고 적용하기 위해서는 패러다임의 특징을 이해해야 한다. 패러다임은 다음과 같은 특징을 가지고 있다.

① 행동에 영향을 준다.

사람들의 행동은 패러다임으로부터 나온다. 모든 행동의 배경에는 패러다임이 자리한다. 자신과 타인의 행동을 이해하기 위해서는 패러다임을 먼저 이해해야 한다.

② 불안정하다.

작동 중에 오류가 발생할 수 있다. 자아에 대한 인식은 대개 개인적인 성찰과 외부의 평가에 영향을 받는다. 자아를 인식하는 과정에서 다양한 정보는 패러다임이라는 인식의 틀에 의해 수용되는데 패러다임이 불안정하거나 때로는 잘못된 생각을 갖는 경우가 발생할 수 있다. 초점이 없는 렌즈가 앞을 제대로 볼 수 없게 만드는 것처럼 불안정한 패러다임은 자아인식에 부정적 영향을 미칠 수 있다. 부산의 지도를 보면서 서울에서 길을 찾으면 어떤 일이 발생하겠는가? 정확하지 않은 패러다임, 곧 마음의 지도는 우리를 혼란에 빠트린다.

③ 사고를 제한한다.

불안정함과 오류에 기인한 잘못된 패러다임은 우리의 사고를 제한하는 결과를 낳는다. 즉, 사고의 편향성은 자아인식에도 심각한 부작용을 초래할 수 있다. 외부에 잘못된 평가를 통해 자신의 부정적인 모습만 본다거나 진중하지 못한 자기성찰로 인해 흥미와 가치를 간과하고 자신의 진짜 장점을 놓치는 경우가 발생할 수 있다.

패러다임은 자아인식과 행동에 직접 영향을 주기 때문에 자아인식 단계부터 자신의 패러다임이 올바른지 점검하는 것은 자기개발의 방향을 정하고 계획을 수립하는 데 중요한 기초가 된다.

토의 6-2

☎ 아래 사례를 보고 느낀 점과 생각을 정리하고 이를 팀원들과 공유하시오.

사 례

런던 서부의 공사현장에서 생긴 일

이 이야기는 실화다. 2010년 새해가 막 지난 무렵 런던 서부의 한 공사현장에서 일하던 29살의 남성이 층계참에서 6인치 못 위로 떨어졌다. 못은 그의 부츠를 뚫고 거의 발등까지 파고들었다. 상상도 못할 고통에 신음하는 그를 동료들은 즉각 구급차에 태웠고, 서둘러 그를 응급실로 데려갔다.

못이 조금만 움직여도 그에게는 엄청난 고통을 안겨주었기 때문에 응급실 의사들은 재빨리 수술 전에 졸음이나 의식을 잃게 만드는 데 사용하는 미다졸람으로 그를 진정시켰다. 곧이어 의사들이 모르핀보다 100배는 더 강력한 진통제로 주로 말기 암 환자에게 처방하는 펜타닐을 추가 투여한 것을 보면 그 청년의 고통이 얼마나 심했는지 알 수 있을 것이다.

환자를 진정시키고 통증을 제어하며 의사들은 그의 부츠를 조심스럽게 벗겨내기 시작했다. 마침내 작업부츠를 다 벗겨냈을 때 그들은 놀라운 일을 목격하지 않을 수 없었다. 환자의 발가락 사이로 못이 깔끔하게 지나갔던 것이다. 상처라곤 티끌만큼도 찾아볼 수 없었다.

출처: 언씽킹(Unthinking), 해리 백워드 저, 이민주 역, 토네이도, 2011.

✎ 사례가 주는 교훈과 느낀 점:

2. 능력성장신념

(1) 능력성장신념의 개념

자아를 인식하는 관점에는 능력성장신념(Growth Mindset)과 능력고정신념(Fixed Mindset)을 들 수 있다. 능력성장신념은 노력을 통해 자신의 지능이나 실력이 얼마든지 성장할 수 있다는 패러다임이며, 능력고정신념은 개인의 지능과 능력은 유전적으로 정해져 있어서 바꿀 수 없다고 보는 패러다임이다.

[표 6-1] 능력성장신념과 능력고정신념

능력성장신념(Growth Mindset)	능력고정신념(Fixed Mindset)
노력 여하에 따라 자신의 지능이나 능력이 얼마든지 향상될 수 있다는 신념	본인의 지능과 능력은 유전적으로 이미 정해져 있다는 신념

사례

1마일의 기적

로저 베니스터(Roger Bannister)는 세계 최초로 1마일(약 1,600m) 4분대의 벽을 깬 사람이다. 전형적인 영국 젠틀맨 아마추어 육상선수인 그는 영국 옥스퍼드대학교 엑서터칼리지에 장학금을 받고 들어간 의대생이었다.

당시만 해도 1마일을 4분대로 달린다는 것은 불가능한 일이었다. 인간의 능력과 속도로 볼 때 죽음에 이를 것이라는 생각이 팽배했고 당시 통념으로는 1마일을 4분대로 달리면 인간의 폐와 심장이 파열한다는 생각이 지배적이었다. 쉽게 말해서 100m를 15초에 달린다고 가정한다면 100m를 16번 전력 질주해야 가능한 기록이었다.

1954년 5월 6일 25세의 로저 베니스터는 죽기를 각오하고 4바퀴를 돌아 결승점에 들어왔고 들어오자마자 격심한 고통으로 쓰러졌다. 그러나 그는 1마일을 3분 59초 4로 주파해냈다. 인간의 능력으로 불가능하다고 생각되었던 마의 1마일 4분 벽을 깬 것이다.

그러나 더 놀라운 사건은 한 달 후에 일어났다. 로저 베니스터가 마의 4분대 벽을 깨고 난 후 잇달아 다른 선수들도 기록을 깨기 시작한 것이다. 한 달 만에 10명, 1년 만에 37명, 2년 만에 300명이 4분벽을 넘었다.

육체의 조건이 달라졌을까? 아니다. 그보다 더 높은 마음의 장벽이 무너졌고, 결국 이것은 다른 선수들에게도 확신을 주게 되어 계속해서 기록을 세울 수 있게 된 것이다.

(2) 능력성장신념의 행동양식

사람들은 보통 2가지 신념 모두를 가지고 있지만 자기를 인식할 때 능력성장신념으로 보느냐, 능력고정신념으로 보느냐에 따라서 여러 상황에서 대처하는 행동과 결과가 달라진다. 능력고정신념 행동의 이면에는 자신의 유능감을 보존하기 위한 자기불리화(self-handicapping)의 작용을 꼽을 수 있다. 자기불리화란 자신에 대한 평가가 걸린 중요한 과제 전에 스스로에게 불리한 조건을 만드는 것이다. 이는 사람마다 가지고 있는 자아존중의 욕구와 관련된다. 사람들은 주변에서 자신이 무능력하다고 평가받는 것을 두려워한다. 그러므로 자아를 지키기 위해서 무의식적으로 능력고정신념에 따라 행동한다. 능력성장신념과 능력고정신념에 따라서 행동양식은 다음과 같이 달라질 수 있다.

① 도전의 상황

능력성장신념을 가진 사람은 도전을 받아들인다. 그들은 도전의 과정에서 오는 스트레스를 인정하고 건설적으로 활용한다. 또한 실패를 통해 성장의 기회를 삼는다. 실패에 대한 지적을 성장의 자양분으로 삼는다.

반면 능력고정신념을 가진 사람은 도전을 회피하는 경향을 보인다. 도전을 즐기기보다는 도전의 결과와 이에 따른 평가를 두려워한다. 실패와 평가에 대한 두려움은 자신이 할 수 있는 안정된 영역만 시도하는 결과를 낳는다.

② 장애물에 대한 대처

능력성장신념이 있을 때는 예상치 못한 장애물을 극복하고자 노력한다. 장애물을 인정하고 받아들이며 인내하려 노력한다. 장애물을 극복하는 과정에서는 자신의 성장에 대한 기대가 있다. 그러므로 장애물은 극복할 만한 가치가 있다고 생각한다.

능력고정신념을 가진 경우는 자신에게 도움이 될 수 있다는 생각보다는 장애물을 짐이자 계획 달성의 방해꾼으로 인식한다. 보통의 경우 장애물을 근본적으로 해결하고 넘어가려 하기보다는 회피하려고 한다.

③ 노력에 대한 생각

능력성장신념을 가진 사람은 노력을 숙달의 과정으로 인식한다. 힘들고 어렵지만 노력의 시간을 가치 있게 생각한다. 원하는 결과를 위해 노력하지만 결과와 노력의 가치를 연결 지어 생각하지는 않는다. 또한 실패 속에서도 노력의 가치를 통해 배움을 얻는다.

능력고정신념에 사로잡힌 사람은 노력을 성과 없는 것 또는 필요 없는 것으로 여긴다. 노력을 통한 길보다는 보다 빠르고 편한 길을 찾는다. 노력보다는 결과를 중시한다. 노력의 과정에서 얻을 수 있는 배움과 경험을 놓칠 수 있다.

④ 비판에 대한 반응

능력성장신념을 가진 사람은 비판을 통해 배우고 성장할 수 있다. 그래서 무미건조한 피드백보다는 건설적인 피드백을 선호한다. 비판을 성장과 자기이해를 넓히는 기회로 활용한다. 다른 사람의 평가에 의해 좌우되기보다는 개방된 자세로 타인의 견해를 수용한다.

능력고정신념은 유용한 피드백이라도 비판을 무시한다. 자기의 생각과 다르면 비판을 비난으로 받아들여 공격적인 반응을 보이기도 한다. 결과에 대한 비판과 개인에 대한 무시를 헷갈려 하며 건설적인 피드백에 대해서도 수용적이지 못하다.

능력성장신념이 있는 사람은 자아에 대한 부족한 모습뿐 아니라 가능성을 보며 성찰을 한다. 그리고 부족한 모습을 극복하기 위한 노력을 기울인다. 타인의 피드백을 무시하거나 흘려듣지 않고 건설적으로 수용하여 학습한다. 결국 꾸준한 자기개발의 시도와 노력을 통해 더 높은 성취를 이루게 된다.

인간 지능에 대한 실험

스탠포드대 심리학과 교수 캐롤 드웩(Carol Dweck)은 클라우디아 뮐러(Caludia Mueller)와 함께 인간의 지능에 대한 실험을 실시했다.

캐롤 드웩과 클라우디아 뮐러 연구팀은 뉴욕의 초등학교 5학년 학생 412명을 모집하여 지능검사(레이븐 누진행렬 검사)를 실행했다. 이 지능검사는 여느 지능검사와는 달리 난이도가 높게 책정되어 있었으나 학생들에게는 이 같은 사실을 알려주지 않은 채 검사를 진행했다. 그리고 검사가 끝난 뒤에는 각각에게 점수를 알려주었다. 검사 결과는 실제 점수가 아니라 가상의 점수였고, 모든 학생들에게 당신은 좋은 점수를 받았으며 80% 이상의 문제를 정확하게 풀었다고 알려주었다. 그러면서 A그룹의 학생에게는 "이렇게 어려운 문제를 풀다니, 머리가 정말 좋은 것 같다"라고 '능력'에 대한 칭찬을 해주었고, B그룹의 학생들에게는 "어려운 문제를 열심히 풀다니 너의 노력이 정말 멋지구나"라고 '노력'에 대한 칭찬을 해주었다.

칭찬을 마친 후 새로운 시험지를 학생들에게 내놓으며 둘 중 한 개의 시험지를 선택해서 풀 수 있다고 설명했다. 그중 하나는 어려운 문제로 구성되어 있는 시험지였고, 다른 하나는 앞서 본 시험지와 비슷한 수준의 문제로 구성된 시험지였다. 그녀는 어려운 문제가 담긴 시험지를 선택하면 더 많은 것을 배울 수 있다고 설명했다. 그리고 아이들이 어떤 문제를 선택하는지 지켜봤다.

A그룹에서는 66%가 쉬운 문제를 선택했고, B그룹에서는 90% 이상이 어려운 문제를 선택했다. 왜 그랬을까? 캐롤 드웩 교수가 말하길 똑똑하다고 칭찬해준 아이들은 멍청해 보일지도 모를 위험을 피하려고 좀 더 쉬운 걸 골랐다는 것이다. 고정된 사고방식을 가졌을 때, 그 초점이 자신의 지적능력이라면 어려움이나 실패를 인정할 수 없게 된다는 것이다.

다음에 이 두 그룹에게 어려운 문제를 풀게 했다. 심지어 두 학년 정도 앞선 수준의 문제들도 있었다. 결국 거의 모든 학생들이 시험을 망쳤다. 그녀는 시험결과를 알려주었고, 모두가 시험을 잘 못 보았다고 공유했다.

그러자 B그룹은 결과에 긍정적으로 대처하는 모습을 보였다. 게다가 이들의 점수는 A그룹보다 높기도 했다. 문제를 푸는 과정이 흥미로웠으며, 집에 시험지를 가지고 가서 다시 풀고 싶다고 하는 학생도 있었다.

이와 대조적으로 A그룹은 성적이 더 낮았을 뿐만 아니라 시험지를 받고 싶어 하지도 않았다.

이렇게 고의적으로 실패를 맛보게 한 후 마지막 실험을 했다.

처음과 동일한 정도의 난이도로 만들어진 시험지를 풀게 한 것이다. B그룹 학생은 감정을 쉽게 회복해 첫 번째 단계에서 풀었던 시험보다 30% 높은 점수를 받았다. 하지만 A그룹은 실패의 충격에서 쉽게 벗어나지 못했다. 아이들은 앞서 본 시험과 난이도가 비슷했음에도 불구하고 그때보다 20% 낮은 점수를 받았다.

캐롤 드웩 교수는 지능에 대한 칭찬을 받은 학생은 처음에는 자신감이 상승했지만, 어려움 앞에서 자신의 이미지가 흔들리기 시작했다고 한다. 반면 노력에 대해 칭찬을 받은 학생은 어려움 앞에서도 자신의 자존감을 잘 지켜냈다. 노력에 대한 칭찬이 자신을 관리 가능한 대상으로 보게 했고, 동시에 대처법도 깨닫게 한 것이다.

출처: 성공의 새로운 심리학, 캐롤 드웩 저, 정명진 역, 부글북스, 2011.

 자기개발 Tip 자기개발에 도움되는 무료 사이트

자기개발은 대학생뿐 아니라 취업 준비생과 직장인에게도 뜨거운 화두다. 한 취업포털 사이트에 따르면 직장인 10명 중 8명은 직장생활을 하면서도 공부를 하거나 새로운 것을 배우는 '샐러턴트'라고 하였다. 그들은 자기개발을 위해 바쁜 업무 속에서도 시간을 쪼개서 독서를 하거나 학원을 다니거나 스터디를 결성해서 활동을 하기도 한다.

그러나 바쁜 현대인에게 시간과 비용을 들여 자기개발을 하는 것은 쉬운 일이 아니다. 자기개발을 위해 온라인이나 모바일앱에서 도움이 되는 사이트를 소개한다.

1. 어학

서울시 평생학습포털(sll.seoul.go.kr): 사이트 & 앱 동시 운영

서울시가 운영하며 영어, 일본어, 중국어뿐 아니라 러시아어, 베트남어, 프랑스어 등 다양한 강좌들이 준비되어 있다. 카테고리별, 분야별 추천 강의도 들을 수 있다. 로그인하지 않고 이용이 가능한 특징이 있다. 어학뿐 아니라 라이프스타일, 비즈니스 경제, 이슈 트렌드, 인문 등 다양한 강좌 등도 함께 들을 수 있다.

TED(www.ted.com): 사이트 & 앱 동시 운영

TED는 Technology(기술), Entertainment(엔터테인먼트), Design(디자인)의 약자로 전 세계 유명인과 기업인의 영어 강연 프로그램이다. 영어 실력과 관련 지식을 쌓을 수 있는 일석이조의 효과를 누릴 수 있다. 강좌당 시간은 10~20분으로 듣기에도 편리하다. 공식 홈페이지는 영어로 운영되지만, 모바일앱에서는 한국어 자막 버전의 동영상이 별도로 마련돼 있다.

2. 인문학 교양

세바시(www.cbs.co.kr): 사이트 & 앱 동시 운영

CBS에서 방송하는 한국형 TED 강연 프로그램으로 세바시는 '세상을 바꾸는 시간'의 줄임말이다. 분야별 명사가 15분씩 하는 강의를 통해 강사의 동기부여, 배움, 행복 등 다양한 주제를 만날 수 있다.

열린연단(openlectures.naver.com)

열린연단은 네이버 문화재단과 민음사, 월드컬처오픈 등이 후원하는 인문학 프로그램이다. 매

년 윤리강연, 고전강연, 주제강연 가운데 하나의 주제를 선정해서 총 50회의 강연을 진행한다. 추첨을 통해 매주 토요일 열린연단이 주최하는 강연회에 참석할 수 있고, 그다음 주 금요일에는 온라인에서 누구나 쉽게 강의를 감상할 수 있다.

3. 자격증

배움나라(www.estudy.or.kr)
배움나라는 과학기술정보통신부와 한국정보화진흥원이 운영하는 무료 IT 교육 사이트이다. 컴퓨터 기초부터 인터넷 활용, OA 활용, 웹디자인, 프로그래밍, 자격증 등 다양한 강좌가 마련되어 있다. 전산회계, 전자상거래운영사, 컴퓨터활용능력, MOS 등의 강좌를 통해 자격증 준비에 도움을 받을 수 있다.

인천시민 사이버교육센터(www.cyber.incheon.kr)
인천시민이 아니어도 누구나 무료로 들을 수 있다. 과정으로는 신토익, HSK, 코딩, 공인중개사 관련 교육까지 수강할 수 있다. 다양한 외국어 강좌와 취미 활동을 위한 강좌도 함께 제공된다.

4. 명문 대학의 강의 청강

한국교육학술정보원 대학공개강의(KOCW)(www,.kocw.net): 사이트 & 앱 동시 운영
한국교육학술정보원에서 제공하는 대학 우수 강의 동영상 서비스이다. 1만 5천여 개의 대학 동영상 강의를 무료로 제공하며 대학별, 기관별, 주제별로 내게 맞는 강의를 골라 들을 수 있다. 인문과학, 사회과학, 공학, 자연과학, 교육학, 의약학, 예술, 체육 등의 다양한 강좌를 만날 수 있다. 학습자료는 SNS로 공유도 가능하다.

K-MOOC(www.kmooc.kr): 사이트 & 앱 동시 운영
KOCW와 비슷한 대학공개강의 서비스이다. 그러나 K-MOOC는 교수와 학습자 간의 소통이 가능하고 퀴즈, 시험 등 다양한 학습 체크 시스템이 마련되어 있다. 강의수료증을 받을 수 있지만 강의 수는 아직 300여 개 내외에 불과하다.

서울대 SNOUN(snoun_snu.ac.kr): 사이트
서울대 재학생이 아니어도 이용이 가능하다. 인문학, 사회과학, 자연과학, 예술학, 교수 학습법 등 다양한 주제의 강의가 2~3개월 주기로 업데이트된다. 개인의 전공지식에 대한 이해도를 높이고 싶은 직장인 또는 취업 준비생들에게 유용하다.

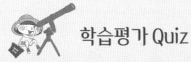 학습평가 Quiz

1. 한 시대 사람들의 견해나 사고를 근본적으로 규정하고 있는 테두리로서의 인식의 체계, 또는 사물에 대한 이론적인 틀이나 체계를 의미하는 것을 무엇이라 하는가?

　① 가치관　　　　② 비전　　　　③ 통찰　　　　④ 패러다임

2. SEE-DO-GET 모델에서 강조하는 것은 무엇인가?

　① 계획을 세우지 않으면 실행이 무의미하다.
　② 근본적 해결과 결과는 관점에서 출발한다.
　③ 평가가 있어야 올바른 시작과 더 좋은 결과를 기대할 수 있다.
　④ 계획보다 중요한 것은 실행이다.

3. 다음 중 패러다임의 특징이 아닌 것은?

　① 패러다임은 안정적이고 예측 가능하다.
　② 패러다임은 우리의 사고와 행동을 제한한다.
　③ 패러다임은 행동에 영향을 준다.
　④ 패러다임은 불안정하고 틀릴 수 있다.

4. 능력성장신념의 개념을 적으시오.

5. 아래 빈칸에 공통으로 들어갈 단어는 무엇인가?

> 능력성장신념을 가진 사람은 (　　　　)을/를 받아들인다. 실패에 두려움이 있지만
> (　　　　) 자체를 즐긴다. (　　　　)을/를 위험이라고 보기보다는 시도할 만한 가치
> 가 있는 것으로 받아들인다. 반면 능력고정신념을 가진 사람은 (　　　　)을/를 회피
> 하는 경향을 보인다. 자신이 할 수 있고 검증된 안정된 것만 추구하는 경향을 보인다.

　① 운명　　　　② 실행　　　　③ 도전　　　　④ 패러다임

학습내용 요약 Review(오늘의 Key Point)

1. 패러다임(Paradigm)은 한 시대 사람들의 견해나 사고를 근본적으로 규정하고 있는 테두리로서의 인식의 체계, 또는 사물에 대한 이론적인 틀이나 체계를 의미한다. 세상을 보는 관점이라 할 수도 있다. 패러다임은 관점을 제공한다는 측면에서 안경과 마음의 지도로 비유된다.

2. 사람들은 보는 시각(SEE)에 따라 행동(DO)하고 행동한 대로 결과(GET)를 얻는다. 이것을 SEE-DO-GET 모델이라고 한다. 결과를 만드는 것은 행동이지만 행동은 보는 시각에 의해 만들어진다. 우리가 어떤 시각을 가졌느냐에 따라서 우리의 행동이 달라지고 새로운 결과가 나오게 된다.

3. 패러다임은 우리의 행동에 영향을 주고 불안정하며, 우리의 사고와 행동을 제한하는 특징을 가지고 있다.

4. 능력성장신념은 노력을 통해 자신의 지능이나 실력이 얼마든지 성장할 수 있다는 신념, 즉 패러다임이며, 능력고정신념은 개인의 지능과 능력은 유전적으로 정해져 있다고 보는 패러다임이다.

5. 사람들은 보통 2가지 신념 모두를 가지고 있지만 자기를 인식할 때 능력성장신념으로 보느냐, 능력고정신념으로 보느냐에 따라서 도전의 상황, 장애물에 대한 대처, 노력에 대한 생각, 비판에 대한 반응 등에서 대처하는 행동과 결과가 달라진다.

Mission 능력성장신념을 키우기 위한 아이디어 구상

자신의 능력성장신념을 키우기 위해서 할 수 있는 아이디어를 3가지 이상 구체적으로 적어 보시오.

 예 하루에 한 번 이상 감사한 일에 대해서 감사 일기 쓰기, 능력성장신념의 모범이 되는 인물을 검색하고 롤모델로 정한 후 인터뷰해보기 등등

자기관리능력

일반목표

성공적인 사회생활을 위해 스스로 목표를 설정하고 이를 효과적으로 실행으로 옮겨서 개인의 생산성을 촉진하고 자기관리능력을 향상시킬 수 있다.

세부목표

- 자기관리의 단계별 계획을 수립할 수 있다.
- 자기관리의 단계별 구체적 행동계획을 수립할 수 있다.
- 내면의 성찰을 통해 균형적인 삶을 이룰 수 있다.
- 합리적인 의사결정을 할 수 있다.

핵심단어

자기관리, 주도성, 사명과 비전, 시간관리, 실행력, 에너지 관리, 성찰, 의사결정

3
PART

자기관리 프로세스 5단계 Ⅰ

목차

1. 자기관리 프로세스 5단계
2. 1단계: 비전 및 목표 정립
3. 2단계: 과제 발견

학습목표

- 자기관리 프로세스 5단계를 설명할 수 있다.

- 비전의 개념과 좋은 비전의 조건을 설명할 수 있다.

- 자기관리를 위한 효과적인 목표를 설정할 수 있다.

- 자기관리를 위한 과제를 발견하고 SMART한 목표를 수립할 수 있다.

핵심단어

자기관리 프로세스 5단계, 비전, 목표, SMART 법칙, 과제 발견

7
Chapter

가난한 싱글맘에서 미국 최고의 여성 CEO가 된 조이 망가노

사랑받으며 자라 평범한 가정에서 엄마로 행복하게 지내게 될 거라 생각했던 조이 망가노(Joy Mangano)는 어느 순간 두 아이와 빚을 떠맡은 싱글맘이 된다. 이혼한 부모님과 전남편 그리고 두 아이까지 책임지게 된 조이는 하루하루 각박하고 전쟁 같은 일상을 보낸다.
힘든 나날을 보내던 조이는 깨진 와인잔을 치우다 우연히 좋은 아이디어를 얻게 되고 자신만의 상품을 개발하기로 결심하며 이렇게 말한다.
"내가 만들려는 이 물건이 우리 삶을 바꿔놓을 거예요."
그녀는 새로운 비전과 꿈을 갖게 되었다.

하지만 사업의 경험이 전혀 없었던 조이에게 투자자들이 등을 돌리며 상품 개발에 어려움을 겪게 된다. 그러던 중 조이는 이제 막 사업을 시작한 홈쇼핑 채널의 사장을 찾아가게 되고 자신이 개발한 상품을 판매할 수 있는 기회를 얻게 된다. 당시 홈쇼핑 사상 가장 히트 상품으로 판매를 기록하며 조이의 성공 신화를 만들게 된다.

영화 <조이>의 실제 주인공 조이 망가노는 10억 넘게 판매를 기록하며 미국 최고의 성공 신화를 이룬 여성 CEO로 활약 중이다.

"저는 항상 야심 찬 꿈을 꿨어요. 특이하게도 토스터를 해체해서 새 상품을 만들려고도 했었죠. 당시에는 그게 편리한 상품을 만드는 일이라는 것도 인지하지 못했죠. 지금 생각해보니 그게 제 꿈을 이뤄가는 과정이었더군요."
                                                                                    - 조이 망가노

가난한 싱글맘에서 미국 최고의 여성 CEO가 된 조이 망가노는 어려운 환경에서도 비전을 갖고 자기의 꿈을 이룬 인물이다. 자신만의 비전을 갖고, 역할에 맞는 과제를 발견하며 계획 수립과 수행을 거쳐 꿈을 이루는 과정은 험난하다. 효과적인 자기관리를 위해서는 한 걸음씩 앞으로 나갈 필요가 있다. 7장에서는 효과적인 자기개발을 위한 자기관리 프로세스 5단계 중에서 1단계 비전 및 목표 정립, 2단계 과제 발견의 개념과 방법에 대해 학습한다.

1. 자기관리 프로세스 5단계의 각 단계는 무엇인가?

2. 비전과 목표를 설정하지 못하는 이유는 무엇인가?

3. 비전과 목표 설정이 개인에게 주는 유익은 무엇인가?

4. 비전과 목표 달성을 위한 3개의 V는 무엇인가?

5. 목표 설정을 위한 SMART 법칙은 무엇인가?

1. 자기관리 프로세스 5단계

자기개발은 피라미드 구조처럼 가장 아랫부분에 자아인식이 위치하고 그 위에 자기관리가 놓이게 된다. 이는 자아인식이 있어야 자기관리가 가능하다는 것이며 자아인식없는 자기관리는 모래 위에 집을 짓는 것과 같이 기초가 부실한 건물이 될 수 있다는 것을 의미한다.

자기관리는 자신을 이해하고, 자아인식에 기반한 목표를 성취하기 위해 개인의 행동과 업무를 관리하고 조정하는 것이다. 자기관리능력은 자기관리를 제대로 수행할 수 있는 능력을 의미한다. 자기관리를 잘 수행하기 위해서는 5가지 단계가 필요하다. 5단계는 피라미드 구조처럼 순서와 위계를 가지고 있다.

자기관리는 개인의 가치를 기초로 한 비전과 목표를 세우고, 분석을 통해 역할별 과제를 발견하며, 이에 맞춰 세부 일정을 수립하고 수행하는 절차로 이뤄진다. 또한 지속적인 자기관리를 위해 반성과 피드백을 해야 한다.

자기관리를 위한 5단계 프로세스는 다음과 같다. 1단계는 비전 및 목표의 정립 단계이다. 개인에게 소중한 것을 발견하는 과정으로 자신의 가치관과 원칙, 사명을 발견하고 정립하며 삶의 목적을 탐색하는시기이다. 이 과정은 가치와 의미를 새롭게 만드는 것이 아니라 내면에 있는 것을 발견하고 끄집어내는 과정이다. 2단계는 과제를 발견하는 단계이다. 자신에게 주어진 역할을 인식하고 역할에 따른 과제를 SMART 법칙에 따라 구체화하는 단계이다. 3단계는 일정 수립의 단계이다. 역할에 따른 여러 가지 과제를 수행하기 위해 우선순위를 정하고 시간관리 매트릭스에 따라 일을 배치한다. 일정 수립이 명확하고 분명할수록 일의 수행의 가능성이 올라간다. 4단계는 세운 일정과 계획에 대한 수행의 단계이다. 수행을 위해서는 포기하지 않는 인내가 필요하다. 중요한 것은 무조건 시간을 많이 들이는 것이 아니라 중요한 일에 집중과 몰입을 하는 것이다. 마지막 5단계는 수행 이후의 반성 및 피드백이다. 5단계에서는 전 단계들을 통해 이뤄진 결과를 분석한다. 성공뿐 아니라 실패에 대해서도 이유를 생각해봐야 한다. 또한 분석과 함께 타인의 피드

백을 경청하여 이후의 새로운 목표를 세우는 것에도 반영해야 한다.

[그림 7-1] 자기관리 5단계 프로세스

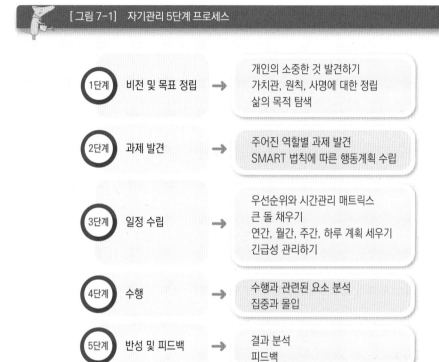

1단계	비전 및 목표 정립	→	개인의 소중한 것 발견하기 가치관, 원칙, 사명에 대한 정립 삶의 목적 탐색
2단계	과제 발견	→	주어진 역할별 과제 발견 SMART 법칙에 따른 행동계획 수립
3단계	일정 수립	→	우선순위와 시간관리 매트릭스 큰 돌 채우기 연간, 월간, 주간, 하루 계획 세우기 긴급성 관리하기
4단계	수행	→	수행과 관련된 요소 분석 집중과 몰입
5단계	반성 및 피드백	→	결과 분석 피드백

2. 1단계: 비전 및 목표 정립

대부분의 사람들이 결코 목표를 이루지 못하는 이유는 그들은 목표를 정의하지 않거나, 단 한 번도 진지하게 그 목표가 믿을 수 있는 것, 이룰 수 있는 것이라고 생각해보지 않기 때문이다. 승리하는 사람들은 자신이 어디로 가고 있는지, 그 과정에서 어떤 일을 할 계획인지, 그 모험을 누구와 함께 할 것인지 알고 있다.

– 데니스 웨이틀리

(1) 비전과 목표

> "왜 살아야 하는지 아는 사람은 그 어떤 상황도 견딜 수 있다."
>
> - 니체

비전과 목표를 정립하는 것은 삶의 목적을 알고 구체적인 계획을 세우는 것이다. 이것은 자기관리의 출발이다. 누구든 첫발을 떼지 않으면 앞으로 나갈 수 없다. 자기개발의 출발이 자아인식이듯 자기관리의 출발은 비전 및 목표의 정립이다.

비전과 목표는 나침반이다. 나침반은 방향을 알려주는 도구다. 개인의 인생과 업무의 수행 중 갈림길에서 방향을 선택해야 할 때 나침반의 가치를 알 수 있다. 선택의 순간에 효과적인 결정은 나침반이 가르키는 방향의 길을 따라가는 것이다.

그럼에도 불구하고 사람들은 여러 가지 이유를 통해 목표를 설정하지 않는다. 대개 사람들이 목표를 설정하지 않는 대표적 이유는 다음과 같다.

① 목표의 중요성에 대한 인식 부족

많은 사람들은 실제로 목표가 얼마나 중요한지 모르고 있다. 만약에 목표가 없는 가정에서 자라거나 목표를 강조하지 않는 환경에 있었다면 목표를 설정하고 성취하는 능력이 다른 어떤 기술보다 삶에 중요한 영향을 미친다는 사실을 깨닫지 못할 것이다. 중요성을 인식해야 행동을 이끌어낼 수 있다. 목표의 중요성을 아는 사람이 목표를 세운다.

② 방법에 대한 무지

목표의 중요성을 인식하지만 정작 잘못된 목표 설정으로 목표 세우기를 포기하는 사람이 많다. 심지어는 자신이 목표를 가지고 있다고 생각하는 사람도 있다. 대개 많은 사람들은 '행복해지겠다', '책을 많이 읽겠다'와 같이 추상적으로 목표를 세운다. 목표는 환상과는 다르다. 목표는 마음속 소망과는 분명하게 다르며 명확하고 구체적으로 기록되고, 다른 사람에게 언제든 쉽게 설명할 수 있어야 한다. 무엇보다 측정할 수 있고, 그것을 언제 성취했는지 또는 못했는지 알 수 있는 기준과 근거가 있어야 한다.

 **자기개발 Tip** 자신의 목적을 알아내기 위한 10가지 요령

1. 자신이 뜻하는 바와 일치하는 글귀가 있다면, 그것을 하나의 지침으로 삼고 기록해둔다. 그것이 시구이든, 영감을 받은 책의 인용어구이든, 성경 구절이든 관계없다.

2. 당신의 주요한 관심사가 있다면, 그것에 대한 목록을 만들어라.

3. 당신에게 삶의 '역할 모델', 아니 '멘토'가 있다고 가정할 때, 그에게서 배울 만한 점을 열거해본다.

4. 당신의 성격 중 가장 두드러진 특징을 서술해본다.

5. 당신이 적고 있는 글에 반드시 포함되어야 할 핵심구절을 써라.

6. 요점을 잡아라. 그러면 시간도 절약될 뿐만 아니라 글이 분명해진다.

7. 윤곽을 잡아라. 철자, 문법, 혹은 단어의 길이에 신경 쓰지 마라. 그저 당신의 인생에서 가장 중요한 것이 될 수 있는 것을 종이에 옮기면 된다.

8. 교정하고, 다시 쓰고, 다듬어라. 자신의 생각을 구체화하고 어휘를 정돈하여 오직 자신만의 생활방식으로 다듬어내라. 가능한 한 적은 수의 단어를 사용하여 일목요연하게 정리하라.

9. 신뢰하는 친구나 지인들에게 조언을 구하라. 인생의 목적에 만족할 때까지 모든 변화를 받아들이고 구체화하라.

10. 완성된 메모를 눈에 띄는 장소에 놓고 종종 참고하라. 완성된 글을 정기적으로 읽어 그것이 서류더미 속에 묻히거나 잊히지 않도록 하라. 시간이 지나면서 이 어휘들이 머릿속에서 저절로 떠오를 것이다. 그리고 이 아이디어는 당신의 인생에 중요한 작용을 하게 되어 주위 사람들에게 그 문장들을 거의 암송할 수 있게 될 것이다.

출처: 밸런스-일과 인생의 균형잡기, 리처드 K. 빅스 저, 이강선 역, 팜파스, 2007.

③ 실패에 대한 두려움

많은 경우 목표를 세우지 않는 이유는 목표를 설정한 이후 실패할지도 모른다는 두려움이다. 실패는 상처가 되고 정서적·경제적으로 우리에게 괴로움을 준다. 누구나 실패를 경험하고 앞으로 실패를 피하려고 한다. 그런데 그것이 커지면 실패할 것 같은 목표는 무

의식적으로 아예 설정조차 하지 않게 된다. 결국 실제로 할 수 있는 것보다 훨씬 낮은 수준에서 활동하게 된다.

④ 타인의 시선에 대한 지나친 의식

타인의 시선에 대한 의식은 더 명확하게 표현하면 두려움이다. 목표를 설정하고서도 성공하지 못하면 다른 사람들이 자신을 비난하거나 조롱하지 않을까 두려워하는 마음이 본능적으로 작동한다. 이러한 본능은 목표를 세우는 우리를 소극적으로 만드는 경향이 있다.

목표 설정의 어려움이 있음에도 불구하고 우리는 명확하고 분명한 비전과 목표를 세워야 한다. 빅터 프랭클(Viktor Frankl)은 인간에게 가장 필요한 것은 삶의 의미와 목적에 대한 인식이라고 했다. 인생에서 삶의 의미와 목적을 갖게 되면 죽음의 수용소를 직접 경험한 빅터 프랭클이 그랬던 것처럼 죽음의 환경도 이겨낼 수 있는 힘을 얻게 된다.

그렇다면 인생의 비전과 목표 설정에서 우리가 얻게 되는 유익에는 무엇이 있을까?

㉠ 행복과 만족

인생의 비전과 목표, 곧 삶의 목적과 의미를 갖게 되면 사람들은 진정한 행복과 만족을 경험할 수 있다. 반대로 우리가 겪는 대부분의 불행은 삶의 목적과 의미, 비전과 목표의 부재에서 출발한다. 무엇을 위해 살 것인가? 무엇을 이룰 것인가? 삶의 이유를 아는 사람은 살아야 할 분명한 이유가 있고 그 이유는 우리의 삶에 행복과 만족을 준다.

㉡ 도전의식과 열정

목적과 목표는 우리 내면에 존재하는 새로운 도전의식과 열정을 깨워준다. 창조적 긴장을 만들어주고 현재보다 더욱 노력하고 발전하고 싶다는 의욕도 준다. 사람들은 되고 싶은 미래와 현재의 간극 사이에 존재하는 창조적 긴장을 극복하기 위해 도전하고 그 속에서 열정을 느낀다. 도전의식과 열정은 개인의 삶에 에너지와 활력을 준다.

㉢ 우선순위

명확한 비전과 목표가 있는 사람은 일의 우선순위를 정할 수 있다. 비전과 목표가 곧 선택의 기준이 되기 때문이다. 반면에 비전과 목표가 없는 사람은 매 순간마다 선택의 고민에 빠지게 된다. 명확한 기준이 없기 때문에 그때마다 고민을 하기 때문이다. 명확한 비전과 목표는 우선순위를 정해주고 나아가 효과적으로 시간을 사용할 수 있도록 도와준다.

ㄹ 자아정체성

분명한 비전과 목표는 자아정체성을 공고하게 다져준다. 내가 누군지 알고, 내가 해야 할 일을 아는 사람은 분명한 자아인식을 갖게 된다.

ㅁ 자기브랜드

비전과 목표를 세우고 이를 위해 수행하는 과정에서 자기브랜드가 구체화된다. 비전과 목표는 개인의 이미지 콘셉트가 된다. 비전과 목표를 이룬 결과뿐 아니라 그것을 이루기 위한 과정도 자기브랜드를 PR할 수 있는 좋은 계기가 될 수 있다. 비전과 목표를 세우고 이뤄가는 과정을 통해 자기브랜드를 만들어갈 수 있다.

생생하고 명확한 비전을 수립하는 데 도움이 되는 질문은 다음과 같다.

- 나에게 가장 중요한 것이 있다면 무엇인가?
- 내가 소중하게 생각하는 가치는 무엇인가?
- 나에게 의미 있는 삶은 무엇이라고 생각하는가?
- 나에게 있어서 가장 중요한 원칙은 무엇인가?
- 내 삶의 목적은 무엇인가?
- 나는 주변 사람에게 어떤 사람으로 기억되고 싶은가?

(2) 비전과 목표의 구체화

우선 비전과 목표가 현실이 되기 위해서는 3개의 V가 필요하다.

① Vivid: 생생함

비전과 목표는 생생해야 한다. Vivid라는 영어 단어의 뜻처럼 우리의 비전과 목표는 생생할 뿐 아니라 선명하고 강렬해야 한다. 이를 위해 비전과 목표는 구체적이어야 한다. 두루뭉술한 비전은 자신에게도 외면받을 수 있다.

② Verbalize: 구두 표현

비전과 목표는 말로 표현해야 한다. 끊임없이 비전을 그리고, 보고 생각하는 것뿐 아니라 비전과 목표에 대해 말해야 한다. 머릿속에 그림으로 있는 비전은 언어를 통해 말하고 공유하면 성취가 쉬워진다.

③ Visual: 이미지

비전과 목표는 이미지로 그려져야 한다. 비전과 목표에 대한 그림을 머릿속으로 그리고 구성원과 공유하는 것은 중요한 의미를 갖는다. '완성된 모습을 떠올렸을 때 그 상황이 머릿속으로 그려지는가?' 혹은 '희미한가?'는 비전과 목표의 달성 여부를 가늠하는 중요한 기준이 될 수 있다. 이를 위해 실제 비전과 목표를 그림으로 표현해보면 도움을 준다.

사례

월트 디즈니의 비전

사람들이 꿈 이야기를 할 때 대표적인 사례로 꼽는 게 월트 디즈니의 디즈니랜드 스토리다. 어릴 적부터 만화에 관심이 많았던 디즈니는 자신이 꿈꾸는 모든 것을 담을 공간으로 디즈니랜드를 구상했다. 결과를 상상할 수 없는 사람들에게 이 계획은 무모해 보일 뿐이었다. 많은 사람이 반대하자 그는 오히려 자신의 아이디어가 생각보다 훨씬 더 대단한 것이라고 생각했다. 그는 꿈을 현실화하기 위해 전력 질주했다. 디즈니랜드 설립 계획서를 만들어 수백 곳의 은행과 투자회사를 찾아다니며 설득했지만 번번이 실현 가능성이 없다는 얘기를 들었다. 그럼에도 1955년 7월 마침내 디즈니랜드가 화려하게 개장하자 그곳을 본 사람들은 어떻게 사람들이 원하는 모든 것을 이 한곳에 담아낼 생각을 했을까 하고 그의 아이디어에 감탄했다. 미국인들이 죽기 전에 한 번쯤 가본 뒤 기념사진으로 남기고 싶어 하는 디즈니랜드가 한 사람의 꿈을 통해 실현된 것이다.

위대한 몽상가로 불리던 그는 자신의 삶의 궤적에 대해 "나는 늘 꿈을 꾸며 살았으며 그 꿈을 이루는 과정에서 숱한 위험도 만났다. 하지만 난 언제나 그 꿈을 현실로 만들기 위해 해야 할 일을 용기 있게 실천하면서 헤쳐나갔다"고 설명했다. 그는 어릴 때부터 상상력이 풍부하고 그림에 남다른 소질을 보였지만 제대로 된 교육을 받을 기회가 없었다. 그러나 자신 앞에 놓인 삶에서 재능을 접목하고 활용하고자 했다. 무엇이든 자신이 상상한 것을 현실로 바꿔놓는 일에 몰입했고 그것은 만화에서 영화로, 꿈의 놀이공원으로, 리조트로, 캐릭터 산업 등으로 발전했다.

꿈이 생생하다면 자연스럽게 행동이 따라온다. 말로만 설명하는 꿈은 공상에 그칠 수 있다. 하지만 선명한 비전과 꿈이 있다면 디즈니처럼 이미 상상한 그 결과를 위해 필요한 일을 시작할 수밖에 없다.

출처: dongA.com, 비즈N.

아리스토텔레스에 따르면 어떤 덕목이 부족할 경우 그것을 키울 수 있는 최선의 방법은 그 덕목이 필요할 때마다 이미 그것을 갖추고 있는 듯 상상하고 행동하는 것이라고 했다. 비전과 목표의 정립에서 중요한 것은 그것을 머릿속으로 생생하게 시각화하여 상상을 해야 한다는 점이다. 그렇다면 비전과 목표를 이루는 시각화의 특징에는 무엇이 있을까?

㉠ 시각화의 횟수

'얼마나 자주 보는가?' 최고의 결과를 이룬 모습의 명확한 마음속 그림을 자주 되풀이해서 시각화할수록 잠재의식은 더욱 빠르게 그것을 받아들일 것이고, 그것은 더욱 쉽사리 현실의 일부로 실현될 수 있다.

㉡ 시각화의 지속

'얼마나 오래 보는가?' 마음속 그림이 더 오래 지속될수록 잠재의식에 더욱 깊이 새겨지고, 그 후의 행위에서 더욱 빠르게 표출된다.

ⓒ 시각화의 선명도

'얼마나 선명하게 보는가?' 새로운 목표를 설정할 때에는 그 목표에 대한 이미지나 그림이 대체로 불분명하고 흐릿하다. 성공한 목표가 어떤 모습일지 도대체 알 수가 없는 것이다. 그러나 더 자주 적고 검토하고 머릿속에서 되풀이할수록, 목표는 더욱 명확해진다.

ⓓ 시각화의 강도

'얼마나 강렬하게 보는가?' 시각화 과정의 가장 중요하고 강력한 부분이다. 때로는 감정이 강렬하고 시각적 이미지가 선명하기만 해도 목표가 실현되는 경우가 있다.

☎ 1. 꿈의 목록(Bucket list)을 10개 이상 작성하고 이를 팀원들과 공유해보자.

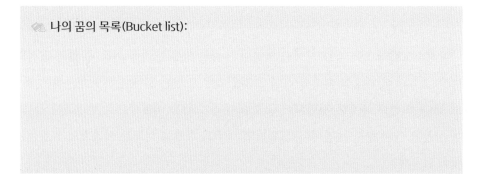

🗞 나의 꿈의 목록(Bucket list):

☎ 2. 자신이 이루고 싶은 미래의 모습을 시각화하고 상상해보자. 미래의 모습을 통해 자신의 비전과 목표에 대한 이미지를 그려보고 이를 팀원들과 공유해보자.

3. 2단계: 과제 발견

(1) 과제의 발견

비전과 목표가 정해지면 자신이 해야 할 역할과 필요한 역량을 질문을 통해 살펴보고, 할 일들을 조정할 수 있어야 한다. 참고할 수 있는 질문은 아래와 같다.

- 현재 수행하고 있는 역할과 필요한 능력은 무엇인가?
- 역할들 간에 충돌은 없는가?
- 현재 변화되어야 할 것은 무엇인가?
- 그 역할들은 어떻게 수행되어왔는가?

비전과 목표가 정해졌다면 목표 달성을 위한 세부적인 활동목표가 필요하다. 잘못된 목표 설정으로 인해 중간에 목표를 이루는 것이 좌절되는 경우가 많다. 대표적인 예가 의욕에 앞서 현실을 고려하지 않은 채 너무 무리한 목표를 잡는 것이다. 이처럼 잘못된 목표는 곧 목표에 대한 실패로 연결되고 이것이 반복되면 사람들은 목표를 세우는 것 자체를 주저한다. 그러므로 목표는 확실한 기준에 따라 설정해야 한다.

(2) SMART 법칙

SMART 법칙은 영어의 앞글자 단어를 고려하여 목표를 세우는 것이다. Specific^(구체성), Measurable^(측정 가능성), Action-oriented^(행동지향성), Relevant^(관련성), Time-bounded^(마감시간) 가 그것이다.

① Specific^(구체성)

목표는 구체적일 때 달성 가능성이 올라간다. 구체성은 목표를 위한 행동이 명확해야 한다는 것을 의미한다. 구체적인 목표는 구체적인 행동을 예측하기 쉽게 만든다. 지적 능력을 키우겠다는 목표는 추상적이다. '이번 달까지 월 2권의 책을 완독하겠다'는 구체적이다.

155

② Measurable(측정 가능성)

구체적 목표를 만드는 가장 간단한 방법은 측정이 가능하도록 목표에 숫자를 넣는 것이다. 체중을 감량하겠다는 목표보다 5kg를 감량하겠다고 한다면 기준이 생겨서 얼마나 목표를 달성했는지 파악하기 쉽다.

③ Action-oriented(행동지향성)

목표는 행동을 통해 실현된다. 모든 목표는 구체적인 행동에 기반을 둬야 한다. 건강한 몸을 갖는 것을 목표로 했다면 건강한 몸을 갖기 위해 할 수 있는 적절한 운동 방식을 목표에 넣어야 한다.

④ Relevant(관련성)

목표는 연결되어야 한다. 기본적인 연결은 개인의 가치와 신념, 강점이다. 다른 목표와도 서로 연결되어야 하고 목표를 이루는 세부 행동도 연결되어야 한다. 각각의 목표가 충돌되지 않는다면 목표가 이뤄질 확률이 올라간다.

⑤ Time-bounded(마감시간)

효과적인 목표 설정에 있어서 마감시간을 정하는 것은 목표의 마침표를 찍는 것과 같다. 나머지 기준이 충족되어도 마감시간이 없다면 목표 달성은 흐지부지될 수 있다. 너무 부족하지도 않지만 너무 길지도 않게 적정한 마감시간 설정이 필요하다.

[표 7-1] SMART 법칙 예시

S	Specific	취업을 위해 토익 800점을 취득한다.
M	Measurable	하루에 토익 주요 단어 20개를 외운다.
A	Action Oriented	토익 중급반 온라인 과정을 신청하고 수강한다.
R	Relevant	교환학생 정보를 수집한다.
T	Time-bounded	지금부터 6개월 안에 토익 성적표를 획득한다.

 토의 7-2

☎ 자신에게 주어진 역할들을 정리해보고 작성한 후 이를 팀원들과 공유해보자.

주어진 역할	듣고 싶은 말	과제 행동
예 아들	"자랑스런 아들, 항상 든든하고 힘이 된다".	부모님과의 약속 준수

학습평가 Quiz

1. 자기관리 프로세스 5단계의 각 단계와 내용을 맞게 연결하시오.

   1단계 •   • 과제 발견

   2단계 •   • 일정 수립

   3단계 •   • 비전과 목표 정립

   4단계 •   • 반성 및 피드백

   5단계 •   • 수행

2. 다음 중 목표를 설정하지 않는 대표적 이유가 아닌 것은?

   ① 목표의 중요성에 대한 인식 부족   ② 방법에 대한 무지
   ③ 타인의 시선에 대한 지나친 의식   ④ 실패에 대한 두려움

3. 다음 중 비전과 목표 설정의 유익이 아닌 것은?

   ① 삶에 대한 행복과 만족   ② 도전의식과 삶의 열정 제공
   ③ 자기브랜드의 완성   ④ 선택에서의 우선순위 제공

4. 비전과 목표 달성을 위한 3가지 V에 해당되지 않는 것은?

   ① Value   ② Vivid   ③ Visual   ④ Verbalize

5. 비전과 목표를 시각화할 때 4가지 측면에 해당되지 않는 것은?

   ① 횟수   ② 개수   ③ 지속   ④ 선명도

6. SMART 법칙 중 아래 설명에 해당하는 것은 무엇인가?

   > 목표는 연결되어야 한다. 기본적인 연결은 개인의 가치와 신념, 강점이다. 다른 목표
   > 와도 연결되고 각각의 목표가 충돌되지 않는다면 목표가 이뤄질 확률이 올라간다.

   ① Specific(구체성)   ② Measurable(측정 가능성)
   ③ Relevant(관련성)   ④ Action-oriented(행동지향성)

학습내용 요약 Review(오늘의 Key Point)

1. 자기관리 프로세스 5단계는 1단계 비전 및 목표 정립, 2단계 과제 발견, 3단계 일정 수립, 4단계 수행, 5단계 반성 및 피드백이다.

2. 자기개발의 출발이 자아인식이듯 자기관리의 출발은 비전 및 목표의 정립이다. 비전과 목표는 나침반으로 자기관리의 방향을 제시한다.

3. 목표를 설정하지 않는 이유는 목표의 중요성에 대한 인식 부족, 방법에 대한 무지, 실패에 대한 두려움, 타인의 시선에 대한 지나친 의식이 있다.

4. 비전과 목표 설정은 우리의 삶에 행복과 만족을 주고, 도전의식과 삶의 열정을 준다. 선택의 순간에 우선순위를 정해주고 자아정체성과 자기브랜드를 공고하게 다져주는 유익을 준다.

5. 비전과 목표가 현실로 성취되기 위해서는 3개의 V가 필요하다. 비전과 목표는 생생(Vivid)해야 하고 말로 표현(Verbalize)해야 하며, 이미지(Visual)로 생생하게 그려져야 한다.

6. 비전과 목표를 시각화할 때 필요한 4가지 측면은 얼마나 자주 보는가?(횟수), 얼마나 오래 보는가?(지속), 얼마나 선명하게 보는가?(선명도), 얼마나 강렬하게 보는가?(강도)이다.

7. SMART법칙은 영어의 앞글자 단어를 고려하여 목표를 세우는 것이다. Specific(구체성), Measurable(측정 가능성), Action-oriented(행동지향성), Relevant(관련성), Time-bounded(마감시간)이 그것이다.

Mission SMART 법칙을 적용한 목표 세우기

1년 미만의 목표를 설정하고 설정한 목표를 SMART 법칙을 적용하여 구체적으로 작성하시오.

목표:	
Specific 목표/행동의 구체성	
Measurable 목표/행동의 계량화	
Action Oriented 실천 가능한 행동	
Relevant 관련성 점검	
Time-bounded 마감시한	

자기관리 프로세스 5단계 II

목차

1. 3단계: 일정수립
2. 4단계: 수행
3. 5단계: 반성 및 피드백

학습목표

- 시간관리 매트릭스를 설명할 수 있다.

- 효과적인 주간계획 설정 방법을 설명할 수 있다.

- 실행력을 높이는 방법을 설명할 수 있다.

- 성찰을 위한 3요소를 설명할 수 있다.

핵심단어

시간관리 매트릭스, 우선순위, 실행력, 80 대 20 법칙, 성찰, 반성
및 피드백

8
Chapter

경찰청의 범죄 예방 활동 셉테드

셉테드(CPTED: Crime Prevention Through Environmental Design)란 건축물이나 도로 같은 도시시설이 범죄를 예방할 수 있도록, 설계단계부터 아예 범죄가 발생할 수 있는 요소를 제거하는 환경 설계 디자인을 말한다.

치안유지는 경찰의 주요한 목적 중의 하나이다. 경찰의 업무는 치안유지를 위해 범죄가 발생하면 신속하게 출동하고 사건을 수습하는 것이다. 그러나 범죄 후 사후수습보다 범죄가 일어나기 전에 범죄를 예방할 수 있다면 더 효과적인 치안유지의 방법이라 할 수 있다.

최근에 셉테드를 위해 경찰도 발벗고 나서고 있다. CPO(Crime Prevention Officer)라고 불리는 전담팀을 전국의 모든 지방청에 설치했다. 주로 해당 지역에 관한 전문지식을 갖고 있는 담당 경찰관이 해당 지역에 낙후되거나 범죄 노출 위험성이 큰 장소를 지자체에 보고하고, 지자체에서는 이를 위한 조치를 취하는 등의 과정을 통해 업무가 진행되고 있다.

미국의 경우 검사 출신의 뉴욕 주지사 루돌프 줄리아니(Rudolph W. Giulianii)는 취임 후 가장 먼저 지시한 일이 범죄의 온상이었던 지하철 내의 낙서를 지우게 한 일이었다. 수년에 걸쳐 낙서를 지우자 이후 90일 만에 범죄율이 눈에 띄게 줄기 시작했고 3년에 걸쳐 무려 80%의 범죄율이 급감하는 결과가 나타났다.

국내 마포구의 한 동네에서는 주민들이 불안해하는 공간을 중심으로 소금길을 만들어 곳곳에 운동시설과 운동 안내표지판을 설치하였으며 CCTV, 안전 가로등 등을 설치해 위치를 신속하게 확인할 수 있도록 하였다. 치안유지라는 경찰의 주요한 목적 달성을 위해 범죄가 발생한 후에 수습하는 1사분면의 활동보다는 사전 예방에 초점을 두는 2사분면의 활동이 효과적인 것을 알 수 있다.

경찰청의 범죄 예방 활동 셉테드는 효과적인 일정수립과 실행의 대표적인 사례이다. 사후수습보다 사전 예방에 시간과 에너지를 투입하여 효과성을 높였기 때문이다. 8장에서는 자기관리 프로세스 중 3단계 시간관리 매트릭스를 활용한 일정수립과 4단계 실행력을 높이는 수행의 방법에 대해서 살펴본다. 마지막 5단계인 반성 및 피드백을 통해 자기관리의 완성도를 높일 수 있는 방안을 학습한다.

출처: http://smartmpa.tistory.com/1397CPTED-디자인으로 범죄를 예방하다.

1. 시간관리 매트릭스란 무엇인가?

2. 긴급성과 중요성의 의미를 구분할 수 있는가?

3. 효과적인 주간계획 설정 방법은 무엇인가?

4. 80 대 20 법칙은 무엇인가?

5. 올바른 성찰을 위한 3요소는 무엇인가?

1. 3단계: 일정수립

(1) 시간관리 매트릭스

SMART하게 목표를 설정하고 해야 할 구체적인 행동이 정해졌다면 이를 위한 일정을 수립하고 관리해야 한다. 일정을 관리한다는 것은 해야 할 일들에 대한 우선순위를 정하는 것이다. 우선순위를 구분하는 방법으로 시간관리 매트릭스가 많이 활용되고 있다. 시간관리 매트릭스는 X축과 Y축을 중요성과 긴급성으로 구분한다.

중요성은 자아인식을 통해 발견한 자신의 가치, 신념과 연결된 것을 의미한다. 가치와 신념, 인생의 목적과 사명이 연결된 행동일수록 중요성이 높다고 할 수 있다. 긴급성은 즉각 처리해야 하는 정도를 의미한다. 일의 속도 측면에서 급하게 해야 할 일과 그렇지 않은 일을 판단하는 것이다.

[표 8-1] 긴급성과 중요성의 의미

구분	의미
중요성	개인의 사명, 역할, 가치와 우선순위가 높은 목표에 해당하는 활동
긴급성	즉각적인 대처를 요구하는 활동

시간관리 매트릭스는 다음과 같이 중요함의 유무, 긴급성의 유무에 따라서 4가지 분면으로 나눌 수 있다.

1사분면은 중요하면서 급한 일, 2사분면은 중요하지만 급하지 않은 일, 3사분면은 중요하지는 않지만 급한 일, 마지막 4사분면은 중요하지도 않고 급하지도 않은 일들을 의미한다. 시간관리 매트릭스를 투자에 비유하면 1사분면은 들어가는 시간과 비용에 비하

여 얻는 수익이 비슷하지만 3사분면은 많은 시간과 돈을 투자한 것에 비해 얻는 수익은
적은 투자 실패에 해당된다. 4사분면은 들이는 시간과 비용에 비해 얻는 것이 거의 없다.
2사분면은 들이는 시간과 비용보다 더욱 많은 수익을 낼 수 있다. 대박이 난 셈이다.

[그림 8-1] 시간관리 매트릭스

	긴급함	긴급하지 않음
중요함	1사분면 위기사항 급박한 문제 눈앞에 닥친 시험	2사분면 건강관리 인간관계 구축 재충전
중요하지 않음	3사분면 끼어드는 일 인기 위주의 활동 급박해 보이는 일	4사분면 무의미한 행동 시간낭비 활동 지나친 게임

시간관리에 있어 최고의 투자는 2사분면에 자신의 시간과 에너지를 집중하는 것이다.
효과적 일정수립을 위해서는 먼저 자신이 대부분의 시간을 보내는 일들이 어느 구역에
많은지 확인해야 한다. 그리고 3, 4사분면에 해당하는 일들을 최소화하고 가능한 한 일정
을 2사분면에 잡아야 한다. 단, 1사분면은 우리의 의지와 무관하게 급하게 일어나기 때문
에 통제가 어려운 영역임을 고려해야 한다.

(2) 우선순위

시간관리를 잘하는 사람은 우선순위를 잘 정하고 실천하는 사람이다. 제한된 크기의

유리 항아리에 큰 돌과 작은 돌을 모두 채우기 위해서는 큰 돌을 먼저 넣고 남은 공간에 자갈과 작은 돌을 채워야만 가능하다. 유리 항아리는 개인에게 주어진 삶이자 시간이고 큰 돌은 삶에서 중요한 일들을, 작은 돌은 중요도가 낮은 작고 사소한 일들을 의미한다.

사람들은 가끔씩 제한된 시간을 사용하면서 작고 사소한 일(시간관리 매트릭스의 4사분면에 해당되는 일)을 먼저 채운 후에 큰 돌을 채우려고 한다. 이렇게 되면 이미 작은 돌이 차지한 공간 때문에 큰 돌이 들어갈 공간은 사라지거나 줄어든다. 항아리를 채우려고 돌을 억지로 넣으려하면 유리 항아리가 깨질 수도 있다.

자기관리를 잘하기 위해서는 무엇보다 자신의 삶에서 큰 돌과 작은 돌을 명확하게 구분할 수 있어야 한다. 큰 돌과 작은 돌의 기준이 되는 것은 자기관리 프로세스 1단계의 개인의 비전과 목표이다. 비전과 목표에 비춰보면 해야 할 일의 가치와 경중이 드러난다. 그리고 주어진 일정에 큰 돌을 먼저 넣었다면 남은 공간에 작은 돌들을 넣으면 된다.

사례

15 대 4의 법칙

15 대 4는 미래학자 제임스 보트킨(James Botkin)이 성공하는 사람들의 시간 사용패턴을 분석해 정리한 법칙이다. 일을 시작하기 전 15분 동안 일의 우선순위를 정하고 하루 업무를 조직화하면 나중에 4시간을 절약할 수 있다는 이론이다.
미리 하루의 일을 생각해서 우선순위를 정하고 하루의 업무를 조직화한 사람은 생각 없이 하루를 보내는 사람들보다 시간을 효과적으로 보낼 가능성이 높아진다.

세부 일정을 수립할 때는 흐름에 따라 연간계획을 먼저 세우고 다음에 월간에서 주간, 하루 단위의 일정으로 내려오면서 세우는 것이 효과적이다. 연간, 월간계획은 장기적 관점에서 계획을 세워 작성해야 하고, 주간계획은 큰 돌을 주간 일정에 먼저 배치한 후 나머지 공간에 그날그날 세부 업무에 대한 계획을 세우면 된다. 특히 주간계획은 하루와 월간/연간을 이어주는 이상적 단위로서 서로 연결하여 세워질 때 시간관리의 효과가 높아진다.

효과적인 주간계획을 세우는 방법은 다음과 같다.

① 지난주를 점검한다.

효과적인 주간계획을 위해서는 먼저 자신만의 시간을 가져야 한다. 주간계획을 세우는 것은 30분 정도면 충분하다. 이때는 혼자서 집중하는 시간을 갖는 것이 필요하다. 새로운 주간계획은 지난주 계획을 점검한 후에 세우도록 한다.

② 전체 목표와 지난주 계획을 고려하여 새로운 주간계획을 세운다.

지난주 점검이 끝났다면 이번 주 지킬 새로운 계획을 세운다. 새로운 계획은 장기적으로 개인이 생각하는 비전, 목표와 연결해야 한다. 전체 목표와 이번 주 목표를 연결시키면서 가장 효과적이고 합리적인 계획을 세운다.

③ 주간계획은 요일별로 큰 돌(중요한 일)을 먼저 배치한다.

계획을 세울 때는 작은 업무보다는 우선적으로 해야 할 중요한 업무를 고려한다. 개인에게 가중치가 있거나 중요한 의미를 갖는 목표와 관련된 일들을 일정에 우선적으로 배치해야 한다. 대개 큰 돌은 개인이 중요하게 생각하는 가치관과 신념과 연결되며 이것은 비전과 목표로 구체화된다.

④ 나머지 공간에 작고 작은 돌(사소한 일)을 배치시킨다.

크고 중요한 일에 대한 배치가 끝나면 남은 빈 공간에 그 외에 해야 할 작은 일들을 채워넣는다. 만약 빈 공간이 없다면 그 일정은 자연스럽게 다음으로 연기한다. 연기되거나 버려지는 작은 돌은 크게 중요하지 않은 일이다. 이러한 일들은 개인의 비전과 목표에 직접적으로 상관이 없을 가능성이 높다.

⑤ 일일계획을 세운다.

매일 그날 해야 할 일일계획을 세운다. 시간은 가급적 전날 저녁이나 이른 오전이 좋다. 방식은 주간 업무와 같은 프로세스를 적용한다. 하루를 시작하기 전에 지난날에 대한 검토와 금일 해야 할 주요 업무를 확인하고 세부적인 계획을 잡는다.

 자기개발 Tip 성공하는 시간관리와 인생관리를 위한 10가지 자연법칙 🌱🌱

시간관리를 위한 5가지 법칙

제1법칙 - 시간을 잘 관리하면 인생을 잘 관리할 수 있다.

제2법칙 - 성공과 자기실현의 토대는 지배가치이다.

제3법칙 - 일상활동에서 지배가치에 따라 행동하면 마음의 평화를 얻는다.

제4법칙 - 더 높은 목표에 도달하려면 현재의 편한 상태에서 벗어나야 한다.

제5법칙 - 일일계획의 수립과 실행은 집중력과 시간 활용도를 높여준다.

인생관리를 위한 5가지 법칙

제6법칙 - 행동은 자신에 대한 진실한 믿음의 반영이다.

제7법칙 - 믿음과 현실이 일치할 때 욕구를 실현할 수 있다.

제8법칙 - 그릇된 믿음을 바꾸면 부정적인 행동을 극복할 수 있다.

제9법칙 - 자부심은 자신의 내면으로부터 나와야 한다.

제10법칙 - 더 많이 주면 더 많이 얻는다.

출처: 성공하는 시간관리와 인생관리를 위한 10가지 자연법칙, 하이럼 스미스 저, 김경섭·이경재 역, 김영사, 1998.

 **토의 8-1** 🏋️

☎ 1. 지난 한 주간 혹은 최근 한 주간의 시간 사용 기록표를 작성해보시오.

시간	일	월	화	수	목	금	토
5시~6시							
6시~7시							
7시~8시							
8시~9시							
9시~12시							
12시~1시							

시간	일	월	화	수	목	금	토
1시~3시							
3시~5시							
5시~6시							
6시~7시							
7시~8시							
8시~9시							
9시~10시							
10시~11시							
11시~12시							
12시~01시							
01시~02시							

2. 위에서 작성한 주간 일정표에 들어간 내용과 작성하지 못한 내용을 가지고 시간관리 매트릭스의 4가지 영역을 구분하여 채워보자.

	긴급함	긴급하지 않음
중요함	1사분면	2사분면
중요하지 않음	3사분면	4사분면

2. 4단계: 수행

(1) 80 대 20 법칙

세부적인 일정이 정해지면 이에 따라 수행이 이어져야 한다. 물론 계획대로 수행을 완료하는 것은 쉽지 않다. 수행의 과정에서 다양한 요소가 영향을 주기 때문이다. 예를 들어 개인의 건강, 감정, 대인관계, 경제적 상황 등은 계획을 수행하는 데 있어 영향을 주는 대표적 요인이다. 예상치 못한 부상이 계획한 일을 못 하게 만들 수 있다. 갑작스런 선배의 부탁으로 인해 내가 생각한 업무의 순서가 뒤로 밀려날 수 있다.

이와 같이 갑작스런 방해를 줄일 수 있는 최선의 방법은 평소에 2사분면 활동에 집중하는 것이다. 2사분면에 시간과 에너지를 집중하면 통제가 어려운 상황에서 발생되는 1사분면의 일들(중요하면서 급한 일)은 최소화시킬 수 있기 때문이다.

특히 주어진 수행의 과정에서 집중과 몰입은 일의 성과에 유익하다. 효과적인 수행을 위해 80 대 20 법칙을 적용해볼 수 있다. 80 대 20 법칙은 파레토 법칙으로도 잘 알려져 있는데 전체 결과의 80%가 전체 원인의 20%에 의해 일어나는 현상을 가리킨다. 이 법칙은 주로 마케팅과 생산성에서 언급되지만 수행에도 연결된다. 시간관리를 할 때 가장 중요한 수행 20%에 집중하면 나머지 80%의 업무에 긍정적 영향을 줄 수 있다. 전체 해야할 일 중에서 20%에 해당하는 중요한 행동, 효과성이 높은 행동을 규명하며 거기에 시간을 우선적으로 집중해보자.

(2) 실행력을 높이는 방법

수행은 개인의 생산성을 높이는 직접적인 방법이다. 높은 생산성은 제한된 자원을 가지고 더 뛰어난 결과를 만든다. 같은 일을 해도 생산성이 높은 사람은 성과의 질이 높고 시간적 여유를 누린다. 반면 낮은 생산성에 허덕이는 사람은 늘 시간 부족에 시달리고 수행의 질도 낮다. 이렇듯 자기관리를 통해 생산성을 향상시키는 것은 개인의 성장에 중요한 의미를 갖는다. 자기관리에서 수행을 위한 실행력을 높이는 행동 전략은 다음과 같다.

① 일단 시작

실행력을 높이기 위해서는 일단 시작하는 자세가 필요하다. 특히 작은 일부터 시작하면 효과적이다. 많은 사람들은 새로운 도전 앞에 주저하면서 시간을 끈다. 그러나 시작이 반이다. 일단 시작하려면 처음엔 일이 작고 쉬워야 한다. 생산성을 높이기 위해서 작은 일부터 시작하고 성취해가는 습관을 가지면 도움이 된다. 그리고 단계를 하나씩 올라가면 효과적이다. 5초의 법칙을 활용하면 도움을 받을 수 있다.

빠르게 실패하기

이 책의 저자 존 크롬볼츠와 라이언 바비노는 미국 진로상담 분야의 최고 권위자이며 교수다. 그들은 미국상담협회로부터 '살아 있는 전설'상을 수상했으며 협회가 수여하는 '명예의 전당'에 오르며 업적을 인정받았다. 「빠르게 실패하기」는 20년간 진행된 스탠퍼드대학교의 [인생 성장 프로젝트] 연구에 참여하여 얻은 특별한 결과를 담은 책이다. 저자들은 연구기간 동안 성공한 사람들에게 나타나는 일련의 공통적인 행동 패턴을 찾았고 그 핵심내용을 이 책에 총 9개의 장으로 구성했다. 그들이 실험하고 제안한 이 '작은 행동의 힘'은 개인의 삶과 사업에 있어 가장 필요한 행동을 큰 준비 없이 즉각 실행하게 만든다. 그들은 '더 잘 준비되고, 더 대단한 목표가 성공에 중요한 요소가 아님을 밝혀냈다. 오히려 지금 당장 시작할 수 있는 작은 행동을 통해 더 많고, 잦은 실패에 성공의 열쇠가 있음을 발견하게 된다는 사실을 강조한다.

흔히 대다수의 사람은 어떤 일을 시작하기에 앞서 앞으로 자신이 도달할 거창한 목표를 세운다. 그리고 그 성공에 필요한 셀 수 없이 많은 요소들을 출력한다. 그 요소들이 있어야 성공에 다가갈 수 있다고 여기는 것이다. 그 요소들을 준비하는 데 드는 시간과 비용, 노력을 쏟는 동안 실제 목표는 아직 시작하지 못하거나 사전 준비 과정에 너무 많은 에너지를 사용해 사업적 타이밍을 놓치거나 인생의 기회를 놓치는 일이 많음을 역설한다.

하지만 이런 일련의 방식은 실패했을 때 리스크를 필요 이상으로 키우는 결과를 낳으며 쉽고 간편하게 경험해봄으로써 일이 더 나은 방향으로 전환될 수 있는 기회를 날리고 말뿐이라는 것이다. 분명 이 책에서 제안하는 작은 행동은 우리에게 낯선 제안이다. 하지만 이들이 밝혀낸 바에 따르면 성공하는 사람들과 그렇지 않은 사람들 사이에는 분명한 차이가 있었다. 그 핵심은 바로, 우리가 그동안 배우고 종용받아온 '목표설정과 계획하기'를 얼마나 가볍게 다루느냐에 있었다.

출처: '빠르게 실패하기' 책소개(교보문고 제공)

② 사전준비

바로 시작할 수 있도록 사전준비를 한다. 매일 아침에 조깅을 하기로 했다면 다음 날 아침에 눈을 뜨면 바로 입을 수 있도록 옷과 신발을 미리 준비해야 한다. 아침마다 무거운 몸으로 옷과 신발을 찾는다면 그것만으로도 아침 운동을 포기하게 만드는 변명거리가 될 수 있다. 반대로 어떤 일을 할 때 간단하게라도 사전준비를 하면 도입이 쉬워진다. 일단 시작하면 반은 된 것이다.

③ 목표의 시각화

목표를 시각화하여 관리한다. 현재의 진행 상태를 한눈에 확인할 수 있도록 보드를 만들어서 붙여놓으면 보다 더 실행에 집중하게 된다. 아무도 모르는 목표는 자신에게도 잊힐 가능성이 높다. 또한 시각화된 목표에 반복적으로 노출되는 것은 실행에 대한 우리의 의지를 다지는 데 긍정적 역할을 하게 된다. 반대로 실행에 방해가 되는 장애물은 가급적 시야에서 멀리하면 실행에 도움이 된다.

④ 롤모델을 통한 학습

롤모델을 통해 학습한다. 롤모델, 즉 속한 조직에서 이미 뛰어난 성과로 주변의 신임과 존경을 받는 분을 자세히 관찰하면 그분만의 방법을 배울 수 있다. 또한 실행을 위한 건강한 자극을 받을 수도 있다. 롤모델을 따라 하는 것도 도움이 되겠지만 그분들과의 만남을 통해 그분의 이야기를 듣고 따라 한다면 어느덧 성장해 있는 자신의 모습을 발견할 것이다.

⑤ 인내

물은 100℃가 되어야 끓는다. 모든 일에는 임계점이 존재한다. 임계점을 넘기면 가시적인 결과가 나타난다. 수행을 위한 노력과 시간도 일정한 시간이 들어가야 변화를 눈으로 확인할 수 있다. 중간에 원하는 결과가 바로 보이지 않는다고 포기하지 말고 마음속으로 원하는 결과를 상상하고 시각화하면서 인내하는 자세가 필요하다. 마라토너에게 찾아오는 사점(Dead point)의 유혹의 순간, 포기를 이겨내면 새롭게 도약할 수 있는 세컨드 윈드(Second wind) 기회가 찾아온다.

마라토너의 사점

사점(Dead point)은 과격한 운동 시 얼마 후 호흡곤란과 전신 피로감으로 운동을 중지하고 싶어 하는 시기를 의미한다. 운동 강도가 강할수록 빨리 사점에 도달하게 된다. 특히 42km 이상을 뛰어야 하는 마라톤을 하다 보면, 대부분 사점에 도달하게 된다. 세계적인 마라토너의 경우에는 약 35km 지점이 사점으로 추정된다.

사점에 도달하게 되면 극심한 고통과 정신적 유혹을 겪게 된다. 그러나 이 구간을 지나게 되면 심리적으로 고통이 줄어들면서 일정하게 계속 달릴 수 있는 구간으로 접어든다. 이를 세컨드 윈드(Second wind)라고 한다. 변화 관리의 실행 단계에서도 사점과 함께 세컨드 윈드가 함께 존재한다. 누구나 힘든 운동 앞에서 사점을 느끼게 된다. 그러나 평소에 트레이닝을 잘 쌓은 사람에게는 사점이 강하게 느껴지지 않는다. 오히려 세컨드 윈드를 통해 지속적인 실행의 단계에 이르게 된다.

⑥ 새로움의 추구

새로움을 추구한다. 모두가 사용하는 방법에는 이유가 있다. 그러나 시간이 지나면 환경이 변하면서 새로운 기술이 등장하고 더 좋은 방법이 나오기 마련이다. 과거의 방식만 고집하다 보면 효과적인 방법을 외면할 수 있다. 익숙하지 않기 때문이다. 새로움을 추구

한다는 것은 익숙한 방식에 '왜'라는 질문을 던지는 것이다. 명쾌한 답이 나오지 않는다면 그때는 더 좋은 방안을 고민해볼 필요가 있을 것이다.

 **자기개발 Tip** 　대가들의 6가지 '몰입' 비결　

일상 속에서 한 가지 일에 온전히 몰입한 경험을 하기는 쉽지 않다. 특히 스마트폰, 인터넷이 널리 퍼지면서 집중을 방해하는 요소가 늘어가고 있다.
몰입을 잘하려면 어떤 습관이 필요할까?

1. 명확한 목표를 설정하기

'몰입(flow)'이라는 개념을 처음 창안한 심리학자 미하이 칙센트미하이(Mihaly Csikszentmihalyi) 교수는 화제가 된 자신의 책 「몰입」(Flow)에도 밝혔듯이, 명확한 목표를 가질 때 주위의 모든 잡념, 방해물을 차단하고 자신의 모든 정신을 집중할 수 있다고 말했다. 하지만, 많은 사람은 매일 반복되는 일을 하게 되는 경우가 많다. 이런 일을 할 때는 스스로 도전할 목표(예를 들어 몇 분 안에 어떤 일을 끝내겠다)를 정하면 몰입할 수 있다고 말했다.

2. 적절한 난이도 찾기

칙센트미하이 교수가 강조했듯이, 하는 일의 난이도는 너무 쉬워도 너무 어려워도 안 된다. 적절한 난이도를 꾸준히 설정해야 목표를 향해 몰입도를 유지할 수 있다.

3. 일상의 규칙을 만들기

소설 「찰리와 초콜릿공장」으로 잘 알려진 작가 로알드 달(Roald Dahl)은 날마다 아침 10시부터 12시까지, 그리고 다시 오후 4시부터 8시까지 정해진 시간에 같은 연필과 노트에 글을 썼다. 인기를 끌었던 「리추얼」이라는 책에 따르면 작곡가 차이콥스키는, 매일 아침 45분간 산책을 했고, 점심 후에도 다시 2시간 동안 산책했다고 알려졌다. 작가 무라카미 하루키는 매일 새벽 4시에 일어나 6~7시간을 일하고 오후에는 달리기와 수영을 하며 저녁 9시에 잠들었다.

4. 한 번에 한 가지 일하기

바쁜 현대인들에게 멀티태스킹은 필수요소이지만, 여러 연구결과에 따르면 한 번에 여러 가지 일을 하게 될 때는 완전하게 집중하지 못해, 결국에는 더 적게 성취하고, 더 많은 실수를 하게 된다고 한다. 가능하면 한 가지 일을 끝내고 간단한 휴식을 취한 후, 그다음 해야 할 일을 하는 습관을 가지도록 노력하자.

5. 방해 요소에서 멀리 떨어지기

나에게 방해가 되리라 생각하는 사물, 사람이 있다면 집중할 때는 일부러라도 멀리 떨어져 있는 것이 몰입에 필수적이다.

6. 온전한 자신만의 시간 갖기

바쁜 일상 속에서 자기 자신만의 시간을 갖기란 쉽지 않다. 하지만, 일부러 노력해서라도 그 누구에게도 방해받지 않을 자기 자신만의 시간을 가져야 한다. 자신만의 시간을 줄 때 몸과 마음이 충분히 충전되고, 몰입의 효과를 최대한 이용해 효율을 높일 수 있다.

출처: The Korea Herald, 2015.5.21.

3. 5단계: 반성 및 피드백

(1) 반성과 피드백을 위한 성찰

반성 및 피드백은 성찰을 통해 결과를 분석하고 되돌아보거나 타인의 유용한 의견을 수용하는 것이다. 계획이 완료가 되면 사람들은 지난 일을 평가하는 것에 소홀해진다. 반성 및 피드백이 일의 결과에 영향을 미치지 않는다고 생각한다. 그러나 앞서 반성과 피드백은 지속적인 성공의 습관을 가지게 하거나 성공을 준비하게 하는 역할을 할 만큼 가치가 높다.

반성과 피드백을 위해서는 성찰에 대한 이해가 필요하다. 성찰의 사전적 의미는 '자신이 한 일을 깊이 되돌아보는 일'을 뜻하며 자신의 내면적 활동에 초점을 맞추고 있어 심리학에서는 메타인식으로 다루어지고 있다. 교육학적으로는 성찰을 존 듀이(John Dewey)의 '반성적 사고'로 설명하며, 합리성과 증거를 바탕으로 신념을 확립하려는 의식적이고 자발적인 행동을 의미한다.

성찰은 기존의 인지구조에 바탕을 두고 새로운 경험이나 지식을 평가하고 해석함으로써 새로운 이해를 이끌어내는 과정이라고 말할 수 있다. 또한 성찰은 우리의 사고나 신념

체계가 가지고 있는 왜곡을 수정하고 발전적 학습으로 지향해가기 위한 동인의 역할을 하기도 한다. 성찰은 개인적 성찰과 사회적 성찰로 나누어볼 수 있는데, 개인적 성찰은 자신의 경험과 학습한 내용에 대해 성찰하는 것을 말하며, 사회적 성찰은 특정 팀에 속해 팀원들과 토론 및 논의를 하는 과정에서 협력적으로 이루어지는 성찰을 의미한다.

(2) 성찰의 3요소

① 기술

대상이나 과정의 내용과 특징을 있는 그대로 열거하거나 기록하여 서술하는 것이다. 무엇보다 성찰은 정직한 기술로부터 시작되며 사실적 기억 없이는 지혜, 깨달음, 지식도 없다. 기술이 정확할수록 자기관리에 있어 성공과 실패에 대한 이해가 깊어진다. 이때 기술의 기본은 육하원칙에 대한 사실적 복원이다.

> "정보가 진실하기를 바라는 것은 지극히 기본적이다. 뉴스는 시민들이 직접 체험할 수 없는 외부 세상에 대해 공부하고 생각하기 위해 사용하는 자료이기 때문에, 중요한 요건은 그것이 사용 가치가 있고 믿을 만해야 한다는 것이다."
>
> - 빌 코바치

② 해석

사물을 자세히 풀어서 논리적으로 밝히고 인과관계를 파악하는 것이다. 성찰의 정수는 인과관계의 파악이다. 인과관계를 제대로 파악할수록 배움의 폭과 깊이가 달라진다. 기술이 태도의 문제라면 해석은 개인의 사고력에 달렸다. 해석의 힘을 키우기 위해서는 다른 사람들과 자주 토론하고, 생각하는 힘을 키워야 한다.

> "원인과 결과는 시공간적으로 긴밀하게 연결되어 있지 않다."
>
> - 피터 센게

③ 평가

사물의 가치나 수준을 평하는 것이다. 해석이 이성의 문제라면 평가는 의지와 가치관의 문제다. 기술 이후 해석하고 분석한 결과는 평가를 통해 개인에게 적용해야 한다.

효과적인 반성 및 피드백을 위한 성찰을 위해 다음의 질문을 참고할 수 있다.

- 어떤 목표를 성취했는가?
- 일이 진행되는 과정에서 어떤 장애물을 만났는가?
- 장애물에 어떻게 대응했는가?
- 비전과 목표에 따라 일정을 세웠는가?
- 수행은 효과적인 행동에 집중됐는가? 불필요한 행동은 없었는가?

🐾 자기개발의 반성 및 피드백을 위해 상반기 혹은 하반기 중에 자신에게 중요한 영향을 미친 5대 뉴스를 작성해보고 이를 팀원들과 공유해보자.

<h2 style="text-align:center">_____의 5대 뉴스</h2>

1.

2.

3.

4.

5.

학습평가 Quiz

1. 개인의 사명, 역할, 가치와 우선순위가 높은 목표에 해당하는 활동을 (　　), 즉각적인 대처를 요
   구하는 활동을 (　　)이라고 한다.

   ① 긴급성, 중요성　　　　　　　　　② 중요성, 긴급성
   ③ 중요성　　　　　　　　　　　　　④ 긴급성

2. 다음 중 2사분면의 예로 적절한 것은?

   ① 급박한 과제　　　　　　　　　　② 시간낭비 활동
   ③ 인기 위주의 활동　　　　　　　　④ 건강관리

3. 큰 돌 비유가 주는 핵심 교훈은 무엇인가?

   ① 시간은 금세 지나간다.
   ② 우선순위에 따라 중요한 일을 먼저 계획하는 시간관리를 해야 한다.
   ③ 마음속 돌(스트레스)을 제거하는 활동은 미리 해야 한다.
   ④ 작고 사소한 일들도 소중히 여기고 실행해야 한다.

4. 다음 중 효과적으로 주간계획을 세우는 방법이 아닌 것은?

   ① 요일별로 작은 일을 먼저 배치하여 처리한 후 중요한 일을 배치한다.
   ② 매주 시작하기 전 자기만의 시간을 갖는다.
   ③ 전체 목표와 지난주 계획을 바탕으로 새로운 주에 대한 계획을 세운다.
   ④ 하루 계획에 따라 당일 계획과 주간 업무 계획의 실행 여부를 점검하고 성찰한다.

5. 파레토 법칙으로도 알려져 있으며 대부분의 결과가 소수의 중요한 요인에 의해 좌우된다는 것을
   의미하는 법칙으로 수행 과정에서 중요한 행동에 집중해야 함을 의미한다. 이 법칙은 무엇인가?

   ① 15 대 4 법칙　　　　　　　　　② 하인리히 법칙
   ③ 80 대 20 법칙　　　　　　　　　④ SMART 법칙

6. 실행력을 높일 수 있는 방법을 모두 적으시오.

7. 다음 중 5단계 반성 피드백을 위한 성찰의 3요소가 아닌 것은?

① 기술   ② 해석

③ 평가   ④ 정리

학습내용 요약 Review(오늘의 Key Point)

1. 시간관리 매트릭스는 X축과 Y축을 중요성과 긴급성으로 구분한다. 중요성은 자아인식을 통해 발견한 자신의 가치, 신념과 연결된 활동을 의미한다. 긴급성은 즉각 처리해야 하는 활동을 의미한다.

2. 1사분면은 중요하면서 급한 일, 2사분면은 중요하지만 급하지 않은 일, 3사분면은 중요하지는 않지만 급한 일, 마지막 4사분면은 중요하지도 않고 급하지도 않은 일을 의미한다. 그중에서 가장 효과적인 시간관리 영역은 2사분면이다.

3. 효과적으로 주간계획을 세우기 위해서는 먼저 매주 시작하기 전 자기만의 시간을 갖는다. 다음에 전체 목표와 지난주 계획을 바탕으로 새로운 주에 대한 계획을 세운다. 다음 요일별로 큰 돌(중요한 일)을 먼저 배치하고 나머지 공간에 작은 돌(사소한 일)을 배치시킨다. 마지막으로 일일계획을 세우는 것이다.

4. 80 대 20 법칙은 전체 결과의 80%가 전체 원인의 20%에 의해 일어나는 현상을 의미한다.

5. 실행력을 높이는 행동 전략으로는 일단 시작하기, 사전준비하기, 목표를 시각화하기, 롤모델을 통한 학습하기, 인내하기, 새로움을 추구하기의 방법이 있다.

6. 반성 피드백을 위한 성찰의 3요소는 대상이나 과정의 내용과 특징을 있는 그대로 열거하거나 기록하여 서술하는 기술, 사물을 자세히 풀어서 논리적으로 밝히고 인과관계를 파악하는 해석, 사물의 가치나 수준을 평가하는 평가이다.

Mission 실행의 방해요인과 아이디어 찾기

1. 현재 내 생활에서 실행에 방해가 되는 요인은 무엇인가?

> 실행의 방해요인들:

2. 목표 달성을 위해 실행력을 높이기 위한 아이디어를 모두 적어보시오.

> 몰입과 집중을 높이기 위한 아이디어:

자기관리능력의 지속

목차

1. 내면 관리
2. 회복탄력성
3. 지속적인 쇄신

학습목표

- 스트레스의 원인과 관리방법을 설명할 수 있다.
- 회복탄력성의 정의와 구성요소를 설명할 수 있다.
- 회복탄력성을 높이는 방법을 인식하고 실천할 수 있다.
- 4가지 차원의 지속적인 쇄신을 이해하고 실천할 수 있다.

핵심단어

내면관리, 스트레스 관리, 회복탄력성, 4가지 차원의 쇄신

9
Chapter

한국의 스티븐 호킹, 서울대 이상묵 교수를 만나다

2004년 서울대 교수로 취임한 이상묵 교수는 세계 곳곳을 누비던 해양학자였으나, 2006년 7월 서울대 제자들과 함께 미국 캘리포니아 공과대학^(칼텍) 연구팀과 지질조사를 하던 중 차량전복 사고를 당했다. 사고 이후 목 아래로는 움직일 수 없는 전신마비 장애 판정을 받았으나, 재활 6개월 만에 강단에 서며 다시 교수로서 학자로서 당당히 돌아왔다. 이상묵 교수는 "믿기지 않으시겠지만, 장애에 감사한다"며 사고를 "인생의 전환점"이라 말했다.

이상묵 교수: 장애인이 되기 전까지는 솔직히 장애인에 대해 관심도 없었고 몰랐습니다. 장애인이 된 다음에 많은 걸 알게 됐죠. 저는 이 장애를 통해서 알게 된 게 너무 많고 눈이 넓어져서, 장애에 감사하고 있어요. 아무도 안 믿는데^(웃음) 장애를 입기 전에는 성격도 강하지 못했었는데, 장애 사고가 난 이후 오늘날까지 눈물 한 번 흘려본 적도 없고 우울증에 빠져본 적도 없어서 많은 정신과 선생님들의 연구 대상이에요. 장애를 통해서 문제를 더 직접적으로, 그리고 객관적으로 볼 수 있게 되었습니다. 제 친구는 "고등학생 때에도 대학생 때에도 이렇게 긍정적인 친구가 아니었는데, 사고 때 머리에 부정적인 생각을 하는 부분이 다친 것 같다. 그게 아니면 설명이 안 된다"고 하기도 했지요.

이상묵 교수는 자신은 선천적인 장애인이 아니기에 중도장애인의 기준으로 삼아서는 안 된다고 말하며 "장애가 있더라도 인생은 끝이 아니다. 모든 게 끝난 게 아니다. 이렇게 장애를 입어도 살아야 하는 가치가 있다"는 메시지를 전했다.

이상묵 교수: 사람한테 제일 궁금한 문제는 '죽으면 어떻게 되는가'예요. 사고가 났을 때 곧바로 의식을 잃었어도, 바깥에 나는 소리를 들으면서 내가 어떤 상황인지를 머릿속으로 짐작했어요. '사람이 이렇게 죽는구나'라는 생각을 했지요. 두 번 죽고 세 번 살아나는 체험을 하고 딱 깨고 나니까, '깨달았어요'. 우리는 모두 언젠가는 죽는다는 것을 몸소 체험했으니까요.

죽음에 가까이 갔기 때문에 깨어났을 때에는 완전히 새사람이 되었어요. 세상을 보는 눈이 새로워졌어요. 마치 찰스 디킨스의 「크리스마스 캐럴」에서 스크루지가 새사람이 된 것 처럼요. 물론 제가 스크루지 같았다는 건 아니고요.^(웃음)

사고 당시 나이가 44살이었는데, '암으로 41살에 죽은 친구도 있으니 억울할 것도 없다, 이렇게 사람이 가는구나' 생각했습니다. 그런데 이렇게 다시 새 삶이 주어졌어요. 그러니까

무서울 게 없지요. 대부분 사람들은 다시 태어나면 전생의 기억이 지워진 채 태어난다는데, 저는 44살까지 뭘 했는지를 다 기억하고 있기 때문에 이번 인생은 어떻게 살아야 할 줄 알아요.

출처: The Sceince Times, 2022.4.20.

이상묵 교수는 극복하기 힘든 역경을 통해 오히려 인생 방향의 전환을 경험했다. 자기개발은 인생 절반에서 꾸준히 실천하고 지속하는 것이 중요하다. 그러나 스트레스와 역경, 건강상의 문제로 중간에 포기하는 경우가 많다. 9장에서는 지속적인 자기관리를 위한 방법으로 내면관리의 개념과 관리방법을 학습한다. 또한 역경을 극복하는 힘인 회복탄력성의 개념과 구성요소, 회복탄력성을 높이기 위한 방법을 살펴보고 건강관리를 위한 4가지 차원의 쇄신을 학습한다.

사전질문

1. 스트레스의 의미와 관리방법은 무엇인가?

2. 회복탄력성은 무엇인가?

3. 회복탄력성의 구성요소는 무엇인가?

4. 자기쇄신을 위한 4가지 차원은 어떻게 구성되어 있는가?

1. 내면 관리

내면을 관리한다는 것은 자신이 가진 스트레스와 같은 부정적 마음은 잘 다스리고 행복과 즐거움과 같은 긍정적 마음을 키워나간다는 것이다.

내면을 관리하는 것은 동기뿐만 아니라 일의 성과에도 직접적인 영향을 미친다. 많은 기업에서 스트레스 관리라는 주제로 다양한 교육을 진행한다. 이는 성과창출에 스트레스 관리가 얼마나 중요한지를 보여주는 대목이다. 최근에는 기업 구성원에게 스트레스 관리를 넘어 행복과 재미 같은 긍정정서를 높이기 위한 다양한 교육적 시도가 현장에서 활발하게 이뤄지고 있다.

(1) 스트레스 관리하기

일상에서 사용하는 스트레스(stress)는 라틴어 'stringer'라는 말에서 유래했다. 이 말의 의미는 '팽팽하게 죄다'인데 그 후 14세기 정도에 들어와서 외부의 압력과 이에 대항하는 긴장이라는 의미로 사용되었다. 스트레스란 생체의 평형을 깨뜨릴 수 있는 모든 외부의 자극을 통칭하는 말로 쓰이고 있다. 외부로부터 주어지는 압력에 의해 내적인 긴장감을 느끼게 되는 것이다. 이러한 스트레스는 회피할 수도 없고, 저항할 수도 없는, 삶의 과정에서 자연스럽게 나타난다. 이는 스트레스가 정신 건강을 해치는 주범임을 이야기하고 있다. 그렇지만 스트레스가 모두 해로운 것만은 아니다. 스트레스는 어려움을 극복하게 하고, 목표를 성취하도록 힘을 주며, 동기를 유발시키고 삶에 활력을 불어넣어주기도 한다. 이처럼 적당한 스트레스는 생활의 촉진제가 될 수도 있는 것이다. 따라서 건설적일 수도 있고, 파괴적일 수도 있는 스트레스를 어떻게 관리하는가에 따라 우리의 건강과 행복은 영향을 받게 된다.

① 스트레스의 원인

해론(Haron), 도앤(Doane) 및 스캇(Scott) 등은 환경 자극을 최소화시킬 때의 인간의 상태변화

를 연구한 바 있다. 그들은 보수를 주고 고용한 피험자들에게 눈을 가린 채로 일정한 소리만 들리는 실험실에서 지내줄 것을 요청했다. 2~3일이 지나자 피험자들은 시각적인 환상을 보기 시작했고, 시간과 공간의 감각을 상실했으며 문제 해결 능력이 저하되었다. 그리고 그들은 아무리 많은 돈을 주더라도 재고용되기를 거부했다.

이와 반대로 과도한 외부적·내부적 자극이 주어질 때 역시 스트레스가 유발된다는 것은 누구나 알고 있는 사실이다. 오히려 바쁜 현대인의 경우에는 적은 자극이 아닌 과도한 외부적·내부적 자극으로 인해 스트레스를 경험하는 경우가 많다. 결국 스트레스는 자극이 많든, 적든 적정한 긴장 수준에서 이탈하면 나타난다는 것을 알 수 있다.

[표 9-1] 스트레스의 주요 원인

구분	자극
외부적 자극	소음, 강력한 빛, 열, 한정된 공간, 감염, 약물 또는 화학물질에 노출, 타인과의 충돌, 지나친 규정, 관계의 상실, 복잡한 일 등
내부적 자극	긴장이나 탈진 등의 느낌, 두통, 근육, 관절 통증과 피로, 수면부족 같은 신체적인 증상, 과중한 스케줄, 비관적 생각, 과도한 분석, 완벽주의, 경직된 사고 등

② 스트레스의 주요 증상

일반적으로 스트레스의 증상은 신체적, 행동, 정서적, 인지적, 영적, 대인관계 측면에서 다양한 방식으로 나타난다.

보통 스트레스라고 하면 부정적으로만 생각하지만 한스 셀리에(Hans Selye) 교수는 '스트레스는 인생의 조미료'라고 표현했을 만큼 인생에 새로운 의미를 부여하기도 한다. 다시 말해 스트레스가 지나치면 몸에 해롭지만 적정을 유지하면 오히려 건강에 유리할 수 있다.

 [표 9-2] 스트레스의 주요 증상

구분	증상
신체적 증상	두통, 요통, 소화불량, 뒷목이나 어깨가 뻣뻣함, 복통, 심계항진, 손에 땀이 자주 남, 안절부절못하는 느낌, 수면장애, 피곤, 어지러움, 이명
행동의 증상	과도한 흡연, 밤에 자면서 이 갈기, 명령조의 태도, 과도한 음주, 강박적인 음식 섭취, 다른 사람을 비난하는 태도, 일이 손에 잡히지 않음
정서적 증상	눈물이 남, 긴장과 불안으로 인한 압박감, 일이 지겹고 의미를 잃음, 분노, 신경이 날카롭고 쉽게 화를 냄, 외로움, 무기력감, 이유 없이 기분이 가라앉음, 속상할 때가 자주 있음
인지적 증상	선명하게 생각하기 힘듦, 우유부단, 창의력 상실, 현실을 벗어나고 싶은 생각, 기억력 감퇴, 지속적인 근심, 집중력 감퇴, 유머감각 상실
영적인 증상	공허함, 무의미, 의심, 용서하기 힘듦, 고뇌, 신비경험을 추구, 방향감 상실, 냉소, 무감동, 자신을 내세움
대인관계의 증상	소외감, 관용을 베풀기 힘듦, 원한, 외로움, 비난을 퍼부음, 숨고 싶음, 말수가 줄어듦, 잔소리, 불신, 친밀감이 결여, 사람을 이용함, 친구 만나기를 꺼려함

(2) 스트레스 관리방법

그렇다면 살면서 피할 수 없는 스트레스를 관리하는 방법에는 무엇이 있을까? 사람마다 원인과 증상이 다르듯 관리방법에도 정답은 없다. 다양한 방법 중에서 자신에게 맞는 방법을 선택하여 적용하는 것이 중요하다.

① 스트레스에 대한 인식의 변화

스트레스가 해롭다고 생각하는 사람들은 스트레스의 대처방법으로 회피를 선택한다.

[표 9-3] 스트레스에 대한 진단표

문항	항상 그렇다 (3점)	대체로 그렇다 (2점)	가끔 그렇다 (1점)	결코 그렇지 않다 (0점)
1. 아침을 먹는다.				
2. 몸무게를 적당한 수준으로 유지한다.				
3. 설탕을 삼간다.				
4. 에어로빅과 같은 운동을 열심히 한다.				
5. 몸펴기 운동이나 요가를 한다.				
6. 자신의 몸을 사랑하고 즐긴다.				
7. 내 몸이 긴장될 때 얼른 알아차린다.				
8. 이를 닦는다.				
9. 차를 탈 때 안전벨트를 한다.				
10. 나를 잘 알고 내가 믿고 있는 내과의사의 도움을 받고 있다.				
11. 정서적으로나 신체적으로 문제가 있을 때 도움을 찾는다.				
12. 몸의 긴장을 푸는 이완을 하거나 쉬는 시간을 갖는다.				
13. 흡연을 삼간다.				
14. 지나친 음주는 삼간다.				
총점				

• 최적 상태: 37점 이상
• 적당한 상태: 31~36점
• 긴장 상태: 22~30점
• 탈진 상태: 0~21점

출처: 한국자살예방협회 사이버상담실.

이런 경우 스트레스의 원인을 해결하는 대신 주의를 돌리거나, 근본적 해결을 위한 조치보다는 스트레스 감정을 없애는 데 집중한다. 반면 스트레스가 유용하다고 생각하는 사람은 이를 주도적으로 받아들인다. 스트레스를 받아들이고 이것의 근원을 해결할 작전을 계획하거나 조치를 취한다. 나아가 스트레스가 주는 에너지를 활용하여 긍정적으로 전환시킬 수 있다.

② 신체 이완

신체 이완과 운동을 통해 마음의 건강을 향상시킴으로써 스트레스를 관리할 수 있다. 신체를 이완하는 방법으로는 스트레칭과 호흡법, 명상, 충분한 수면 등이 있다. 운동을 하게 되면 엔돌핀 분비가 촉진되는데, 이 호르몬이 행복도를 높여 숙면을 도와주기도 한다.

반복적인 훈련을 통해 근육의 긴장상태를 이완상태로 전환시킬 수 있다. 자신의 근육 긴장도를 느끼고 기억했다가 특정 근육을 수축시키고 긴장을 유지한 상태에서 그 감각을 기억해둔 다음 근육을 이완시키면서 긴장이 사라지는 느낌에 집중하면 도움이 된다.

③ 확실한 의사 표시

애매모호한 거절과 승낙이 돌아서면 압박이 될 수 있다. 스스로 처리할 수 있는 능력 이상을 맡게 되면 바로 스트레스 강도가 올라간다. 그렇기 때문에 지나치게 주위 사람들의 기대에 부응하려 하지 말고, 사람들이 개인의 능력에 너무 기대지 않도록 주의하는 것이 중요하다. "죄송하지만 지금은 어렵습니다"라고 말하기만 하면 자신에 대한 압박을 줄여 우선순위를 명확히 할 수 있다. 한 번에 모든 것을 할 수는 없다는 사실을 기억해야 한다.

④ 주변 사람들과의 대화

혼자서만 담아두지 말고 친한 지인과 진솔한 대화를 통해 마음의 압박과 부담을 낮출 수 있다. 대화를 통해 마음속에 있는 불안과 초조와 같은 스트레스 요인을 외부로 꺼내면 스트레스가 줄어든다.

⑤ 환경 변화

책상을 깨끗이 정리하고 불필요한 것을 처분하거나 소음과 어수선한 자리 배치 등을 바꾸는 등 환경을 조정하면 신경의 산만함을 방지할 수 있고, 집중력이 향상되고 스트레스를 줄일 수도 있다.

⑥ 적절한 휴식

휴식을 취하면 새로운 발상이 떠올라, 스트레스 수준이 낮아진다. 하루에 몇 차례 하던 일을 멈추고 밖으로 나가 신선한 공기를 마시는 것이 중요하다. 이렇게 하면 기력과 집중력이 회복되면서 불안을 줄이는 데 도움이 된다.

⑦ '할 일 리스트' 작성

일주일 혹은 1일 단위로 할 일에 대한 우선순위를 매겨 정리하면 과제를 관리하기 쉬워진다. 리스트를 작성하게 되면 해야 할 일의 큰 목표가 그다지 힘겹게 느껴지지 않고 달성할 수 있겠다는 생각이 들게 된다. 눈앞의 우선사항에 집중하다 보면 주의를 분산시키는 다른 일에 쫓기지 않고 효과적으로 일을 추진할 수 있다.

⑧ 전문적인 도움

극심한 스트레스로 인한 소진 상태에 빠진 경우라면 근본적인 해결이 필요하다. 가벼운 접근은 오히려 문제를 악화시킬 수 있다. 스스로 해결할 수 없는 스트레스라면 주변에만 의지하기보다는 전문가의 도움을 받아 정신분석, 인지행동치료, 최면 치료 등 정신치료를 받을 수 있다.

현악기를 조율할 때 줄을 너무 세게 죄면 줄이 끊어지지만 줄이 너무 느슨해도 좋은 음이 나올 수 없다. 균형 속에서 가장 아름다운 소리가 나올 수 있다. 스트레스의 부정적 기능뿐 아니라 순기능적 측면도 함께 기억하면서 스트레스를 받아들이고 적절하게 대처하는 것이 내면을 관리하는 효과적인 자세가 될 수 있다.

스트레스의 힘, 이겨낼 수 있다는 '믿음' 가져야

1998년 미국의 한 연구소는 3만 명을 대상으로 지난 한 해 경험한 스트레스가 얼마나 큰지를 물었다. 또 "스트레스가 건강에 해롭다고 믿는가"라는 질문도 했다. 8년 뒤 연구원들은 설문 참가자의 사망 위험을 추적했다. 높은 스트레스 수치를 기록한 사람들의 사망 위험은 43% 증가했다. 그런데 눈길을 끄는 또 다른 결과가 있었다. 높은 스트레스 수치를 기록했어도 스트레스가 해롭다고 믿지 않는 사람들의 사망 확률은 증가하지 않은 것이다. 이들의 사망 위험은 스트레스를 거의 받지 않는다고 기록된 사람들보다도 낮았다. 연구원들은 사람을 죽음으로 몰아가는 요인이 스트레스 그 자체와 스트레스는 해롭다는 '믿음'이 결합할 때 일어나는 현상이라고 결론지었다.

스트레스는 만병의 근원으로 알려져 있다. 그러나 스탠퍼드대 심리학자인 켈리 맥고니걸 박사는 신간 「스트레스의 힘(21세기북스)」에서 '스트레스는 독이 아닌 약'이라고 주장한다. 또 스트레스에 대한 대응법만 익힌다면 삶에 긍정적인 작용을 할 것이라고 조언한다. 맥고니걸 박사에 따르면 스트레스가 우리 몸에 해로운 이유는 스트레스 그 자체에 있는 것이 아니라 스트레스가 몸에 해롭다고 생각하는 우리의 '믿음' 때문이다.

실제 우리 몸은 스트레스를 받으면 이를 극복하기 위해 다양한 변화를 일으킨다. 간은 연료를 만들기 위해 지방과 당을 혈류로 보내고, 심장에 더 많은 산소가 공급될 수 있도록 호흡이 깊어지며, 심장박동이 빨라지면서 산소와 지방과 당을 근육과 뇌로 전달한다. 이때 소화기능을 비롯한 다른 일상적인 신체기능은 느려지거나 정지한다.

결국 중요한 것은 스트레스에 대한 대처 능력이다. 자신이 스트레스 상황을 감당할 수 있다고 믿으면 상황은 도전이 되고 이는 삶에 긍정적 영향을 미친다. 맥고니걸 박사는 특히 스트레스 대처를 위해 뇌하수체에서 분비되는 신경전달물질인 '옥시토신'에 주목했다. 옥시토신은 스트레스를 제대로 수용하게 해주고 공감 능력을 높여주며 타인과의 바람직한 관계 형성을 도와주는 호르몬이다. 우리가 누군가에게 도움을 요청하거나 누군가를 돕고자 손을 내밀 때 활발하게 분비되는 호르몬이 옥시토신이다. 결국 스트레스를 올바르게 수용하기 위해서는 바람직한 인간관계 형성이 중요하다는 이야기다.

출처: 동아일보, 2016.6.21.

🎙 자신의 스트레스 상황과 극복방안을 정리해보고 이를 팀원들과 공유해보자.

최근에 느끼는 스트레스	
과거 스트레스 대처법	
새롭게 시도할 스트레스 관리방안	

 ## 2. 회복탄력성

(1) 회복탄력성의 의미

회복탄력성(Resilience)은 원래 제자리로 돌아오는 힘을 의미한다. 심리학에서는 주로 시련이나 고난을 이겨내는 긍정적인 힘이라 표현하며 다른 말로는 크고 작은 역경과 어려움을 도약의 발판으로 삼는 긍정적인 힘이라고도 한다. 흔히 회복탄력성을 공에 비유한다. 바람이 빠진 공은 바닥으로 떨어지면 바닥에 그대로 있지만 탱탱한 공은 바닥에 떨어져도 다시 튀어오른다. 이와 같이 회복탄력성도 역경에 떨어졌을 때 다시 튀어올라 도약

하는 힘을 의미한다.

회복탄력성이 있는 사람은 좌절과 실패의 경험에서 다시 일어나서 반등을 할 수 있는 사람이다. 새로운 목표를 향해 노력하는 순간에도 사람들은 실패와 좌절을 경험한다. 그러나 회복탄력성이 있는 사람은 이것을 하나의 성장의 디딤돌로 삼는다. 반면에 그렇지 못한 사람은 걸림돌이 되어 장기적인 슬럼프에 빠지게 된다.

(2) 회복탄력성의 요소

회복탄력성은 자기조절능력과 대인관계능력으로 구성되어 있다. 자세한 세부구성요소는 다음과 같다.

① 자기조절능력

자기조절능력이란 스스로의 감정을 인식하고 그것을 조절하는 능력이다. 역경이나 어려움을 극복한 사람들의 공통적인 특징이기도 하다.

자기조절능력은 어려운 상황에 직면했을 때 스스로의 부정적 감정을 다스리고, 긍정적 감정과 건강한 도전의식을 불러일으키는 감정조절력, 기분에 휩쓸리는 충동적 반응을 억제하는 충동통제력, 자신이 처한 상황을 객관적으로 파악하고 대처방안을 찾아낼 수 있는 원인분석력으로 구성된다.

> **자기조절능력 = 감정조절력 + 충동통제력 + 원인분석력**

㉠ 감정조절력

긍정적 감정을 일으키는 습관인 감정조절력은 높은 자아인식 곧 자기이해를 기반으로 한다. 감정조절력의 핵심은 필요할 때면 언제나 긍정적인 감정을 스스로 불러일으켜서 신나고 재밌게 일할 수 있는 능력을 의미한다. 긍정적 정서가 중요한 이유는 사고의 유연성을 높여주고 창의성과 문제해결능력을 향상시키고 집중력과 기억력을 증가시켜 인지능력의 전반적 향상을 가져오기 때문이다.

ⓒ 충동통제력

충동통제력은 자신의 동기를 스스로 부여하고 조절할 수 있는 능력과 연결된다. 중요한 것은 강요받은 참을성이 아니라 자율성에 기반한 충동통제력이어야 회복탄력성의 근간이 된다는 것이다.

ⓒ 원인분석력

원인분석력은 자신에게 닥친 문제를 긍정적으로 바라보면서도 그 문제를 제대로 해결할 수 있도록 원인을 정확히 진단해내는 능력을 말한다. 이것은 이성적 영역에 해당되며 자신에게 닥친 사건들에 대해 긍정적이면서도 객관적이고 정확하게 말할 수 있는 능력이다.

② 대인관계능력

대인관계능력은 타인과의 소통능력과 공감능력 그리고 자아확장력으로 구성되어 있다.

> 대인관계능력 = 소통능력 + 공감능력 + 자아확장력

㉠ 소통능력

소통능력은 상대의 호감을 끌어내는 대화의 기술로서 인간관계를 진지하게 맺고 오래도록 유지하는 능력이다.

ⓒ 공감능력

다른 사람의 심리나 감정 상태를 잘 읽어낼 수 있는 능력이다. 공감능력은 적극적인 듣기나 표정 따라하기 등의 훈련을 통해 증진시킬 수 있다.

ⓒ 자아확장력

자아확장력이란 자기 자신이 다른 사람과 연결되어 있다고 느끼는 정도를 의미한다. 자아확장력이 높은 사람은 자아 개념 속에서 타인과의 관계에 대한 전제가 깊이 내재되어 있다. 이것의 근본은 긍정적 정서로 긍정적 정서만이 사람들을 하나로 묶어준다.

[표 9-4] 회복탄력성의 구성요소

회복탄력성	자기조절능력	감정조절력
		충동통제력
		원인분석력
	대인관계능력	소통능력
		공감능력
		자아확장력

(3) 회복탄력성을 높이는 방법

① 긍정의 뇌로 변화시키기

스스로 행복해짐으로써 자기 통제력을 높이고, 자신의 행복을 타인에게 나눠줌으로써 대인관계능력을 향상시키는 것이 뇌를 긍정적으로 변화시키는 방법이 될 수 있다. 긍정의 뇌는 자기조절능력과 대인관계능력을 향상시킬 때 발달된다. 마음에 있는 부정적 신념, 불신을 버리고 사람과 세상에 대한 따뜻한 시선을 가질 때 좌절 속에서도 다시 일어날 수 있는 힘을 갖게 된다.

② 행복의 기본 수준 높이기

다니엘 길버트(Daniel Gilbert) 교수는 연구를 통해 인간관계에서든, 스포츠 경기의 승부 결과든, 어떤 일이든 간에 그것이 우리의 행복감에 미치는 영향력은 당장에는 상당히 실제적이고 강하지만, 얼마간의 시간이 지나면 사람들이 예상하는 것보다는 훨씬 작고 빠르게 지나가는 일이 되어버린다는 점을 발견했다. 즉, 기본값이 존재하는데 평소에 개인 행복의 기본 수준을 의식적으로 높이는 노력을 하면 회복탄력성도 높아진다.

③ 대표 강점의 발견과 활용하기

마틴 셀리그만(Martin Seligman) 교수는 그의 저서 진정한 행복에서 일상생활 속에서 자신의 고유한 덕성과 강점을 발휘하는 것만이 진정한 행복에 이르는 유일한 길이라고 강조했다. 사람은 강점을 발견하고 일상생활 속에서 끊임없이 수행할 때 회복탄력성이 향상된다.

④ 의식적인 습관 만들기

회복탄력성을 높이기 위해 만들어야 할 의식적인 습관은 '감사하기'와 '운동하기'이다. '감사하기'는 편안한 휴식이나 수면상태보다도 일정한 심장 박동수를 유지하도록 해준다. 이것은 짧은 시간 안에 집약적으로 하는 것이 효과적이다. '운동하기'가 중요한 이유는 몸을 움직이면 뇌가 건강해져서 우울증과 불안 장애의 예방에 도움이 되기 때문이다. 효과적인 운동은 일주일에 세 번씩 30분 이상 8주 이상 하는 것으로 무엇보다 꾸준한 실천이 중요하다.

출처: 회복탄력성, 김주환 저, 위즈덤 하우스, 2011

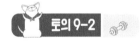
토의 9-2

☎ 회복탄력성을 높이기 위한 자신만의 구체적인 액션 플랜을 작성해보자. 이를 팀원들과 공유한 후 새로운 아이디어를 탐구해보자.

3. 지속적인 쇄신

(1) 지속적인 쇄신의 의미

자기개발을 지속하기 위해서는 개인의 내면만큼 건강관리가 중요하다. 여기서 건강은 신체적 건강만 의미하는 것이 아니다. 세계보건기구(WHO)가 이야기하고 있는 건강이란 질병이나 손상이 없을 뿐만 아니라 신체적, 정신적, 사회적으로 완전한 안녕한 상태를 의미한다.

개인이 가진 최대 자산인 '자기 자신'을 유지하고 향상시키기 위해서는 단순한 신체적 건강뿐만 아니라 우리의 건강, 관계, 지식, 영성 4가지 측면을 끊임없이 쇄신해야 한다. 4가지 측면은 반드시 균형 있게 쇄신되고 재충전되어야 한다. 어느 한 분야라도 무시되면 이것은 나머지 분야에도 부정적 영향을 미치기 때문이다.

> **이야기**
>
> ### 목수의 힘든 하루
>
> 산을 지나가던 사람이 나무를 베고 있는 목수를 우연히 만났다.
> 지나가던 사람은 나무를 베는 목수에게 물었다.
> "무엇을 하고 계십니까?"
> "보면 모르오? 이 나무를 베려고 톱질하고 있는 중이오"라고 목수가 말했다.
> "매우 지쳐 보이는군요. 얼마나 오랫동안 나무를 베었습니까?" 지나가던 사람이 큰 목소리로 물었다.
> 목수가 대답했다. "다섯 시간 이상 이 일을 했고, 나는 지쳤소. 무척 힘든 일이오."
> "그러면 잠시 시간을 내서 톱날을 가는 것이 어떻습니까?"라고 지나가던 사람이 물었다.
> "그게 일을 훨씬 빠르게 할 겁니다."
> "내겐 톱날을 갈 시간이 없소." 그 사람은 단호하게 말했다.
> "왜냐하면 나는 톱질하느라 너무 바쁘기 때문이오."

(2) 지속적인 쇄신의 방법

① 건강

신체적 건강상태를 유지하기 위해 다양한 건강관리 활동을 한다. 건강을 관리하는 것은 우리 몸을 효과적으로 돌보는 활동으로 영양가 있는 음식의 섭취부터 충분한 휴식과 긴장이완, 규칙적인 운동 등을 포함한다. 건강은 응급처치식으로 임해서는 안 된다. 꾸준한 운동을 실천하는 것이 건강을 유지하는 가장 효과적인 방법이다.

사람은 운동을 하게 되면 주도성이라는 습관을 얻게 된다. 육체적 건강은 개인의 패러다임과 자신감 등의 내적 요소에도 영향을 주게 된다.

건강을 증진하기 위한 대표적 활동은 다음과 같다.

㉠ 충분한 수면을 취하고, 건강과 운동 목표를 설정한다.

㉡ 식단에 야채, 과일, 곡물류, 식이섬유를 조합하고 가급적 많은 물을 마신다.

㉢ 운동을 할 때는 유연성과 근력강화, 심혈관 강화훈련을 포함시킨다.

㉣ 일과 휴식의 균형을 유지한다.

② 지식

지식정보화 시대에 변하는 세상 속에서 끊임없는 성찰과 새로운 지식을 학습해야 한다. 지식을 쇄신하는 새로운 정보를 수용하고 기존의 지식을 성찰하는 것을 포함한다.

지식을 넓히기 위한 대표적 활동은 다음과 같다.

㉠ 일기를 쓴다. 일기를 쓰는 것은 개인의 문제를 해결해가는 공간이 된다.

㉡ 많은 책을 읽는다. 독서는 지식을 쌓는 가장 검증된 방법이다.

㉢ 명언을 수집한다. 위대한 사람의 감성은 마음을 자극한다.

㉣ 취미를 개발하고 새로운 배움을 시도한다.

㉤ 평생학습을 실천한다. 새로운 것을 배우고 실천하는 것을 주저하지 않는다.

③ 관계

타인과의 좋은 관계형성은 감정적 만족과 정서적인 안정을 준다. 이것은 서로 연결되

어 있고 우리 삶의 실제적 수행의 결과에도 영향을 준다. 관계를 좋게 하는 활동은 상대적으로 많은 시간을 요구하지 않는다. 일상적인 생활에서 관계를 향상시키기 위한 실천이 가능하기 때문이다.

관계를 다지기 위한 대표적 활동은 다음과 같다.

㉠ 다른 사람과의 우호적인 관계를 꾸준히 관리한다.

㉡ 타인과의 차이점을 가치 있게 여기고 함께 시너지를 낼 기회를 모색한다.

㉢ 가족 간의 유대관계를 쌓고 친구 관계의 폭을 넓힌다.

㉣ 마음을 아프게 한 사람을 용서하는 노력을 한다.

㉤ 타인에 대해 가질 수 있는 자기파괴적 경쟁심리를 버린다.

④ 영성

영적인 충만은 몰입과 집중을 돕고 삶의 깊이를 더해준다. 이것은 자신의 인생에 리더십을 제공하는 역할을 한다. 영적인 부분은 개인이 가진 가치체계의 핵심이자 중심이다. 자아인식과도 밀접하게 연결되며 우리의 수행에 직간접적인 영향을 준다. 그러므로 영적인 쇄신을 위해서는 건강처럼 시간을 투자해야 한다.

영적 쇄신을 위한 대표적 활동은 다음과 같다.

㉠ 인생의 사명서를 작성하고 우선순위에 따라 삶을 산다.

㉡ 자연을 보고 듣고 즐긴다. 하루와 일상의 소중함을 음미한다.

㉢ 감동적인 문학작품과 영감을 주는 전기를 읽는다.

㉣ 영감과 기분을 북돋아주는 음악을 듣는다.

㉤ 타인을 위해 봉사한다.

사례

마더 테레사 효과

'마더 테레사 효과'란 말이 있다. 감사하는 마음과 선행을 많이 할수록 더 건강하고 행복해진다고 한다.

매일 부정적인 뉴스를 접하거나, 일상에서 부정적 감정을 갖고 지낼 경우 몸은 항상 긴장 상태에 놓이게 되고 생리적으로도 스트레스 호르몬이 분출하게 된다.

반면 미담 등 좋은 소식을 접하고, 본인 스스로 긍정적 감정을 갖고 있거나 그런 행동을 한다면 어떻게 될까. 건강한 삶에 도움을 준다는 사실은 이미 과학적으로 증명됐다.

1998년 미국 하버드대에서 진행한 유명한 '마더 테레사 효과'를 살펴보자. 의과대 연구팀은 '이타적인 봉사 활동이나 선행을 보는 것만으로도 인체 면역기능은 향상 된다'는 가설을 세우고 실험 대상자 132명에게 마더 테레사(1910~1997)가 봉사하는 영상을 50분간 보여줬다.

시청이 끝난 뒤 바로 이들의 항체를 조사한 결과, 일반 영상을 본 그룹에 비해 면역 항체 수치가 크게 높아졌으며 이는 최소 며칠, 최대 몇 주간 지속됐다.

반응의 핵심은 '침샘'에 있었다. 사람의 침에는 면역 항체가 포함돼 있는데 근심이나 긴장 상태가 지속되면 침이 말라서 항체가 줄어든다.

반면 기분이 좋아지면 침을 포함한 타액 분비량이 늘어서 면역 항체도 같이 증가한다. 이는 우리 생활에서 익히 경험해본 사실이다.

이런 메커니즘 때문에 마더 테레사의 일대기나 봉사 장면을 보면 타액 분비량이 늘어나는 것이다. 이뿐만 아니라 본인이 직접 다른 이를 돕는 경우, 이 기분 좋은 상태가 더 길어진다고 한다.

부차적으로 혈압과 콜레스테롤 수치가 낮아지고 행복 호르몬인 엔도르핀이 적정 수치 3배 이상으로 분비된다.

심리학자들은 "내가 남을 도왔다는 사실만으로 스스로 가치 있는 사람으로 인식하고 자존감이 커지게 된다"고 말했다. 우리가 선행을 하면 마음이 뿌듯해지는 것이 그런 이치다.

출처: 마음건강길(https://www.mindgil.com), 2021.10.27.

🐾 위의 사례를 읽고서 느낀 점과 마더 테레사 효과 혹은 헬퍼스 하이(Helper's High)에 대해 본인이 경험한 내용을 정리하고 이를 팀원들과 공유해보자.

학습평가 Quiz

1. 다음 중 스트레스의 주요 원인으로 볼 수 없는 것은?

① 업무
② 대인관계 갈등
③ 수면부족 같은 신체적인 증상
④ 약물 또는 화학물질에 노출

2. 다음 중 적절한 스트레스 관리방법이 아닌 것은?

① 심한 운동을 통해 근육을 강화시켜 스트레스를 관리한다.
② 자신의 의견을 확실하게 상대방에게 표시한다.
③ 스트레스 상황은 친한 지인과 진솔한 대화를 통해 나눈다.
④ 주변을 깨끗이 정리하는 등 환경의 변화를 준다.

3. 아래 빈칸에 들어갈 단어는 무엇인가?

> (   )은/는 원래 제자리로 돌아오는 힘을 의미한다. 심리학에서는 주로 시련
> 이나 고난을 이겨내는 긍정적인 힘이라 표현하며 다른 말로는 크고 작은 역경과 어려
> 움을 도약의 발판으로 삼는 긍정적인 힘이라고도 한다.

① 스트레스   ② 회복탄력성
③ 주도성   ④ 리더십

4. 다음 중 회복탄력성의 구성요소에 대한 설명 중 빈칸에 들어갈 단어로 올바른 것은?

> 자기조절능력 = (   ) + 충동통제력 + 원인분석력
> 대인관계능력 = 소통능력 + (   ) + 자아확장력

① 공감능력, 감정조절력   ② 감정조절력, 공감능력
③ 친화력, 성찰능력   ④ 성찰능력, 친화력

5. 회복탄력성을 높이는 방법을 모두 적으시오.

6. 지속적인 쇄신 차원 중에서 아래 활동은 어떤 영역에 해당되는가?

• 일기를 쓴다.   • 가급적 많은 책을 읽는다.
• 명언을 수집한다.   • 취미를 개발하고 새로운 배움을 시도한다.
• 평생학습을 실천한다.

① 건강   ② 지식   ③ 관계   ④ 영성

학습내용 요약 Review(오늘의 Key Point)

1. 스트레스(stress)는 라틴어 'stringer'라는 말에서 유래했으며 생체에 가해지는 위협적이거나 도전적인 외부요인에 대한 신체의 물리적·정신적인 복합반응이라 할 수 있으며 대개 스트레스는 외부적 자극과 내부적 자극 등 다양한 자극들로 인해 발생한다.

2. 스트레스의 관리방법으로는 적절한 운동을 통한 신체 이완, 확실한 의사 표시, 주변 친한 지인과의 대화, 환경의 변화, 적절한 휴식, '할 일 리스트'의 작성, 필요시 전문적인 도움을 받는 것이다.

3. 회복탄력성(resilience)은 원래 제자리로 돌아오는 힘을 의미한다. 심리학에서는 주로 시련이나 고난을 이겨내는 긍정적인 힘이라 표현하며 다른 말로는 크고 작은 역경과 어려움을 도약의 발판으로 삼는 긍정적인 힘이라고도 한다.

4. 회복탄력성은 자기조절능력과 대인관계능력으로 구성된다. 자기조절능력은 다시 감정조절력, 충동통제력, 원인분석력으로, 대인관계능력은 소통능력, 공감능력, 자아확장력으로 구성된다.

5. 일상에서 회복탄력성을 높이는 방법으로는 긍정의 뇌로 변화시키기, 행복의 기본 수준 높이기, 대표 강점의 발견과 활용하기, 의식적인 습관 만들기가 있다.

6. 개인이 가진 최대 자산인 '자기 자신'을 유지하고 향상시키기 위해서는 우리가 가진 건강, 관계, 지식, 영성 4가지 측면을 끊임없이 쇄신해야 한다. 4가지 측면은 반드시 균형 있게 쇄신되고 재충전되어야 한다.

Mission 4가지 차원의 실행계획 작성

지속적인 자기관리를 위한 4가지 차원의 구체적인 실행 아이디어를 각각 3가지 이내로 작성하시오.

건강	1. 2. 3.
지식	1. 2. 3.
관계	1. 2. 3.
영성	1. 2. 3.

자기관리능력과 합리적 의사결정

목차

1. 의사결정 모델
2. 거절의 의사결정

학습목표

- 의사결정 PROACT 모델을 설명할 수 있다.
- 합리적 의사결정의 방법을 설명할 수 있다.
- 효과적인 의사결정을 위해 의사결정나무를 사용할 수 있다.
- 거절의 상황에서 명확하게 거절의 의사결정을 할 수 있다.

핵심단어

의사결정, PROACT 모델, 의사결정나무, 거절하기

10
Chapter

컴퓨터 업체 DEC의 몰락

1980년대 중반, 세계 2위 컴퓨터 업체로 부상했던 DEC(Digital Equipment Coroperation)의 전성기 시절 이후, 이 회사는 급격하게 몰락해 1998년 컴팩에 인수되고 말았다. 왜 이런 결과가 생겼을까?

원래 DEC는 높은 기술력의 중형 컴퓨터 제품을 개발해 기업 고객들 사이에 탄탄한 명성을 쌓아온 회사였다. 기술 벤처로 출발한 DEC는 엔지니어사 제품 개발 과정을 주도하던 설립 초기의 의사결정 프로세스가 대기업으로 성장한 이후에도 그대로 남아 있었다. 엔지니어가 의사 결정을 주도하는 방식은 시장에서 성능 좋은 중형 컴퓨터를 요구하는 시기에는 문제가 없었다.

하지만 소비자의 요구가 개인용 컴퓨터(PC)로 넘어가면서 달라진 시장 변화에 대응하는 데에는 한계를 드러냈다. 엔지니어들은 성능이 뛰어난 중형 컴퓨터 기술이 있는데도, 이보다 성능이 떨어지는 PC를 개발해야 한다는 상품 기획 부서의 요구에 자존심이 상했고, 이를 받아들이지 않았다. 이는 결국 시장의 외면을 불렀다. 결국 PC와 노트북 시장에 진입에 실패하고 말았고 역사에서 사라지게 되었다. DEC의 몰락은 단순한 전략의 실패라기보다는 그러한 판단과 의사결정을 하도록 만든 조직의 문제였다.

의사결정에 따라서 개인은 시간과 비용을 아끼거나 반대로 큰 손실을 입게 된다. 조직은 조직 전체의 운명을 좌우하기도 한다. 그러므로 합리적 의사결정 과정을 이해하고 적용할 필요가 있다. 10장에서는 합리적 의사결정 모델과 의사결정나무를 활용한 의사결정 방법을 학습한다. 또한 거절의 상황에서 자신의 의견을 효과적으로 전달하는 거절의 의사결정 방법을 살펴본다.

1. PROACT 의사결정 모델의 개념과 각 단계는 무엇인가?

2. 의사결정나무란 무엇인가?

3. 합리적인 의사결정의 방법에는 무엇이 있는가?

4. 거절의 의사결정 방법에는 무엇이 있는가?

1. 의사결정 모델

(1) PROACT 의사결정 모델

올바른 선택과 의사결정을 하는 데 필요한 쉽고 명확한 접근을 위해 PROACT 접근법이 사용된다. 문제(Problem), 목표(Objectives), 대안(Alternatives), 결과(Consequence), 절충(Tradeoffs)이라는 5가지 요소는 결정과 선택을 위한 접근방법의 핵심요소로 모든 문제해결과 의사결정에 활용할 수 있다. 이 단어들의 머리글자를 딴 'PROACT'라는 용어는 모든 의사결정 상황에 있어서 최선의 해결방법은 '적극성(Proactive)'임을 상징한다. 그 외 3가지 요소인 불확실성, 위험감수, 그리고 관련된 의사결정의 고려는 급변하는 환경에 놓인 의사결정문제의 실체를 파악하는 데 도움을 준다.

- 문제(Problem)
- 목표(Objectives)
- 대안(Alternatives)
- 결과(Consequence)
- 절충(Tradeoffs)

- 불확실성(Uncertainty)
- 위험감수(Risk Tolerance)
- 관련된 의사결정(Linked Decisions)

(2) PROACT 의사결정 모델의 구성

① 올바른 문제 인식

선택을 잘하기 위해서는 우선 결정해야 할 문제가 무엇인가부터 분명히 인식해야 한다. 즉, 표면적 현상 속에 숨어 있는 문제의 본질을 파악해야 한다. 그래야 문제를 해결할 대안을 풍부하게 찾을 수 있다.

② 목표의 구체화

진정한 목표는 쉽게 드러나지 않는다. 목표는 선택의 길잡이지만 근본적 목표는 숨겨져 있다. 의사결정은 목적달성을 위한 수단이다. 진실로 달성하려는 것이 무엇인지 찾아내고 이에 맞게 생각하면 선택의 순간에 중요한 지침을 얻을 수 있다.

③ 창의적인 대안 제시

대안이 없으면 선택도 없다. 대안을 만들 때 염두에 두어야 할 것은 자신 안에 매몰되지 말고, 더 넓은 시야에서 찾아야 한다는 것이다. 제한된 대안에 갇히지 말아야 한다. 또한 대안은 문제의 성격에 따라 다른 유형으로 설정해야 한다.

④ 결과 예측

선택하기 전에 먼저 결과를 예측해야 한다. 결과 예측은 제시된 대안이 어떤 결과를 낳을지 가늠하는 단계이다. 그러므로 결과 예측은 정교해야 한다. 결과표를 만들어 각 대안의 예상결과를 비교하면서 열등한 대안을 제거해나가면 최종적으로 선택할 때 훨씬 부담이 적을 것이다.

⑤ 교환과 절충

올바른 교환이 탁월한 선택의 열쇠가 될 수 있다. 탁월한 선택과 결정을 하려면 목표들을 절충해야 한다. 맞교환을 통해 목표 간의 대립을 없애고 단순화함으로써 복잡한 의사결정을 보다 쉽게 할 수 있다. 의사결정에서 효과적인 교환과 절충을 위해서는 꾸준한 연습이 필요하다. 연습은 중요한 의사결정 순간에 빛을 발할 수 있다.

위의 PROACT 모델은 의사결정 모델로서 유용하게 사용된다. 그 외 3가지 요소인 불확실성, 위험감수, 그리고 관련된 의사결정에 대한 고려는 의사결정 전반의 과정에서 의사 결정문제의 실체를 파악하는 데 도움을 주기 때문에 PROACT 모델과 함께 동시에 고려해야 할 요소이다.

의사결정이 바꾼 기업의 운명

1981년 빌 게이츠는 IBM에 MS·DOS의 사용권을 주는 대신 IBM으로부터 IBM을 제외한 모든 PC에 관한 사용 권한을 양도받았다. 이 계약은 마이크로소프트에 엄청난 성공을 가져다주었지만 IBM에는 오히려 추락의 빌미가 되었다.

당시 IBM의 최고 경영자였던 프랭크 캐리는 직원들에게 1981년 8월까지 IBM 상표를 부착한 개인용 컴퓨터를 만들 것을 지시했다. 프로젝트를 담당하던 직원들은 제작 과정에서 2가지 큰 실수를 저질렀다. 이러한 실수는 모두 하나의 독단적인 결정에서 비롯되었는데, 그것은 개인용 컴퓨터의 핵심요소인 마이크로 칩과 운영체제를 회사 밖에서 조달하려 했다는 점이다. 결국 IBM은 인텔로부터 마이크로 칩을, 시애틀에 있는 잘 알려지지 않은 소규모 기업 MS로부터 운영체제를 공급받기로 하였다. 그들은 비핵심 분야를 아웃소싱함으로써 시간을 절약할 수 있다고 보았다. 돈이 되는 컴퓨터 본체를 자신들이 생산하고 있기 때문에 별문제가 없다고 생각한 것이다.

하지만, 빌 게이츠는 IBM 경영자들이 깨닫지 못한, 즉 컴퓨터의 미래는 하드웨어가 아닌 소프트웨어에 달려 있다는 사실을 알고 있었다. 그는 또한 IBM이 시장의 지배자라 할지라도 소프트웨어를 적용하는 데 있어서는 일종의 표준을 정해야 한다는 것을 알았다. 그리고 MS·DOS가 그 표준의 근간이 될 것으로 전망했다.

IBM의 개인용 컴퓨터는 출시하자마자 상업적인 성공을 거두었지만 이익의 대부분을 두 하도급자(인텔과 마이크로소프트)에 나누어주어야만 했다. IBM은 MS·DOS의 개발비용을 제공해야 했고, 마이크로소프트만이 제삼자에게 이 시스템의 사용권을 줄 수 있었다.
이것이 IBM이 쇠퇴하게 된 결정적인 원인이었다. 개인용 컴퓨터 산업이 폭발적으로 성장하면서 수천의 새로운 경쟁자들이 시장에 진입했다. 그들 모두는 MS·DOS를 사용하게 되었고, 사용 대가로 마이크로소프트에 돈을 지불해야 했다.

출처: https://m.blog.naver.com/PostList.nhn?blogId=ecraft1486.

㉠ 불확실성을 명확하게

우선은 만족스러운 결과와 합리적인 결정을 구분해야 한다. 아무리 훌륭한 결정을 했다 하더라도 불가항력의 상황에 놓이면 나쁜 결과가 나온다. 위험을 분석하여 불확실성을 파악해야 한다. 이러한 위험요소를 최소화하는 것은 어렵지만 꼭 필요한 과정이다. 위험요소를 파악하고 관리하는 데는 의사결정나무가 유용하다.

 사 례

의사결정나무

의사결정나무(Decision tree)는 의사결정의 본질을 그래픽으로 표현한다. 즉, 가시적인 그림으로 다양한 대안과 불확실한 요소 사이의 상호 관계를 표시한다. 어떤 면에서 보면 의사결정나무는 건축가들이 사용하는 청사진과 같다. 의사결정나무는 결정이라는 구조물을 방법론적으로 그리고 객관적으로 배치도 형식을 통해 표현한다.

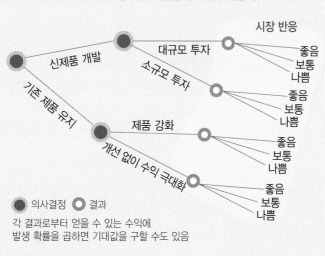

© 위험감수에 대한 판단

모든 선택에는 불확실성으로 인한 위험이 존재한다. 이러한 위험을 얼마나 감수할 수 있는가? 결과에 대한 만족도를 예측하여 자신이 감당할 수 있는 위험의 한계를 의사결정

에 반영해야 선택의 결과에 대비할 수 있다.

ⓒ 연관된 결정에 대한 고려

하나의 선택이 미래의 선택에 영향을 미친다는 것을 감안하여 포괄적인 정보를 수집해야 한다. 현재의 선택이 가져올 미래의 선택에 대해 판단하고 이를 역순으로 현재의 선택에 반영함으로써 근시안적인 결정을 하여 후회하는 일을 막을 수 있을 것이다.

피그만 침공사건과 의사결정

40대의 젊은 나이에 미국 35대 대통령이 된 존 F. 케네디(Joho F. Kennedy)는 야심찬 정책을 펴나가고 있었다. 1960년 쿠바는 공산혁명을 주도한 피델 카스트로(Fidel Castro)가 집권하여 반미(反美) 정책을 펴나가기 시작했다. 이전 부패했던 정권에서 불의한 이익을 보던 소수의 사람은 대부분 미국으로 망명하여 정권 재탈환을 꿈꾸고 있었다. 당시는 미국과 소련 사이에 냉전(冷戰)이 한참 고조되던 시대였기에 미국의 입장에서는 턱밑에서 반미 정책을 펴고 있는 카스트로가 눈에 박힌 가시 같은 존재가 됐다. 케네디 행정부는 이런 상황에서 카스트로를 제거하기 위한 계획을 입안하였고, 이 법안은 국무회의에서 의결되어 1961년 실행되었다. 압도적인 성공을 예상했던 이 계획은 참담한 실패로 끝났고, 소위 '피그만(灣) 침공사건'이라는 오명으로 불리고 있다.

사회심리학자 어빙 제니스(Irving Janis)는 당시의 국무회의 의사록을 분석하여 계획을 심의하던 국무회의가 집단사고의 병폐(病弊)를 드러냈다고 주장하였다. 그는 집단사고를 "집단의 의사결정 과정에서 동조의 압력 때문에 충분한 논의가 이루어지지 못한 상태에서 합의에 도달하는 현상"이라고 정의하면서, 피그만 침공사건 외에 미국의 외교정책 중에 집단사고로 파국적인 결과를 얻은 예로 린든 존슨(Lyndon Johnson) 행정부의 월남전 확전(擴戰), 리처드 닉슨(Richard Nixon) 행정부의 워터게이트 도청사건 등을 열거하고 있다.

위에 예로 든 사례의 공통점은 강력한 정치적 힘을 가진 소수의 정치가가 외부의 반대 목소리나 결정을 뒤엎었을 정보로부터 차단된 중요한 결정을 했다는 점이다. 또한 이 소수의 집단은 강력한 힘을 가진 대통령에 의해 주도되었다는 것이다.

이런 일련의 사건들의 공통점을 찾아가면서 제니스는 집단사고가 일어나는 과정을 일목요연하게 정리하였다. 먼저 집단사고가 일어나는 선행 조건은 다음 5가지이다. 첫째, 정책 입안자들 사이의 강한 응집력, 둘째, 외부 영향력으로부터 차단, 셋째, 지시적인 리더, 넷째, 대안적 안건에 대한 사려 깊은 고려(考慮)의 결여, 다섯째, 리더가 제시한 의견 외에 더 좋은 해결방안이 찾기 어렵다고 느껴지는 상황에서 외부 위협 때문에 받는 심한 스트레스이다.

이와 같은 선행 조건들이 갖추어지면 집단합의에 대한 강한 욕구가 일어난다. 즉, 집단사고를 하게 된다. 이런 집단사고는 다음과 같은 증상(症狀)들을 나타내게 된다. 첫째, 잘못될 리 없다는 환상, 둘째, 집단의 도덕성에 대한 강한 신념, 셋째, 집단적 합리화, 넷째, 외부 집단에 대한 고정관념, 다섯째, 자신들의 결정에 대한 회의(懷疑)와 이견(異見)에 대한 자기-검열, 여섯째, 만장일치의 환상, 일곱째, 다른 의견을 가진 집단원에 대한 직접적 압력, 여덟째, 다른 의견이나 정보로부터 집단원을 지키기 위한 보호자로 자칭(自稱) 등이다.

위에서 열거한 집단사고의 증상들이 나타났을 때 이를 제때에 시정하지 못하면 결국 파국적 결정을 하게 된다. 이런 파국적 결정의 증상들은 다음과 같다. 첫째, 대안적 안건에 대한 불완전한 조사, 둘째, 집단의 목표에 대한 불완전한 조사, 셋째, 선호하는 선택의 위험성에 대한 탐색의 실패, 넷째, 거부된 대안들에 대한 재평가의 실패, 다섯째, 적절한 정보에 대한 빈약한 조사, 여섯째, 수집된 정보에 대한 선택적 편향(偏向), 일곱째, 긴급한 사태에 대한 사전 계획의 결여 등이다.

출처: 글로벌 이코노믹, 심리학자 한성열의 힐링마음산책, 2020.12.02.

토의 10-1

☎ 위의 사례를 읽고 당신이 과대표라면 어떤 선택을 할지를 이유와 함께 정리해보고, 이를 팀원들과 공유해보자.

2. 거절의 의사결정

당신은 "예"라는 대답에
진심을 담고 있어야 한다.

만약 당신이 그럴 마음이 없다면
"아니오"라고 해야 한다.

- 메리 제인 라이언

(1) 거절의 의사결정

'No'를 분명하게 결정하고 이를 표현하는 것은 어려운 일이다. 사람들은 자신이 거절을 하게 될 때 다른 사람과의 관계가 깨지지 않을까, 예의가 없어 보이지 않을까 등에 대해서 타인의 생각을 의식하여 의사결정을 주저한다.

따라서 거절의 의사결정에는 이 일을 거절하여 발생될 문제와 자신이 거절하지 못하고 받아들일 때의 기회비용을 고려하여 거절하기로 결정했다면 이를 추진할 수 있는 의지가 있어야 한다.

(2) 거절의 효과적인 기술

의사결정을 할 때 거절을 위한 효과적인 기술은 다음과 같다.

① 거절을 통해 얻을 수 있는 유익을 생각하자.

거절을 어려워하는 이유는 거절을 통해 잃게 되는 것을 생각하기 때문이다. 거절을 통해 잃을 수 있는 불명확한 것만 생각하기 보다는 거절을 통해 얻을 수 있는 명확한 유익을 생각하자.

② 거절이 서로에게 더 좋은 방법이 될 수 있음을 기억하자.

보통 상대방을 배려하여 거절을 못하는 경우가 있다. 상대방의 부탁을 들어주는 것이 배려하고 생각하기 때문이다. 그러나 장기적으로는 거절이 오히려 상대방에게 도움이 될 수 있을 뿐 아니라 서로에게 더 좋은 선택이 될 수 있다.

③ 제안을 거절하지 상대를 거절하지 말자.

제안의 내용과 제안을 하는 사람을 구분해야 한다. 제안을 거절할 때는 제안을 거절하는 것이지 상대방을 무시하거나 거절하는 것이 아님을 구분하여 의사표현해야 한다.

④ 거절에 대해 너무 깊게 해석하지 말자. 상대는 기억을 못 할 수도 있다.

상대의 부탁이 깊게 생각하여 한 것이 아닐 수도 있으며 심지어는 거절을 해도 기억을 못 할 수도 있다. 거절에 대해 너무 깊게 해석할 필요는 없다.

⑤ 거절도 부탁을 잘하는 사람이 잘한다. 부탁 훈련을 하라.

거절을 어려워하는 사람일수록 부탁도 어려워할 수 있다. 모든 제안과 부탁을 수용할 수 없기에 더 중요한 일을 하려면 거절을 잘해야 한다. 거절을 잘하기 위해 평소 부탁 훈련을 하는 것이 도움이 될 수 있다.

⑥ 거절의 명확한 이유가 있어야 한다.

핑계와 변명으로 일관하는 거절은 장기적인 인간관계에 피해를 준다. 거절을 해야 하는 경우는 명확한 이유가 있어야 할 때이며 명확한 이유는 오해 없이 전달해야 한다. 감정적이나 즉흥적으로 거절하면 후회할 수 있으므로 충분히 생각할 필요가 있다.

⑦ 착한 사람 콤플렉스에서 벗어나자. 좋은 인상과 기억을 주기 위해 애쓰지 말자.

인정받고자 하는 욕구가 클 때 거절의 어려움을 겪을 수 있다. 타인의 기대에 순응하는 착한 사람이 되고자 하는 심리상태를 벗어나서 자신에게 도움이 되는 선택을 위한 노력이 필요하다.

1. 제대로 거절하지 못해서 난처한 상황에 빠져본 경험이 있는가? 거절하지 못한 자신의 경험을
   정리해보고, 이를 팀원들과 공유해보자.

2. 자신만의 거절 방법이 있다면 이를 정리해보고 팀원들과 공유해보자.

학습평가 Quiz

1. 다음 중 PROACT 모델의 구성요소가 아닌 것은?

① 문제   ② 목표

③ 선택   ④ 절충

2. 다음 중 PROACT의 모델로 올바른 것은?

① 문제-목표-결과-대안-절충

② 목표-문제-대안-절충-결과

③ 문제-목표-대안-결과-절충

④ 목표-문제-결과-절충-대안

3. 아래 빈칸에 공통적으로 들어갈 단어는 무엇인가?

> (   )은/는 의사결정의 본질을 그래픽으로 표현한다. 즉, 가시적인 그림으로 다양한 대안과 불확실한 요소 사이의 상호 관계를 표시한다. 어떤 면에서 보면 (   )은/는 건축가들이 사용하는 청사진과 같다. (   )은/는 결정이라는 구조물을 방법론적으로 그리고 객관적으로 배치도 형식을 통해 표현한다.

① 조하리의 창   ② 비전맵

③ PROACT 모델   ④ 의사결정나무

4. 다음 중 합리적 의사결정의 고려사항으로 적절하지 않은 것은?

① 의사결정 시 의견의 일치를 조장해야 한다.

② 의사결정의 경계 조건을 명확히 한다.

③ 무엇이 올바른 것인가에서 출발한다.

④ 의사결정을 행동으로 전환한다.

5. 다음 중 거절의 의사결정 방법으로 적절하지 않은 것은?

   ① 거절을 통해 생겨나는 피해를 생각하기
   ② 거절에 대해 너무 깊게 해석하지 말기
   ③ 착한 사람 콤플렉스에서 벗어나기
   ④ 거절의 명확한 이유를 생각하기

학습내용 요약 Review(오늘의 Key Point)

1. 올바른 선택과 의사결정을 하는 데 필요한 쉽고 명확한 접근을 위해 PROACT 접근법이 사용된다. 문제(Problem), 목표(Objectives), 대안(Alternatives), 결과(Consequence), 절충(Tradeoffs)이라는 5가지 요소는 결정과 선택을 위한 접근방법의 핵심요소로 모든 문제해결과 의사결정에 활용할 수 있다. 그 외 3가지 요소인 불확실성, 위험감수, 그리고 관련된 의사결정에 대한 고려는 급변하는 환경에 놓인 의사결정문제의 실체를 파악하는 데 도움을 준다.

2. 의사결정나무는 의사결정의 본질을 그래픽으로 표현한다. 즉, 가시적인 그림으로 다양한 대안과 불확실한 요소 사이의 상호 관계를 표시한다. 어떤 면에서 보면 의사결정나무는 건축가들이 사용하는 청사진과 같다. 의사결정나무는 결정이라는 구조물을 방법론적으로 그리고 객관적으로 배치도 형식을 통해 표현한다.

3. 거절의 의사결정 방법으로는 거절을 통해 얻을 수 있는 유익을 생각하기, 거절이 서로에게 더 좋은 방법이 될 수 있음을 기억하기, 제안을 거절하기, 거절에 대해 너무 깊게 해석하지 말기, 부탁 훈련을 하기, 거절의 명확한 이유 갖기, 착한 사람 콤플렉스에서 벗어나기가 있다.

 Mission 의사결정나무를 활용한 의사결정 연습

의사결정나무를 활용하여 일상적인 주제에 대한 의사결정 과정을 작성하시오.

> 예 가족 여행지 결정, 아르바이트 결정, 이성친구와의 데이트 방법 등

경력개발능력

일반목표

변화하는 시대 속에서 경력개발에 대한 이해를 바탕으로 자신에게
맞는 경력개발계획을 수립할 수 있다.

세부목표

- 경력과 경력개발의 개념을 설명할 수 있다.
- 경력개발과 관련한 최근의 이슈를 설명할 수 있다.
- 경력개발의 대표적 이론을 설명할 수 있다.
- 자신에게 맞는 경력개발계획을 수립할 수 있다.

핵심단어

경력, 경력관리, 경력 닻, 경력 포트폴리오, 경력 계획, 고용변동 요
인, 취업

경력개발의 이해

목차

1. 경력과 경력개발
2. 경력개발의 필요성
3. 경력개발 단계
4. 경력개발 이론

학습목표

- 경력과 경력개발의 의미를 설명할 수 있다.

- 경력개발의 필요성을 인지하고, 설명할 수 있다.

- 경력개발의 단계를 설명할 수 있다.

- 경력개발의 주요 이론을 이해하고 설명할 수 있다.

핵심단어

경력, career, 경력개발, 경력개발의 필요성, 경력개발 단계, 경력개발 이론

11
Chapter

들어가기

직장인의 44.2%, '하던 직무 바꿨다' 가장 큰 이유는?

과거에는 처음 시작한 일을 정년까지 롱런하는 사례가 많았다. 하지만 요즘은 다르다. 하고 싶은 일 또는 더 좋은 경력 개발의 기회가 있다면 이직은 물론 직무를 바꾸는 사례도 적지 않다. 기존 경력을 포기하고 중고신입도 괜찮다는 분위기이다. 이처럼 과거 대비 현재 직무 변경이 활발해진 이유는 무엇일까?

취업포털 인크루트는 전직에 대한 직장인의 생각이라는 주제로 직장인 934명에게 설문 조사를 진행했다. 먼저, 응답자에게 전직 경험이 있는지 물었다. 그 결과 '전직 경험 있다'는 44.2%, '전직 준비 중'이라는 응답이 35.7%였다. 응답자 10명 중 8명꼴(79.9%)은 전직을 긍정적으로 생각했다.

전직 경험자에게 전직 결정 이유(중복응답)를 물어봤다. 설문 결과, 과거 했던 직무로는 오래 일하기 힘들 것이라 느꼈음(21.9%)이 가장 많았고, 더 높은 연봉과 처우를 희망해서(13.5%), 직무가 적성에 너무 안 맞아서(10.5%), 더 많은 이직 기회 창출을 위해(9.2%) 순으로 이유를 들었다. 또 전직을 고려하거나 할 계획이 있는 사람에게도 같은 이유(중복응답)를 물었다. 이 또한, 현재 직무는 오래 일하기 힘들 것이라 느낌(27.1%)이 1순위였고, 더 높은 연봉과 처우를 희망해서(22.8%)가 2순위였고 이어 더 많은 이직 기회 창출을 위해(17.5%), 현재 직무가 적성에 너무 안 맞아서(14.8%) 등의 이유가 꼽혔다.

종합해보면 전직 희망자 또는 경험자가 밝힌 전직 결정의 주된 이유는 본인 직무의 고용안정과 롱런 기대 때문으로 분석된다.

출처: 로이슈, 2021.10.22.

경력은 일에 대한 일생 동안의 경험이다. 우리는 평생경력개발 시대에 살고 있다. 11장에서는 경력과 경력개발 개념에 대한 기본적 개념을 살펴보고, 경력개발의 단계를 학습한다. 또한 경력개발에 대한 대표적 이론을 학습하여 경력개발 계획을 수립할 수 있는 기틀을 마련한다.

1. 경력이란 무엇인가?

2. 경력개발은 무엇인가?

3. 경력개발의 5단계는 무엇인가?

4. 경력개발의 대표적 이론을 이해하고, 구분할 수 있는가?

1. 경력과 경력개발

(1) 경력의 개념

경력(經歷)은 개인이 평생을 걸친 일이나 직무와 관련한 경험으로 개인의 직업적 발달과 과정을 가르키는 포괄적인 용어이다. 경력은 개인이 집중하고 몰입하는 대상이 되는 특정하고 전문적인 영역 또는 직종을 의미하면서 동시에 한 개인이 직업과 직장생활을 하면서 경험하게 되는 동일하거나 비슷한 일의 경험, 일에 대한 전문성 혹은 오랜 시간 수행해온 일의 과정까지 포괄하는 개념이다.

경력의 개념을 구체적으로 살펴보면 다음과 같다.

① 직업생활의 방향과 경로

경력으로 쓰이는 'career'의 어원은 달리기와 경로, 전차, 길, 경주로 등의 명사에서 파생되어 '마상 경기로 돌진하다'라는 뜻을 가진 동사로도 사용되고 있다. career의 어원은 직업생활의 방향과 경로라는 개념으로 발전해 오늘날까지 사용되고 있다. 즉, 경력은 '일과 관련한 길을 가다 혹은 달리다'라고 볼 수 있다.

② 직무와 관련한 경험

그린하우스(Greenhaus)는 경력을 직무와 관련된 일정한 경험으로 표현했는데 예를 들면 직급, 직무에서 해야 할 의무, 직무와 관련한 상황에서 자신의 주관적 해석과 개인의 일에 대한 일정한 활동의 패턴으로 봤다. 여기서 경력은 단순히 일 자체를 말하기보다는 직장생활을 하면서 얻게 되는 태도나 행동을 의미한다.

③ 전문적인 업무

경력은 보편적이고 일반적인 개념이 아닌 전문직만이 가지고 있는 특별한 업무 수행 능력을 말할 때 활용된다. 대표적인 표현이 전문직에 종사하는 여성을 일컬을 때 커리어 우먼이라고 부르는 경우가 여기에 해당된다. 그러나 일반적인 경력의 개념은 보다 보편적 의미로 통용되고 있다.

경력에 대한 학자들의 정의를 보면 슈퍼(Super)는 자신의 저서에서 개인은 일생 동안 자신의 경력과 관련하여 발생하는 문제들을 조정하는 경험을 갖게 되며, 이 과정을 통하여 개인이 일생을 경험하게 되는 역할들의 순차적인 조합을 경력이라고 했다. 또한 마렌(Maren)은 경력을 직무활동의 과정에서 책임수준의 증가, 승진에 따른 영향력의 증대, 보수의 증가현상 등이 적절하게 연속되는 역할과 경험의 변화과정으로부터 형성되는 조직화 과정이라고 정의했고, 플리포(Flippo)는 경력을 상이하면서도 연관성이 있는 부분적인 직무활동의 연속이라고 할 수 있고, 이는 지속성과 질서, 개인적인 생애에 의미를 부여할 수 있는 것과 관련된 근로활동이라고 정의하고 있다.

 [표 11-1] 경력과 관련된 용어들

구분	개념
과업(task)	독립된 목적으로 수행되는 하나의 명확한 작업활동
직위(position)	같은 직장에 다니는 다른 사람과의 관계 특히 지위에 따른 업무 차이를 고려한 직업 개념
직업(work)	학업을 마친 후 은퇴 시점까지의 활동, 일을 의미
일(job)	work의 한 부분, 정기적으로 보수를 받는 일, 직장, 일자리. 구체적인 일자리에서 특정 기간 동안 근무하는 것
업무(occupation)	일정 시간 종사하는 일, 공통의 특성을 갖는 모든 특정 직업의 총체
천직(vocation)	개인의 맞춤에 강조를 둔 개념으로 헌신을 요구하는 직업
전문직(profession)	오랜 시간의 교육과 특별한 훈련을 요하는 직업

(2) 경력개발의 개념

경력개발은 일과 관련한 직업적 또는 전문적 역량과 지식을 개발시키기 위해 개인이

Part 4
경력개발능력

의지를 갖고 체계적인 노력을 하는 것을 말한다. 이것은 자신과 자신이 속한 상황을 인식하고 분석하여 여기에 맞는 적합한 경력 관련 목표를 설정하는 과정으로서의 경력계획과 이것을 준비하고 수행하며 결과를 피드백하는 경력관리로 구성된다.

경력개발 = 경력계획 + 경력관리

일반적으로 경력개발의 1차적 주체는 개인이지만 조직과 기관에 소속된 경우 인적자원개발(HRD: Human Resource Development) 관점에서는 경력개발은 기업이 목표를 달성하는 데 필요한 능력개발을 촉진하는 과정에 초점이 맞춰진다. 개인이 조직 내에서 경력을 개발할 때는 조직과 고용주 혹은 전문가로부터 경력개발과 관련된 도움을 구하기도 받기도 한다. 그러나 포괄적 측면에서는 경력개발은 조직과 고용주와의 관계 이전에 개인의 경력 자체에 초점이 맞춰져 이뤄진다. 즉, 조직 내에서 업무와 관련된 역량을 키워 조직의 성과에 기여하고, 승진 후 다음 단계로 가는 것도 경력개발이지만 그러한 일이 진행되는 사전과정과 방향성에 대한 부분도 경력개발에 포함시켜 함께 살펴볼 필요가 있다.

(3) 경력의 원칙

경력은 역사성과 자기주도성, 지속가능성이라는 원칙을 가지고 있다.

① 역사성

경력은 과거부터 쌓이는 것이다. 그렇기 때문에 경력은 과거의 역사를 통해 미래의 미지를 극복하는 과정이기도 하다. 경력은 과거의 역사에서 미래의 방향을 찾아야 한다. 그러므로 자신의 역사에 대한 의미 있는 발견과 깨달음이 선행되어야 한다.

② 자기주도성

경력디자인은 자신의 동기에 따라 스스로 디자인해야 한다. 그러므로 경력디자인은 개인의 내적 동기와 밀접한 관련이 있어야 한다. 외부의 보상이 아닌 내적 동기에 기반하는 자기주도성이 바탕이 되어야 한다.

③ 지속가능성

경력관리는 한 번으로 완성되지 않는다. 직장만 해도 성인들은 평균 3~4번 다른 직장을 경험하고 있다. 경력개발은 평생에 걸쳐 이뤄지는 과정이다. 그러므로 경력관리는 연결되어야 하고, 지속가능해야 한다.

🐾 나의 일과 관련한 경력을 기록하여 정리하고, 이를 팀원들과 공유해보자.

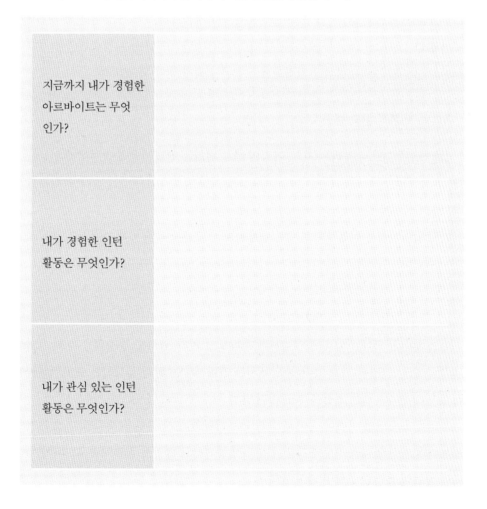

지금까지 내가 경험한 아르바이트는 무엇인가?	
내가 경험한 인턴 활동은 무엇인가?	
내가 관심 있는 인턴 활동은 무엇인가?	

2. 경력개발의 필요성

경력개발은 규칙적이고 정기적으로 이뤄져야 한다. 간혹 잘못된 정보나 불명확한 분석으로 인해 경력 목표를 잘못 설정하는 경우가 있기 때문에 주도적인 자세로 경력관리를 실시하고 환경이나 조직의 변화에 맞춰 새로운 목표를 세우고 경력 경로를 수립할 필요가 있다.

경력개발의 필요성은 '환경의 변화'와 이에 대한 '조직과 개인의 요구'에서 찾을 수 있다. 우리는 일과 관련된 변화에 대응하고 조직과 개인의 요구를 맞추기 위해 경력개발을 해야 한다. 만약 이러한 변화와 요구를 외면하여 각 단계에서 하는 경력과업을 제대로 수행할 수 없다면 경력단절이나 경력퇴보와 같은 결과를 맞게 될 것이다.

(1) 내·외부적 환경 변화

4차 산업혁명으로 불리는 지식, 기술의 빠른 변화는 경력개발의 직접적 원인을 제공하고 있다. 평범한 지식과 기술이 아닌 전문성을 가진 인재가 요구되고 있다. 구직자들과 재직자 모두 단순히 경제적 보상보다는 일과 삶의 균형을 지향한다.

기업 입장에서는 신입직원에 대한 채용뿐 아니라 경력직을 통해 자유롭게 수평적 이동이 이뤄진다. 이를 바라보는 기업과 직장인들의 시선도 과거에 비해 거부감이 없다.

(2) 조직의 요구

사업 분야가 국내를 넘어 글로벌하게 확대되고 있다. 글로벌 경쟁력을 갖춘 기업이 생존할 수 있는 환경이 되고 있다. 기업에서는 경력개발을 위해 실시하는 프로그램들이 실무 중심의 인재육성에 초점을 두고 있다.

무엇보다 끊임없는 변화 속에서 발생되는 다양한 문제 상황을 해결할 수 있는 변화해결능력을 가진 인재를 확보하기 위해 수요가 증가하고 있어서 경력개발도 이러한 능력을 가진 사람이 유리한 상황이 되고 있다.

(3) 개인의 요구

청소년기와 청년기, 성인기 등을 거치면서 개인의 경력에 대한 가치관이 변화되고 있으며, 변화된 가치관에 맞는 경력개발 활동이 요구되고 있다. 경제적 보상이 채워주지 못하는 자아실현 및 개인의 성장욕구를 채우기 위해 경력개발이 필요하다.

개인의 역량에 따라 고용시장에서의 가치가 달라지는 상황에서 경력개발의 필요성이 강조되고 있다.

[표 11-2] 경력개발의 필요성

경력개발의 필요성	내·외부적 환경 변화	• 지식, 기술의 빠른 변화 • 전문 인력난 심화 • 일과 삶의 균형 추구 • 경력, 이직, 전직의 증가
	조직의 요구	• 글로벌한 경쟁(경쟁의 심화) • 실무 중심의 인재육성 • 문제해결능력을 위한 교육
	개인의 요구	• 발달단계에 따른 경력 가치관의 변화 • 자아실현 및 개인의 성장욕구 증대 • 개인의 고용시장 가치의 증대

토의 11-2

☏ 경력개발이 개인에게 주는 유익에 대해서 자신의 생각을 정리하고, 이를 팀원들과 공유해보자.

3. 경력개발 단계

(1) 경력개발 단계 개요

경력개발은 일과 관련되어 일어나는 연속적인 과정이다. 경력개발 단계에 대한 많은 모형들이 있으며, 이러한 모형들은 경력이 일정한 단계를 거치면서 점진적으로 성숙된다는 전제로 대략적인 연령범위를 설정하여 설명하고 있다. 예를 들어, 경력단계모형은 시작단계에서 특정 직업을 선택하고 계속적으로 동일한 경력분야에서 일을 해나가는 것을 가정한 것이다. 그러나 개인별로 입직시기도 다르고, 처한 환경과 상황이 달라서 경력단계를 연계시켜 일반화하는 것은 쉽지 않다.

따라서 일반적으로 다음과 같이 직업선택, 조직입사, 경력초기, 경력중기, 경력말기로 나누어볼 수 있으며, 성인초기에 직업을 선택하고, 조직에 입사하여 경력초기의 과정을 거치며, 성인중기에 경력중기 또는 경력말기의 과정을, 성인말기에 경력중기 또는 경력말기의 직업생활을 유지하고 퇴직을 준비하는 과정을 거친다.

[그림 11-1] 경력개발 단계

직업선택 ▶ 조직입사 ▶ 경력초기 ▶ 경력중기 ▶ 경력말기

(2) 경력개발 단계 구분

① 직업선택

직업선택의 단계는 자신에게 적합한 직업이 무엇인지를 탐색하고 이를 선택한 후, 여기에 필요한 능력을 키우는 과정이다. 이를 위해서 직업과 관련된 대학과 전공을 선택하거

나 자신의 장단점, 흥미, 적성, 가치관 등 자아인식이 필요하다. 이때 자신이 원하는 직업에서 요구하는 능력, 환경, 가능성, 보상 등 직업에 대한 탐색이 동시에 이루어져야 한다.

이 단계에서는 자신의 재능과 흥미, 능력, 상황을 고려하여 자신에게 적합한 직업을 선택하고, 학교 교육을 포함한 공공 혹은 민간의 교육프로그램에 참여하거나, 관련된 자격증을 취득하는 등 직업역량을 배양시켜야 한다. 이 단계는 일반적으로 태어나면서부터 20대까지로 구분된다.

② 조직입사

취업이 되면 그 일을 수행할 조직에 들어가게 된다. 이 단계에서는 일반적으로 학교를 졸업하고 자신이 선택한 경력분야에서 원하는 조직의 일자리를 얻으며, 직무를 선택하게 된다. 직무를 선택할 때도 직업선택 과정과 마찬가지로 환경과 자신의 특성을 고려해야 하며, 특히 자신이 들어갈 조직의 특성을 알아봐야 한다. 외부인이었던 사람이 조직에 들어와 그 조직의 구성원으로 탈바꿈해가는 조직사회화를 이뤄가게 된다. 경력초기는 조직사회화 측면에서 보면 예비 사회화 단계에 해당된다. 이 시기에는 조직과 직무의 실체에 마주하게 되고, 필요한 기술과 능력, 가치를 파악하게 된다.

이 단계는 일반적으로 취업 직후부터 20대 혹은 취업에 따라 30대 초반에 발생되나, 각각의 교육 정도나 상황에 따라 조직 입사시기가 다른 것을 고려하면 유동적이다. 최근에는 취업난으로 인한 졸업 유예나 상급학교 진학, 늦은 취업으로 인해 조직의 입사시기는 과거보다 늦춰지고 있는 실정이다.

③ 경력초기

취업 후에는 직무와 조직의 규칙과 규범에 대해서 배우게 된다. 특히 자신이 맡은 업무의 내용을 파악하고, 새로 들어간 조직의 규칙이나 규범, 분위기를 알고 적응해나가는 것이 중요한 과제이다. 경력초기에는 직장과 직장 밖 생활의 갈등을 관리하고, 조직 내에서 역할 갈등을 명확히 함으로써 역할에 대한 정의를 내리고 조직 내에서의 역할을 시작하여 가치와 태도 변화를 실시하는 단계이기도 하다.

또한, 궁극적으로 조직에서 자신의 입지를 확고히 다져나가 승진하는 데 많은 관심을

가지는 시기이다. 경력초기 단계는 일반적으로 25~40세까지의 성인초기로 구분하지만, 무엇보다도 성공 지향적인 행동을 언제까지 하느냐에 따라 개인적으로 시기는 달라지고 있다.

④ 경력중기

입사 후 개인이 경력을 쌓은 후 자신이 그동안 이룬 것을 다시 평가하고, 생산성을 유지하는 단계이다. 경력중기가 된다는 것은 직업 및 조직에서 어느 정도 자리를 잡게 되고 수직적인 승진가능성이 적은 경력 정체시기에 이르게 되는 것을 의미한다. 새로운 환경의 변화(예컨대, 과학기술, 관리방법의 변화, 새로운 관리기법의 도입 등)에 직면하여 생산성을 유지하는 데 도전을 받게 되기도 한다. 최근에는 고용 환경의 변화로 인해 경력중기의 시간대가 되면 개인의 생산성과 경쟁력에 따라 이직과 창업을 통한 다양한 경력개발 시도들이 활발하게 이뤄지고 있다.

경력중기에 이르면 현 직업에 대한 불만을 느끼며, 매일의 반복적인 업무와 일상에 따분함을 느끼기도 한다. 이에 따라 자신의 경력초기의 생각을 재검토하게 되며, 현재의 경력경로와 관련 없는 다른 직업으로 이동하는 경력변화가 일어나기도 한다. 이러한 경력변화는 개인의 의지뿐 아니라 조직과 상황의 요구가 반영되기도 한다. 이 단계는 일반적으로 40대와 50대 초반의 성인중기에 해당된다.

⑤ 경력말기

개인의 경력말기에 대한 시기는 갈수록 짧아지고 있는 추세이다. 경력말기가 되면 사람들은 여전히 조직에서 필요한 사람이 되고, 자신의 가치를 지속적으로 유지하기 위하여 노력하며, 동시에 퇴직을 고려하는 상황에 놓인다.

경력중기부터 경험했던 새로운 변화들은 경력말기로 갈수록 대처하는 데 더 어려움을 겪게 되며, 퇴직에 대한 개인적인 고민과 함께 조직의 압력을 받기도 한다. 경력말기가 되면 대부분 50대 중반에서 은퇴시기까지를 말하지만, 평균수명은 증가하는 데 반해 인력난은 점차 심해져서 경력말기가 과연 성인말기에 해당하는지는 의문시되고 있다. 또한 경력말기의 시기는 개인의 역량 및 기업의 상황에 따라 40대 중·후반까지로 단축되는 경

향을 보이기도 하며 이후 새로운 경력을 만들어가기도 한다.

☎ 다음에 나타난 정민석 씨의 경력단계 시기를 보고 자신의 생각을 정리해본 후 팀원들과 토의해보자.

- 20세: 재수 후 대학입학
- 22세: 군입대
- 23세: 군복무, 제대 후 복학하기 전 아르바이트
- 24세: 학교 복학
- 25세: 어학 연수 및 자격증 취득을 위한 휴학
- 26세: 진로 위해 입시 공부 시작
- 27세: 공대 건축공학과 다시 입학
- 32세: 대학 졸업 후 공무원 시험 준비
- 33세: 건축 회사 취업
- 35세: 건축기사 자격증 취득
- 42세: 건축기술사 자격증 취득
- 47세: 퇴직 후 창업을 결심하고 준비함
- 48세: 퇴직
- 49세: 창업
- 70세: 퇴직

1. 정민석 씨가 건축과 관련된 새로운 경력을 가지기 위한 직업선택 시기는 몇 살부터 몇 살까지인가?
2. 정민석 씨의 첫 번째 경력말기는 몇 살부터 몇 살까지인가?

4. 경력개발 이론

경력개발에 있어 개인적 수준의 이론은 개인특성 및 퍼스낼리티(Personality) 관련 이론, 발달관련이론, 학습관계 이론, 선택관련 이론으로 구분할 수 있다.

(1) 개인특성 및 퍼스낼리티 관련 이론

① 특성-요인 이론

특성-요인 이론은 개인의 차이를 나타내는 특성이 무엇이며, 그것을 어떻게 측정하느냐에 초점을 맞추어 타당한 측정도구의 개발을 통해 경력개발을 실현하고자 하는 이론이다. 이것은 개인의 특성을 직무 요건이나 환경에 적절히 맞출 때 직무 성과나 만족이 높아지는 이상적 경력 결과를 기대할 수 있다고 가정한다.

② 직무적응 이론

직무적응 이론은 어떤 사람의 직무에 대한 적응의 정도를 그 직무에서의 근속년수 기간이 어느 정도인지로 정의하고, 개인의 직무적응은 직무와 상호작용하여 나타난 두 가지 특성, 즉 직무성공도와 직무만족에 따라 결정된다고 가정한다.

직무성공도는 개인의 능력과 직무의 능력요건 사이의 일치도로서, 직무에 대한 만족은 개인의 직업 관련 욕구 및 가치와 직무환경의 강화시스템 사이의 일치도에 따라 결정된다는 명제를 제시한다.

③ 직업선택 조기결정 이론

매슬로우(Maslow)의 욕구단계설에 기초하여 로(Roe)는 오랜 기간이 지체된 후 만족되는 욕구(needs)는 인간 행위의 무의식적 동기요인이 되며, 개인의 욕구 강도에 강력한 영향을 미치는 요인이 한 개인의 어린 시절의 경험이라고 주장하는 이론이다. 로(Roe)는 직업을 크게 8가지 그룹으로 분류하고, 개인의 직업선택은 그가 어린 시절 부모와 어떤 관계를

가지고 지녔느냐에 따라 결정된다고 한다.

④ 홀랜드(Holland) 직업선택 이론

홀랜드는 개인의 직업선택은 직업에 대한 흥미로 표현되는 퍼스낼리티와 밀접한 관계를 가진다고 주장한다. 홀랜드에 의하면, 직업에 대한 흥미로 표현되는 개인의 퍼스낼리티는 6가지, 즉 ① 사실적(realistic), ② 탐구적(investigative), ③ 예술적(artistic), ④ 사회적(social), ⑤ 기업가적(enterprising), ⑥ 관습적(conventional) 유형으로 구분된다고 한다. 이들은 개인 유형별로 서로 구별되는 전형적 특성과 적성 내지 능력을 지니고 있다.

홀랜드에 따르면 사람들은 자신의 적성과 능력에 맞고 자신의 가치에 부합하는 직업을 선택한다고 한다. 또한 개인 퍼스낼리티와 직업환경 사이의 적합도가 높을수록 개인의 직업에 대한 만족감과 직무성과가 높아진다고 한다.

⑤ 크라이티스(Crites) 경력성숙성 이론

개인의 경력과 관계된 관심사를 다루는 경력상담 분야에서 대상자가 얼마나 성숙된 행위와 태도를 견지하고 있느냐가 중요하다고 보는 이론이다. 경력성숙성이란 한 개인이 처한 생애단계의 발달과제를 같은 조건에 있는 다른 사람들과 비교하여 얼마나 효과적으로 대응할 준비태세가 되어 있느냐는 정도를 가리킨다.

⑥ 정신역동적 모형

정신역동적 모형은 개인의 직업선택을 비롯한 경력개발이 인간의 무의식에 잠재하는 충동의 해소와 본능적 에너지가 자아와 초자아에 받아들여지는 목표를 위해 전환되는 과정과 깊은 관계를 가진다고 보는 이론이다.

(2) 발달관련 이론

① 생애단계 이론

㉠ 에릭슨(Erikson) 이론

임상적, 인류학적, 역사적 관찰에 기초하여 에릭슨은 인간의 발달을 여덟 단계로 파악

하였다. 그에 의하면 인간은 ① 구강기 → ② 항문기 → ③ 남근기 → ④ 잠복기 → ⑤ 청소년기 → ⑥ 청년기 → ⑦ 성인기 → ⑧ 성숙기의 단계를 거쳐 발달해간다고 했다.

ⓛ 슈퍼(Super) 이론

슈퍼는 개인의 경력개발은 자아개념을 발달시키고 이를 현실과 맞추어나가는 생애단계에 걸친 연속된 과정이라고 주장한다. 그리하여 개인의 경력발달이 ① 성장 → ② 탐색 → ③ 확립 → ④ 유지 → ⑤ 쇠퇴의 5가지 생애단계에 걸쳐 이루어진다고 보았다.

ⓒ 레빈슨(Levinson) 이론

레빈슨은 남녀, 문화, 시대의 차이를 불문하고 성인발달은 계절이 주기적으로 변화하는 것처럼 구조적 변화를 수반한다고 하였다. 즉, 그는 인간의 생애는 서로 구분되는 발달시기 내지 계절이 교차되는 생애주기가 있다고 보았다. 그는 인생의 주기를 ① 미성년기(22세 미만), ② 성인초기(17세 이상 45세 미만), ③ 성인중기(40세 이상 65세 미만), ④ 성인후기(60세 이후)의 4가지로 크게 구분했다.

② 경력단계 이론

ⓛ 쉐인(Schein)

쉐인은 개인이 직업을 가진 이후의 시기에 초점을 맞추어 경력단계를 제시하고 있다. 그는 조직에서 개인이 거치는 경력단계를 ① 진입 전 및 진입단계, ② 기본훈련 및 시작, ③ 제1차 정식 직무할당, ④ 제2차 직무할당, ⑤ 영구재직권의 부여 및 퇴직, 그리고 ⑥ 퇴직 이후의 여섯 단계로 구분하고 있다.

ⓒ 달튼(Dalton)

달튼과 그의 동료들(Thompson & Price)은 155명의 과학자, 268명의 엔지니어, 52명의 회계사, 75명의 교수 등 550명의 전문가를 대상으로 인터뷰를 실시하였다. 그들은 연구결과 전문가들이 경험하는 역할을 네 단계(① 도제 → ② 동료 → ③ 선도자 → ④ 후원자)로 추출하였다. 그리고 각 단계별로 개인에게 요구되는 중심적 과업, 관계의 유형, 그리고 심리적 이슈 측면에서 차이가 있음을 제시하였다.

ⓒ 홀(Hall)

홀은 1단계 탐색, 2단계 확립, 3단계 유지, 4단계 쇠퇴의 경로를 겪게 되는데 이것이 경력의 전반적인 과정으로 개인의 경력단계는 자연연령이 아니라, 한 개인이 머무르는 분야별로 3~5년에 걸쳐 경력단계가 존재함을 보여주고 있다. 그의 이론에 따르면 개인의 경력성공은 분야별 경력단계가 끊어짐이 없이 연속적으로 진행되는 것이 필요조건이 된다.

[그림 11-2] 홀의 경력단계 모형

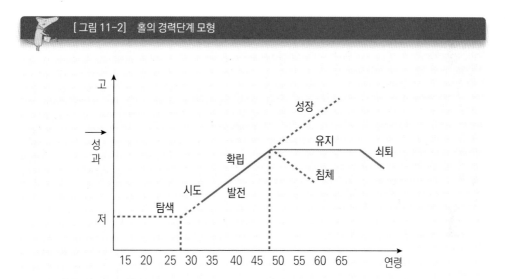

③ 경력열망발달 이론

고트프리드슨(Gottfredson)에 따르면 경력열망은 자아개념과 함께 형성되는 인지적 발달단계를 거친다고 한다. 그녀는 '자아개념'과 경력열망은 ① 규모 및 권력 지향(3~5세) → ② 성역할 지향(6~8세) → ③ 사회적 평가 지향(9~13세) → ④ 내적 고유자아 지향(14세 이상)의 네 단계를 거쳐 형성된다고 주장한다.

(3) 학습관계 이론

콜브(Kolb)와 플로브닉(Plovnick)은 성인들의 학습스타일에 초점을 맞추고 경험학습 이론을 제시한다. 그들은 성인들의 학습(learning)이 4단계의 순환과정(① 구체적 경험 → ② 관찰과 성찰 → ③ 추상적 개념화 및 일반화 → ④ 새로운 상황에 개념적용)을 통해 이루어진다고 주장한다.

그들은 사람마다 학습능력에 차이가 있는 점에 착안하고, 인지심리학의 이론을 원용하여 개인별 학습스타일을 ① 수렴형(converger), ② 발산형(diverger), ③ 융합형(assimilator), ④ 응용형(accomodator)의 4가지로 유형화하였다. 그들은 이를 통해 개인의 학습스타일과 경력경로가 서로 밀접한 관계가 있다는 점을 밝혔다.

(4) 선택관련 이론

① 경력선택 사회학습 이론

크롬볼츠(Krumboltz)와 그의 동료들은 개인의 직업선택과 관계된 의사결정 과정에 반두라(Bandura)의 사회학습 이론을 접목시켜 이론을 제시했다. 경력 의사결정 사회학습 이론은 개인이 특정의 직업을 선택하는 과정에는 ① 유전적 특성과 능력, ② 환경적 여건과 사건, ③ 학습경험, ④ 문제접근 스킬이라는 4가지 영향요인들이 복합적으로 상호작용한다고 봤다. 이러한 상호작용의 결과로 개인은 ① 자신과 세계에 대한 일반화된 견해를 갖게 되고, ② 문제접근 스킬을 기르게 되며, ③ 직업선택과 관계된 행동을 하게 된다.

② 경력의사결정 단계 이론

타이드만(Tiedman)과 오하라(O'Hara)는 경력을 선택하는 단계와 직장에서 적응해가는 과정으로 나누어 모형을 제시하고 있다. 먼저 상황을 예비하고 경력을 선택하는 과정을 그들은 ① 탐색 → ② 구체화 → ③ 선택 → ④ 명확화의 네 단계로 구분하고 있다. 다음 직장에 들어온 후 자신의 경력을 시행하며 적응해나가는 과정은 ① 사회화 → ② 변형 → ③ 통합의 세 단계로 구분했다.

그들은 경력의사결정 단계에서 개인들이 타인을 비롯한 환경과 자신을 분리하는 소통과정과 계속되는 상호작용 과정에서 경험하여 얻는 정보 중 일부를 받아들이는 통합과정을 거치며 자아정체감을 확립해간다고 주장한다.

학습평가 Quiz

1. 개인이 평생을 걸친 일이나 직무와 관련한 경험으로 개인의 직업적 발달과 과정을 가르키는 포괄적인 용어를 무엇이라 하는가?

　① 직업　　　　　　　　　② 진로
　③ 경력　　　　　　　　　④ 일

2. 경력과 관련된 용어로 내용을 맞게 연결하시오.

　과업(task)　•　　　• 일정 시간 종사하는 일, 공통의 특성을 갖는 모든 특정 직업의 총체

　직업(work)　•　　　• work의 한 부분, 정기적으로 보수를 받는 일, 직장, 일자리, 구체적인 일자리에서 특정 기간 동안 근무하는 것

　일(job)　•　　　• 학업을 마친 후 은퇴 시점까지의 활동, 일을 의미

　업무(occupation)　•　　　• 같은 직장에 다니는 다른 사람과의 관계 특히 지위에 따른 업무 차이를 고려한 직업 개념

　직위(position)　•　　　• 독립된 목적으로 수행되는 하나의 명확한 작업 활동

3. 다음 중 경력개발의 원칙이 아닌 것은?

　① 경력개발은 과거에 대한 발견과 깨달음이 선행되어야 한다.
　② 경력개발은 내적 동기에 따라 자기주도적으로 해야 한다.
　③ 경력개발은 평생에 걸쳐 이뤄져야 한다.
　④ 경력개발은 현재에만 집중하는 과정이다.

4. 다음 중 경력개발의 필요성에 해당되지 않는 것은?

　① 사회적 요구　　　　　　② 내·외부적 환경의 변화
　③ 조직의 요구　　　　　　④ 개인의 요구

5. 다음 중 경력개발의 단계에서 빈칸에 해당되는 정확한 표현은?

직업선택 ▶ [   ] ▶ 경력초기 ▶ 경력중기 ▶ 경력말기

① 직업탐색　　　　　　　　② 경력진입
③ 경력시도　　　　　　　　④ 조직입사

6. 아래의 경력개발 이론을 제시한 사람은 누구인가?

> 그는 개인의 직업선택은 직업에 대한 흥미로 표현되는 퍼스낼리티와 밀접한 관계를
> 가진다고 주장한다. 그에 의하면, 직업에 대한 흥미로 표현되는 개인의 퍼스낼리티
> 는 6가지, 즉 ㉠ 사실적(realistic), ㉡ 탐구적(investigative), ㉢ 예술적(artistic), ㉣ 사
> 회적(social), ㉤ 기업가적(enterprising), ㉥ 관습적(conventional) 유형으로 구분된다
> 고 한다. 이들은 개인 유형별로 서로 구별되는 전형적 특성과 적성 내지 능력을 지니
> 고 있다.

① 에릭슨(Erikson)　　　　　② 홀랜드(Holland)
③ 슈퍼(Super)　　　　　　　④ 쉐인(Schein)

학습내용 요약 Review(오늘의 Key Point)

1. 경력(經歷)은 개인의 평생을 걸친 일이나 직무와 관련한 경험으로 개인의 직업적 발달과 과정을 가르키는 포괄적인 용어이다.

2. 경력개발은 일과 관련한 직업적 또는 전문적 역량과 지식을 개발시키기 위해 개인이 의지를 갖고 체계적인 노력을 하는 것으로 경력계획과 경력관리로 구성된다.

3. 경력개발의 원칙은 경력개발은 개인의 역사에 대한 발견과 깨달음이 선행되어야 하고, 내적 동기에 따라 자기주도적으로 해야 하며, 평생에 걸쳐 지속가능해야 한다.

4. 경력개발의 필요성은 '환경의 변화'와 이에 대한 '조직과 개인의 요구'에서 찾을 수 있다. 우리는 일과 관련된 변화에 대응하고 조직과 개인의 요구를 맞추기 위해 경력개발을 해야 한다.

5. 일반적인 경력개발 단계는 직업선택, 조직입사, 경력초기, 경력중기, 경력말기로 나누어볼 수 있다. 성인초기에 직업을 선택하고, 조직에 입사하여 경력초기의 과정을 거치며, 성인중기에 경력중기 또는 경력말기의 과정을, 성인말기에 경력중기 또는 경력말기의 직업생활을 유지하고 퇴직을 준비하는 과정을 거친다.

6. 경력개발에 있어 개인적 수준의 이론은 개인특성 및 퍼스낼리티 관련 이론, 발달관련 이론, 학습관계 이론, 선택관련 이론으로 구분할 수 있다.

자신이 관심 있는 직업과 일에 종사하고 있는 직업인을 만나서 인터뷰를 하고 경력과 관련된 다양한 정보를 수집하시오.

관심 있는 직업 및 일	
직업인 소개 (성함, 관계, 성별, 나이 등)	
관심 있는 직장에 대한 정보 (주요 업무)	
직장 입사방법 및 요구역량	
입사 후 전망 (경력 경로)	
인터뷰를 통해 배운 점과 소감	

경력개발의 방법

목차

1. 경력 닻
2. 경력개발 방법
3. 경력 포트폴리오

학습목표

- 경력 닻의 의미를 설명할 수 있다.
- 경력 닻의 유형을 분류할 수 있다.
- 경력개발 방법을 설명할 수 있다.
- 경력 포트폴리오의 개념을 설명할 수 있다.
- 경력 포트폴리오를 작성할 수 있다.

핵심단어

경력 닻, 경력 닻 유형, 경력개발 방법, 경력 포트폴리오

12
Chapter

인스타로 취업 준비해요. SNS로 포트폴리오 만드는 대학생

마케터를 꿈꾸는 대학교 1학년 김모(20) 씨는 올해 3월부터 '대외활동계정'을 운영 중이다. 일상 계정 이외에 대외활동용 부계정을 만들어 카드뉴스나 마케팅과 관련된 내용을 꾸준히 업로드하는 식이다.

그는 "주로 기업이나 상품을 홍보하는 서포터스 활동을 많이 하는데, 그때 제작하는 카드뉴스를 주로 계정에 올린다"며 "꾸준히 작업물을 올려두면, 나중에 다른 대외활동에 지원할 때 포트폴리오로 활용하기에 좋다"고 말했다.

2만 5천 명의 팔로워를 가진 대외활동계정을 운영하는 대학생 안성준(23) 씨는 "대학생으로서의 경험을 다양하게 기록하며 나만의 포트폴리오를 구축하고 있다"며 "대외활동계정의 영향력이 커짐에 따라 다른 활동의 합격에 도움이 된 경우도 있었다"고 했다.

대학생들 사이에서 직무 관련 활동 내용을 업로드하는 '대외활동계정'은 취업 준비 과정에서의 필수 요소가 됐다. 인스타그램에서 해시태그 '#대외활동'을 포함한 게시글은 69만 개를 웃돌고, '#대외활동'을 포함한 게시글도 18만 개에 달한다.

대학생들은 대외활동계정을 대외활동이나 인턴, 취업 지원 과정에서 일종의 포트폴리오로 활용한다. 이곳에 지금까지 해왔던 활동을 정리해 게시하고, 이를 통해 자신의 역량을 설명하는 것이다.

실제 최근 다수의 기업은 대외활동이나 인턴 선발 과정에서 지원자의 SNS 계정을 요구하고 있다.

라디오PD를 꿈꾸며 대외활동계정에 영화를 소개하는 게시글을 업로드하고 있는 대학교 1학년 조모(20) 씨는 "요즘 인턴은 대부분 경력을 보고 뽑다 보니 작게라도 해당 분야에 관심이 있음을 보여줄 수 있는 대외활동용 계정을 키우는 것이 혼자서 할 수 있는 부분인 것 같다"고 말했다.

이들의 대외활동계정은 기업들의 요구에 따라 다양한 형태로 변화하기도 한다. '팔로워 수' 기재를 요구하는 기업이 늘어남에 따라 경쟁력을 갖추기 위해 다른 이들과 서로 팔로우하며 계정 규모를 키우는 것이 대표적이다.

대학교 2학년 박모(20) 씨는 "서로 품앗이를 해주며 3천여 명까지 팔로워를 만들었다"며 "팔로워 수 또는 블로그의 일평균 방문자 수를 기재하라는 곳이 많아지면서 대학생끼리 이를 목적으로 교류하기도 한다"고 했다.

한 서포터스 운영 관계자는 "SNS 계정을 통해 평소 어떤 카드뉴스를 제작해왔는지, 다른 활동은 무엇을 했는지를 중점적으로 보며 서포터스로서의 역량을 평가한다"며 "팔로워 수가 당락을 결정하지는 않지만, 가산점으로 작용하기는 한다"고 설명했다.

전문가들은 취업만을 목적으로 한 대외활동계정보다 개인의 진정성이 드러난 계정을 운영할 것을 조언한다.

취업준비생을 대상으로 자기소개서 컨설팅을 하는 김현서 강사는 "마케팅 등 특정 직무를 준비하는 경우에는 포트폴리오로서 도움이 될 수 있지만, 아직 대부분의 직무의 경우 취업을 목적으로 한 SNS 계정이 큰 영향을 미친다고 보기는 어렵다"고 했다.

이어 그는 "취업만을 목적으로 운영하기보다, 개인의 다양한 관심사와 매력을 나타낼 수 있는 수단으로 활용한다면 진정성이 드러나는 어필이 가능할 것"이라고 조언했다.

출처: 연합뉴스, 2022.10.30.

12장에서는 개인의 경력개발에 있어서 기초가 되는 경력의 가치관 즉, 경력 닻의 개념과 유형을 학습한다. 또한 경력개발 계획에 대한 방법을 살펴보고, 효과적인 경력 포토폴리오 작성을 위한 전략을 학습한다.

사전질문

1. 경력 닻이란 무엇인가?

2. 경력 닻의 유형에는 무엇이 있는가?

3. 경력개발 방법에는 무엇이 있는가?

4. 경력 포트폴리오는 무엇인가?

5. 경력 포트폴리오 작성 방법에는 무엇이 있는가?

1. 경력 닻

(1) 경력 닻의 의미

경력 닻이란 인간의 배가 흔들리지 않도록 고정해주는 닻이 있듯이 경력과 관련한 선택에서 무게 중심을 갖게 하는 자신만의 경력가치관을 의미한다. 미국의 심리학자 쉐인(Schein)은 경력 닻(Career Anchor) 개념과 진단 도구를 고안한 뒤, MIT 경영대학원 남자 졸업생 44명을 대상으로 10~12년 동안의 종단 연구를 실시했다. 경력상 성공한 사람의 경우 모두 자신의 직업가치관에 맞게 경력을 개발하였다는 증거를 제시하며 경력 닻 개념에 대해 소개했다. 그에 따르면 사람들은 업무 경험을 쌓아가면서 서로 조화된 자아개념, 즉 경력 닻을 가지게 된다. 경력 닻은 사람에 따라 다르다.

쉐인(Schein)의 경력 닻은 첫째, 개인이 지닌 재능, 기술 또는 역량, 둘째, 개인의 동기 및 삶의 목표, 마지막으로 가치관을 포괄하는 개념으로 3가지 구성요소를 가지고 있다고 보았다. 경력 닻의 유형은 이후 여러 연구를 거쳐 현재의 8가지 유형으로 분류되고 있다.

(2) 경력 닻의 구분

① 기술·기능 역량(Technical and Functional competence)

전문적 기술술·기능 중심적인 사람들은 자신들의 기술을 추구할 수 있다면 전문기능직의 관리자가 되고자 하지만, 반대로 일반 관리직에 대해서는 큰 가치를 두지 않는다. 비록 모든 사람이 전문성으로 시작하지만 이 분야의 성향을 가진 사람은 자신의 전문성으로 경력의 방향을 전개하는 데 내적 만족을 느낀다.

② 관리역량(General managerial competence)

몇몇의 사람들은 경력을 쌓아감에 따라 총괄 관리자가 되고 싶고, 경영 그 자체에 관심을 갖고 중요 정책 결정에 책임지고 자신들의 노력이 성공과 실패의 차이를 만들어내는 수준의 위치에 오르고 싶다는 것을 발견한다. 이 성향의 사람들은 한 분야의 전문화를 하

나의 닻으로 보기에 기술·기능의 사람과는 다르다. 이 경력 닻을 가진 사람은 관리직에서의 승진과 높은 수준의 책임감이 부여된 직무를 갖기를 원한다.

③ 자율성·독립성(Autonomy and Independence)

몇몇의 사람들은 어느 조직에서나 볼 수 있는 규칙, 절차, 근무시간, 의복양식 그리고 다른 규범들에 구속되는 것이 힘들다는 것을 직장생활 초창기부터 알게 된다. 업무내용과는 무관하게 그러한 사람들은 자신들의 방식, 속도 등에 맞게 일하고 싶은 강렬한 욕구를 가지고 있다. 그들은 조직의 생활이 자신들의 삶에 제한적이고 비이상적이며 방해가 된다고 생각한다. 따라서 그들은 보다 독립적인 경력을 선호한다.

④ 안전·안정성(Security and Stability)

일부 사람들은 자신들의 경력을 조직적으로 관리하려는 강한 욕구를 가지고 있다. 그 결과로 그들은 안정감을 느끼고 미래의 일들이 예측 가능하며, 일을 잘 수행해왔다는 사실을 즐기게 된다.

⑤ 기업가적 창의성(Entrepreneurial creativity)

이 성향의 사람들에게 창의적인 욕구라는 것은 새로운 회사, 상품, 서비스를 만들어 경제적으로 성공하는 것을 말한다. 그래서 돈을 번다는 것은 이들에게는 성공의 척도이다. 자율·독립형의 사람들과 이 부류의 사람들을 구분하는 것이 중요하다.

⑥ 봉사·헌신(Service and Dedication)

몇몇의 사람들은 일을 통해 자아실현을 구현하고자 하는 가치관 때문에 직업 세계에 뛰어든다. 그들은 재능이나 능력이 있는 분야보다는 이런 가치관에 더 중점을 둔다. 경력을 선정하는 결정은 더 나은 세상을 만들려고 하는 열망에 기초한다.

⑦ 순수한 도전(Pure challenge)

몇몇의 사람들은 일이든 사람이든 모든 것을 정복할 수 있다는 인식하에 직업을 선정한다. 그들은 불가능한 일을 극복하고 해결할 수 없는 문제를 해결하고, 굉장히 강한 상대

를 제압하는 것을 성공이라고 규정한다. 일을 하나하나씩 해결해나아감에 따라, 그들은 갈수록 더 힘든 도전을 추구한다.

[표 12-1] 경력 닻의 유형 및 특성

유형	특성
기술·기능 역량 Technical and Functional competence	해당 분야의 전문가가 되기 위해 일을 한다. 도전적 일을 맡는 것을 좋아하고 도전을 이루기 위해 자신의 기술을 사용한다. 일을 효과적으로 수행하는 것을 선호한다.
관리역량 Managerial competence	관리자가 되고 싶어 한다. 주로 다른 사람을 상대하고 문제 해결을 좋아한다. 책임감을 가지고 있다. 관리역량을 가진 사람이 성공하기 위해서는 감정적인 역량을 함께 가질 필요가 있다.
자율·독립 Autonomy and Independence	자신만의 규칙에서 일하는 것을 중요하게 생각한다. 정해진 표준보다는 혼자 일하는 것을 더 선호한다.
안전·안정 Security and Stability	자신의 삶에서 안정성과 연속성을 중요하게 생각하고 추구한다. 위험을 피하고 일반적으로 한 직장에서 오래 일하기를 원한다.
기업가적 창의성 Entrepreneurial creativity	새로운 것을 발명하고 창의적이며 자신의 일을 하는 것을 중요시한다. 업무를 공유한다는 점에서 자치를 추구하는 사람들과 다르고 주인의식을 매우 중요시한다. 쉽게 지루해한다. 경제적 부를 성공의 중요한 기준으로 인식한다.
봉사·헌신 Service and Dedication to a cause	재능을 가지고 다른 사람을 돕는 것을 중시한다. 공공 서비스나 인적 자원과 같은 분야에서 주로 종사한다.
순수한 도전 Pure challenge	끊임없이 새로운 도전을 추구한다. 일이 지루해지면 새로운 경력을 시도한다.
생활양식 Lifestyle	라이프 스타일에 우선적으로 초점을 맞춘 사람은 자신의 전체 삶의 방식을 중시한다. 일과 삶의 균형을 넘어 둘의 통합을 추구한다. 여행과 같은 열정을 위해 오랜 시간을 할애할 수도 있다.

⑧ 생활양식(Lifestyle)

의미 있는 경력을 찾고자 하는 많은 사람들이 경력은 삶의 양식의 한 부분이라는 조건
을 단다. 이것은 단지 직업과 개인적 삶과의 균형을 이루고자 하는 것은 아니다. 그것은
개인, 가정 그리고 경력에 있어서 필요한 것들을 한데 묶을 수 있는 방법을 찾는 것이다.

[그림 12-2] KRIVET Issue Brief 20대의 직업 가치관 변화(2009/2020) – 직업선택의 요소 순위

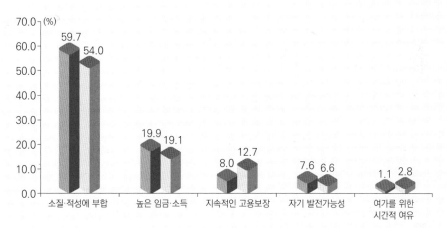

출처: 한국고용정보원, 2022.

토의 12-1

1. 자신이 생각하는 경력 닻의 유형이 무엇인지 점검해보고, 이를 공유해보자.

2. 아래 사례에 나오는 인물의 경력 닻에 대해 자신의 생각을 정리한 후 이를 팀원들과 공유해 보자.

사례

사례 A

이진성 씨는 공대에 진학했다. 평소 새로운 것을 만드는 걸 좋아했고, 대학에 다닐 때에도 창업 동아리 활동을 통해 새로운 도전을 시도해왔다. 졸업이 가까워지자 부모님과 주변의 권유로 안 정적인 직장에 입사 지원서를 냈지만 마음이 편하지 않았다. 결국 취업이 되었지만 6개월 만에 그만두고 마음이 맞는 동기들과 IT 스타트업 사업을 시작했다.

사례 B

박미란 씨는 간호학과 학생이다. 간호사를 꿈꾸며 간호학과를 지원했지만 우연히 참여한 봉사 동아리 활동을 통해 새로운 도전을 꿈꾸게 되었다. 종합병원에 들어가서 간호사가 되기로 마음 을 먹은 대신 국제의료봉사 NGO 단체를 알아보고 정보를 수집하고 있다. 그녀는 앞으로 개발 도상국의 어린이들과 가난으로 인해 치료혜택을 못 받고 있는 사람들을 위한 국제의료봉사 단 체에서 활동하려고 한다. 비록 경제적 수입은 충분하지 않더라도 다른 사람들을 도울 수 있다는 점에서 보람을 느낄 수 있다면 그것이 인생의 진정한 가치라고 생각한다.

사례 C

김지수 씨는 졸업을 앞두고 공무원 시험을 준비하고 있다. 다른 사람들이 뚜렷한 목적 없이 공 무원을 희망하고 준비하지만 김지수 씨의 생각은 다르다. 김지수 씨는 안정적인 상황에서 보다 더 역량을 발휘하는 자신의 모습을 안다. 변화와 새로움보다는 한 가지 기준에 따라 업무를 진 행할 때 마음이 편하고 일에 집중이 잘되는 것이다. 예측가능한 근무 환경과 높은 지위나 중요 한 업무 이전에 소속된 조직과의 일치감을 느낄 수 있다면 만족하며 직장생활을 할 수 있다고 생각하고 있다.

• 자신이 생각하는 나의 경력 닻 유형:

• 이진성 씨, 박미란 씨, 김지수 씨의 경력 닻 유형과 그 이유:

2. 경력개발 방법

(1) 경력개발 방법

효과적인 경력개발을 위해서는 경력개발에 사용되는 모델을 알 필요가 있다. 개인차원의 경력개발 모델 중 대표적인 모델은 그린하우스(Greenhaus), 칼라난(Callanan), 고드샥(Godshak)의 경력관리 모델이 있다. 일반적인 조직 내에서의 경력개발은 조직적 측면과 개인적 측면이 함께 어울려 영향을 미치지만 이것은 조직적 측면보다 개인적 측면에서의 경력개발 방법을 제시하고 있다.

(2) 경력개발 방법의 순서

① 경력탐색(Career Exploration)

자기 자신과 환경에 관한 정보 수집 단계이다. 경력개발을 위해서 자신이 하고 있거나 하고자 하는 직무의 경력경로에 대한 탐색을 해야 한다. 이 과정에서 자기와 비슷한 분야

에 있는 롤모델을 찾는 것은 경력탐색에 중요한 의미를 갖는다.

경력탐색은 가능한 직업 관련 정보, 환경적 측면의 유용한 조직 관련 정보, 기술, 가치, 선호에 대한 정보를 탐색한다. 또한 직무에 있어서 수행에 필요한 주요한 업무의 수준과 필요역량, 요구되는 지식, 기술, 태도, 업무 환경 및 실제 직무에 대한 만족도까지 관련된 다양한 정보를 수집해야 한다.

② 자신과 환경인식(Awareness of self and Environment)

성공적인 경력탐색은 환경에 대한 기회와 제약을 이해하는 것이 중요하다. 곧 경력개발은 개인의 주도성을 기반으로 한 자아인식으로부터 출발한다. 개인과 환경에 대한 자각은 경력목표를 세우는 데 기본적인 판단과 결정의 기초를 두며, 현실적이고 장기적인 관점에서도 경력개발 계획을 세울 수 있도록 근간을 마련해준다.

자신 및 환경에 대한 자각을 위해서는 다양한 방법을 적용할 수 있다. 특히 자기에 대한 분석은 검증된 심리검사 도구를 활용하는 것과 환경에 대한 분석에 있어서는 기업에서 발행하는 경영보고서와 특정 직무와 직업에 대한 설명자료, 홈페이지의 자료실, 기타 직무 관련 커뮤니티의 자료 등을 참고하여 분석할 수 있다.

③ 경력목표 설정(Goal setting)

경력목표는 개인이 획득하고자 하는 의사결정 결과를 의미한다. 확장된 경력목표는 자신, 환경에 대한 인식에 기초할 때, 현실적인 목표가 된다. 경력목표는 자아인식과 자각을 바탕으로 구체적으로 수립한다. 자신이 기대하는 직무와 해당 직무를 수행하는 과정에서 어떤 경력경로로 갈 것인지도 스스로 설정한다.

이러한 과정에서 요구되는 직무역량과 지식, 기술을 어떻게 갖추고 개발할지 확인하고 이를 위한 경력목표를 세우는 것이 필요하다. 경력목표의 기간은 장기(5~7년), 단기(2~3년)를 수립하는 것이 필요하지만 기간이 명확하게 구분된 것은 아니다. 다만 경력목표를 수립할 때에는 아래 사항들을 주의해야 한다.

㉠ 개인의 생애에 걸친 목표와 경력에 대한 요구를 생각하고 목표를 세운다.

㉡ 경력목표를 성취했을 때 받을 수 있는 자기보상 내용과 이익을 명시한다.

ⓒ 목표 성취를 세우는 데 있어 영향을 주는 여러 요인을 파악하고 이를 목표수립에 반영한다.

ⓓ 계획한 목표가 달성되지 못할 때를 대비한 대안 경력목표도 함께 생각해본다.

④ 경력개발 전략개발(Strategy development)

경력 전략이란 경력목표 달성을 위한 행동 계획이자, 전략 수행 계획표와 수행된 행동을 포함한다. 즉, 경력개발 전략은 경력목표를 이루기 위한 행동 계획을 말한다. 전략을 세울 때는 행동이 중심이 되어야 하고, 목표 달성을 위해 구체적인 내용을 포함한 경력개발 전략을 개발하는 것이 중요하다.

경력개발 전략에는 개인의 직무와 관련한 역량을 향상하거나 이를 위한 교육 프로그램의 참가가 있다. 구체적인 방법으로는 관련한 지식 확보와 기술을 개발하기 위해 대학원과 같은 상급학교로의 진학, 개인 멘토와의 연결, 다른 직장으로의 이직, 외부 교육 수강, 관련한 인적 네트워크의 구축 등을 꼽을 수 있다. 이 중에서 가장 중요한 것은 바로 직무수행능력의 향상일 것이다. 직무수행능력 향상은 현재의 직무뿐 아니라 변화될 미래의 직무에도 도움이 될 수 있도록 개발하는 것이 필요하다. 더불어 직업기초능력을 어떻게 향상시킬지에 대한 전략도 함께 고민해야 한다. 개인적 측면이 강조되더라도 경력개발 전략은 조직의 인력개발 계획과 시스템을 고려하는 것이 필요하다.

⑤ 전략 이행(Strategy implementation)

전략 이행은 경력개발 전략을 실천하는 것이다. 개인이 개발하고 있는 전략의 수행과 관련한 시기이다. 이때 중요한 것은 명확한 계획의 행동보다 실제적 전략의 추구가 목표 도달 가능성을 증가시킨다.

이 시기에는 경력목표와 전략 수립 때에 정한 경력개발 방향과 단계에 따라 전략을 실행하는 것이 무엇보다 중요하다. 전략을 실행할 때는 끊임없이 경력목표가 적합한지, 달성 가능한지에 대한 현실성을 점검해야 한다. 잘못 설정된 경력목표는 수정해야 하고, 발달 및 환경의 변화에 따른 개인의 가치관 변화를 반영하여 구체적이고 명확한 목표를 세우거나 필요시 목표 자체를 수정할 수 있다.

⑥ 목표를 향한 과정(Progress toward the goal)

목표를 향한 과정은 곧 개인이 경력목표에 다가가기 위한 범위이다. 관련하여 개인은 자신에게 적합한 범위를 설정하는 것이 필요하다. 또한 성과를 향한 결과만 중시하다 보면 과정을 놓치는 경우가 발생하지만 과정을 함께 인식하는 것이 필요하다.

이 단계는 개인이 경력목표에 가까이 다가간 단계이다. 일반적으로 추구하는 계획을 가지고 있다면 희망하는 위치에 도달하는 것이 수월하다. 경력목표를 성취하기 위해서는 무엇보다 실행이 필요한데 스스로를 끊임없이 동기부여해야 한다.

⑦ 작업 및 비작업 자원으로부터 피드백(Feedback from work and nonwork sources)

경력목표 전략의 실행과 관련한 다양한 영역(실적, 개인진단, 다면평가-동료와 상사평가)과 관련되지 않은 영역(가족, 친구, 가까운 지인 등)으로부터 개인의 경력목표 달성의 수행에 대한 피드백을 통해 목표를 향한 가치 있는 정보를 획득하는 것이 중요하다. 피드백은 효과적인 경력개발을 위한 주요한 도구가 된다.

 경력개발 Tip **조직에서의 경력개발 방법**

■ 직무순환(job rotation): 조직 내의 업무들을 일정기간 동안 순환하여 근무하게 하는 방식
■ 경력워크숍: 구성원을 집단으로 모아놓고 자신의 경력 계획을 어떻게 준비하고 실행할 수 있는지에 관해 배우고 구체화해나가는 행사
■ 경력자원센터: 경력과 관련한 자료를 체계적으로 관리하는 체제
■ 경력 상담: 전문상담자를 통해 조직 구성원의 경력에 관련한 문제를 상담하여 지원해주는 방식
■ 멘토링: 선배가 후배 직원에게 경력발달을 촉진, 향상시켜주고 자신의 역할을 적절하고 훌륭하게 수행할 수 있도록 필요한 기술과 요령을 습득하도록 돕는 제도
■ 조기발탁제: 미리 핵심인재를 선발하여 이들의 경력개발을 집중 투자하는 제도
■ 직무 공고(job posting): 사내공모제라고 하며 새로운 자리가 있을 경우 사내에서 공개 모집하여 지원자 가운데서 적격자를 선발하는 제도
■ 경력개발제도(career development program): 개인의 입사부터 퇴직까지의 경력경로를 개인과 조직이 함께 설계하고 장기적 관점에서 관리해나가는 종합적 인적 자원개발 체계

⑧ 경력평정(Career appraisal)

경력평정 곧 평가는 경력목표를 향한 과정에서의 피드백과 정보가 된다. 경력개발 과정에서 얻게 되는 교육이수 내역과 같은 산출물과 승진과 이직 같은 경력개발 결과, 일을 포함한 다양한 영역에서 받은 피드백을 바탕으로 스스로 경력개발을 평가한다. 이와 같은 평가는 경력탐색 단계부터 반복적으로 수행하여 개인의 경력개발을 지속해나간다. 또한 경력탐색의 새로운 과제 부여를 통해 경력 관리 과정은 일련의 다른 활동으로 이어지게 된다.

토의 12-2

☎ 자신만의 경력개발 계획을 세워보고 정리한 후 이를 팀원들과 공유해보자.

경력탐색	관심 있는 경력(기업 중심으로)에 대한 정보 수집
환경인식	자신의 이력 및 자격증, 경력사항 정리
경력목표 설정	이루고 싶은 경력목표 설정(단기, 장기)
경력개발 전략	경력목표 달성을 위한 구체적인 행동 계획 설정
기타	

3. 경력 포트폴리오

(1) 경력 포트폴리오의 개념

경력 포트폴리오(Portfolio)는 개인의 실력과 역량을 보여줄 수 있는 작품이나 관련 내용 등을 집약한 자료 수집철 또는 작품집을 말한다. 포트폴리오는 문자적으로 보면 서류가방, 자료수집철, 자료묶음 등을 의미하지만 실제로는 개인의 이력이나 경력 또는 실력 등을 보여줄 수 있도록 자신이 과거에 만든 작품이나 관련 내용 등을 모아놓은 자료철 또는 실기와 관련된 경력증명의 자료 묶음을 뜻한다.

예전에는 바인더, 클리어파일, 스크랩북 등을 이용했는데, 정보통신 기술의 발달로 컴퓨터 파일 등을 이용하는 경향이 늘고 있다. 자신의 실력을 남에게 보여주기 위한 자료철이기 때문에 자신의 독창성과 능력을 한눈에 알아볼 수 있도록 간단 명료하게 만드는 것이 좋다.

(2) 경력 포트폴리오의 중요성

2015년 취업 포털사이트에서 인사담당자 163명을 대상으로 조사한 바에 따르면 '포트폴리오가 채용에 미치는 영향이 있는가?'라는 설문에 90.8%가 채용에 영향을 미친다고 응답했다. 이와 같이 채용에 있어서 제대로 된 포트폴리오를 가지고 있다는 것은 취업에 유리한 위치를 점하게 된다는 것을 의미한다.

마케팅에서 주로 사용하는 표현으로 자기의 제품이나 브랜드의 위치를 만드는 것을 포지셔닝(Positioning)이라고 한다. 개인의 포지셔닝은 자신의 정체성과 차별점을 드러내는 데 필수적이다. 개인이 포지셔닝을 잘하기 위해서는 자신만의 경력 포트폴리오를 만드는 것이 필수적이다. 경력 포트폴리오는 과거의 경험과 경력에 대한 수집과 정리를 통해 자신의 역량을 보여주는 도구이기 때문이다.

최근 취업에서 강조되는 것은 직무 적합성이다. 기업에서는 단순한 스펙을 넘어 '직무

에 적합한 사람인가?', '적합한 역량을 가지고 있는가?'를 중시하는 추세이다. 채용의 단계에서 개인의 경력이 담긴 경력 포트폴리오 작성을 통해 자신이 가지고 있는 직무 적합성을 보여줄 수 있다. 경력 포트폴리오는 개인의 숨은 역량과 직무 적합성을 보여줄 수 있는 도구가 된다.

(3) 경력 포트폴리오 작성 방법

경력 포트폴리오를 구성하는 데 중요한 것은 전략적으로 작성을 해야 한다는 점이다. 기본적으로 포트폴리오는 개인이 관심을 갖고 희망하는 업종과 관련이 있어야 한다. 예를 들어 스펙을 위해 모든 공모전을 지원하고 준비하는 것보다는 본인이 관심 있는 분야에 대한 조사와 준비를 바탕으로 지원하는 것이 도움이 된다. 커뮤니티 활동이나 아르바이트 활동도 직무와의 연관성을 고려하면 이력서의 경쟁력을 상승시키는 효과를 낼 수 있다. 이 외에도 자격증을 취득하거나 해외 연수 및 활동, 다양한 외부 활동에도 희망하는 직무나 업종과 관련이 있는가를 판단하고 지원하는 것이 필요하다.

경력 포트폴리오 작성의 3W

WHO: 누구에게 보여줄 것인가? 누가 평가하는가?

WHY: 왜 보여주는가? 작성의 이유는 무엇인가?

WHAT: 무엇을 보여줄 것인가? 무엇으로 채울 것인가?

경력 포트폴리오의 구성요소로는 개인적 성향(장단점, 성격 등)과 관련 직업에 대한 지식, 경험(아르바이트, 동아리 활동 경험), 요구 기술과 역량, 과거에 이룬 성과 등을 포함시켜야 한다. 경력 포트폴리오를 만드는 구체적인 방법은 다음과 같다.

① 포트폴리오 작성을 시작하라.

경력 포트폴리오 작성은 일단 시작하는 것이 중요하다. 처음부터 완벽한 결과물이 나오는 것은 아니다. 일단 시작하고 나중에 고치고 보완해나가는 것이 더 효과적이다.

② 내용을 구체화시켜라.

구체화는 곧 차별화다. 같은 경험을 해도 느낌과 상황이 다르다. 특히 개인만이 가진 독특한 경험은 그 과정에서 어떻게 대처했는지 구체적으로 작성하는 것이 중요하다. 미래에 대한 계획을 담은 경력 포트폴리오를 작성할 때도 구체적으로 개인의 강점과 경험을 어떻게 활용할 것인지 작성하는 것이 필요하다.

③ 시행착오를 통한 배움을 반영하라.

과거의 경험에 대한 경력 포트폴리오를 작성하다 보면 지나온 과정과 경험이 자신의 뜻대로만 되지 않았다는 것을 깨닫게 된다. 우선 과거의 실패에서 배운 교훈과 깨달음을 구체화시키는 것이 중요하다.

무엇보다 시행착오를 통해 무엇을 배웠는지를 기록하고 새로운 경력 포트폴리오 내용에 반영하는 것이 필요하다. 사격이나 양궁을 할 때 서서히 과녁의 가운데로 맞춰가듯 다양한 경험과 계획을 통해 개인경력 목표의 중앙에 이를 수 있도록 노력해야 한다.

④ 효과적으로 포장하라.

개인적 경력 포트폴리오가 아닌 경력 증명을 위한 포트폴리오라면 내용만큼이나 포장이 중요하다. 매력 있는 타이틀을 쓴다는 것은 개인의 결과물을 더욱 가치 있게 만드는 전략이다. 같은 타이틀이라면 상투적인 표현보다는 보는 사람에게 호기심을 일으킬 수 있는 방식이 좋다.

학습평가 Quiz

1. 아래 빈칸에 해당하는 것은 무엇인가?

> (   )이란 인간의 배가 흔들리지 않도록 고정해주는 닻이 있듯이, 경력과 관련한 선택에서 무게 중심을 갖게 하는 자신만의 경력가치관을 의미한다.

① 경력 닻
② 경력심리
③ 경력뿌리
④ 경력 유연성

2. 아래 특성은 경력 닻 유형 중 무엇에 해당하는가?

> 주로 다른 사람을 상대하고 문제 해결을 좋아한다. 책임감을 가지고 있다. 이것을 가진 사람이 성공하기 위해서는 감정적인 역량을 함께 가질 필요가 있다.

① 기술·기능 역량
② 관리역량
③ 기업가적 창의성
④ 순수한 도전

3. 다음 중 경력개발 계획 수립 방법에 해당하지 않는 것은?

① 경력탐색
② 경력목표 설정
③ 전략 이행
④ 환경에 대한 인식

4. 경력 포트폴리오의 작성 및 보관 도구가 아닌 것은?

① 개인 다이어리
② USB
③ CD-ROM
④ 스크랩북

5. 다음 중 경력 포트폴리오의 작성 방법으로 틀린 것은?

① 일단 경력 포트폴리오 작성은 자료를 충분히 수집한 후 시작하라.
② 경력 포트폴리오 내용을 구체화시켜라.
③ 시행착오를 통한 배움을 반영하라.
④ 효과적으로 포장하라.

학습내용 요약 Review(오늘의 Key Point)

1. 경력 닻이란 인간의 배가 흔들리지 않도록 고정해주는 닻이 있듯이, 경력과 관련한 선택에서 무게 중심을 갖게 하는 자신만의 경력가치관을 의미한다. 미국의 심리학자 쉐인(Schein)이 경력 닻(Career Anchor)이란 개념과 진단 도구를 처음으로 제시했다.

2. 경력 닻은 기술, 기능역량, 관리역량, 자율성·독립성 역량, 안전·안정성 역량, 사업가적 창의성, 봉사·헌신, 순수한 도전, 생활양식까지 8개 유형으로 구분된다.

3. 개인차원의 경력개발 모델 중 대표적인 모델은 그린하우스(Greenhaus), 칼라난(Callanan), 고드샥(Godshak)의 경력관리 모델이다. 여기에 근거한 경력개발 방법은 경력탐색, 자신과 환경인식, 경력목표 설정, 경력개발 전략 개발, 전략 이행, 목표를 향한 과정, 작업 및 비작업 자원으로부터 피드백, 경력평정 순이다.

4. 경력 포트폴리오는 개인의 이력이나 경력 또는 실력 등을 보여줄 수 있도록 자신이 과거에 만든 작품이나 관련 내용 등을 모아놓은 자료철 또는 자료 묶음, 작품집으로, 실기와 관련된 경력증명서를 뜻한다.

5. 경력 포트폴리오를 만드는 구체적 방법으로는 일단 포트폴리오 작성을 시작하고 내용은 구체화해야 하며, 시행착오를 통한 배움과 깨달음을 반영하여 작성하고, 마지막으로 효과적으로 포장을 하는 것이다.

 Mission 경력 포토폴리오 작성하기

자신이 지금까지 쌓아온 경력과 관련된 경험과 자격증 등을 포토폴리오 방식으로 작성하시오.

경력 포토폴리오는 아래 해당 양식에 맞춰서 우선순위와 중요도에 따라 내용을 채우시오.

예 자격증, 수상경력 최대 3개

기본 정보	이름	
	소속/학교	
	부서/학과	
	학과 성적	

자격증	자격증	내용

수상경력	수상일자	내용

경력 관련 경험	기간	활동 내용

기타 사항		

경력개발의 새로운 이슈

목차

1. 경력개발 및 고용변동 요인
2. 취업시장의 이슈
3. 경력개발의 이슈
4. 경력개발의 과제

학습목표

- 경력개발 및 고용변동의 요인을 이해할 수 있다.
- 취업시장의 최근 이슈에 대해 설명할 수 있다.
- 경력개발의 최근 이슈에 대해 설명할 수 있다.
- 성공적인 경력개발을 위한 과제를 인지하고 준비할 수 있다.

핵심단어

고용변동, 취업 및 경력개발 이슈, 4차 산업혁명, 경력개발 과제

13
Chapter

4차 산업혁명과 일자리

4차 산업혁명은 1차 기계화, 2차 전기화, 3차 정보화에 이은 새로운 산업혁명을 말한다. AI 와 로봇, 사물인터넷(IoT), 빅데이터 등 신기술이 기존 산업과 융합해 새로운 가치를 만들어 내거나 더 나은 생산성을 향상시킨다는 의미로 해석되고 있다.

2016년 1월 스위스 다보스에서 열린 WEF에서 의장인 클라우스 슈밥이 처음 언급한 이후 세계적 화두로 떠올랐다. 당시 슈밥은 "우리의 삶을 송두리째 바꿀 4차 산업혁명이 다가오 고 있다"며 "그 속도가 기존 혁명과 비교할 수 없을 만큼 빠르고 광범위하게 일어나고 있다" 고 말했다.

4차 산업혁명의 시초는 독일에서 시작되었다고 해도 과언이 아니다. 독일의 사례를 보면 4 차 산업혁명이 얼마나 중요한지 좀 더 쉽게 이해할 수 있다. 슈밥은 독일이 2011년부터 추 진해온 제조업 혁신 정책, 이른바 '인더스트리 4.0'을 토대로 4차 산업혁명의 도래를 직감 했다고 말했다. 인더스트리 4.0은 쉽게 말하면 완전 자동화된 생산시스템, 곧 '스마트 공장' 의 확산이라고 할 수 있다. 독일 안스바흐에 위치한 아디다스 스마트 공장이 대표적 사례다. 2016년에 문을 연 이 공장에서는 연간 50만 켤레의 신발을 생산하는데, 직원은 단 10명뿐 이다. 기존 제조 공정에 로봇, IoT를 접목해 600여 명이 담당했던 노동력을 대체한 것이다. 또 종이가 아닌 물건을 인쇄하는 개념인 3D프린팅 기술을 통해 일괄적인 대량생산이 아닌 맞춤형 소량생산도 가능한 시대가 되었다.

아마존에는 AI를 연구하는 인력이 1,000명가량 된다. 손정의 일본 소프트뱅크 사장은 지난 10월 사우디와 공동으로 1,000억 달러(약 116조 8,400억)의 펀드를 조성, IoT, AI, 로봇 등과 관 련된 분야에 투자하겠다고 발표했다. 4차 산업혁명이 가져올 변화는 우리의 삶의 질을 높 여주게 될 것이다. 또한 새로운 일자리의 변화를 초래할 것이다. 슈밥의 이야기처럼 우리들 의 삶에 근본적인 변화를 일으킬 것이다.

4차 산업혁명과 AI, 빅데이터, 로봇 기술의 발달이 인간의 일과 경력개발에 영향을 미칠 것 을 의심할 사람은 없다. 우리는 변화의 영향권 앞에 놓여 있거나 이미 변화의 중심 속에서 살고 있는지 모른다. 13장에서는 새로운 기술의 발전에 맞춰 변화되는 경력개발과 고용변 동의 요인과 이슈를 참고하여 올바른 대응을 위한 경력개발의 과제를 학습한다.

1. 경력개발 및 고용변동의 요인은 무엇인가?

2. 취업시장의 최근 이슈는 무엇인가?

3. 경력개발의 최근 이슈는 무엇인가?

4. 우리에게 필요한 경력개발 과제는 무엇인가?

1. 경력개발 및 고용변동 요인

(1) 인구구조 및 노동변동의 요인 분석

① 인구구조 및 노동인구 변화

우리나라의 인구는 2031년 5,295만 8천 명을 정점으로 한 후 감소할 것으로 예상되고 있다. 우리나라의 인구구조 변화는 낮은 출산율과 학령인구의 감소, 고령화에 따른 노인인구의 증가, 1인 가구의 증가로 볼 수 있다. 또한 최근에 지속되고 있는 저출산으로 인해 2017년부터 시작되는 생산가능인구(15~64세)의 감소로 연결되고 있다.

이와 같은 인구구조 및 노동인구의 변화는 고령자의 취업과 여성의 경제활동, 재외동포를 포함한 외국인 노동자의 국내유입 증가와 근로조건이 열악한 직종을 중심으로 한 구인난으로 나타나고 있다.

② 대내외 경제 상황 변화

대내외 경제 상황의 변화는 국내 산업전망은 물론 직장인의 일자리에도 직접적으로 영향을 미치게 된다. 일반적으로 국내외 경기가 좋아지면 기업들의 경영 실적이 개선되고 일자리가 증가한다. 그러므로 대내외 경제 상황을 분석하고 전망하는 것이 중요하지만 이는 불확실성이 크기 때문에 단기간의 경기에 대한 전망을 고용 전망에 대입하는 것에는 한계를 가진다.

다만 최근의 대내외 경제 상황에서 몇 가지 키워드를 꼽자면 국내 경제의 저성장 진입, 중국 경제의 꾸준한 성장, 저임금의 중국과 첨단기술의 일본 사이에 낀 상황, 글로벌 경기의 침체 및 글로벌 경쟁의 심화, 새로운 미국 정부의 보호무역주의 강화, 브렉시트 이후의 유럽 경제의 불안 등이 존재한다.

③ 기업 경영전략 변화

기업의 경영전략 변화는 고용 및 취업상황에 즉각적인 영향을 보인다. 이러한 영향을

주는 경영전략의 변화로는 생산시설의 해외 이전 또는 국내 유턴현상과 자동화 생산시설의 확대, 유망 신사업 개발 및 투자의 확대, 유연근무제 확산 등이 포함된다.

④ 산업특성 및 산업구조 변화

우리나라의 산업구조는 수출주도형이다. 최근에 글로벌 경쟁의 심화와 세계 경기의 악화가 지속되면서 수출주력 산업들이 경쟁력을 잃어가고 있다. 조선과 해운, 철강, 석유화학, 건설 등 우리나라 경제 중심으로 일자리를 창출했던 기존 산업들이 최근에는 고전을 하고 있고 구조조정을 눈앞에 두고 있다.

정부와 산업계는 이러한 제조업 중심의 산업구조를 첨단산업 중심으로 변경하여 경쟁력을 강화하려고 노력했고 이를 위한 지원을 강화해왔다. 이러한 첨단산업 중심으로 산업구조가 변경된다면 새로운 분야에서의 고용창출이 확대될 것으로 예상된다.

⑤ 4차 산업혁명과 과학기술 발전

4차 산업혁명과 과학기술의 발전은 분야에 따라서 시기적 차이가 있겠지만 고용과 직무에 직접적이고 강력한 영향을 줄 것으로 예상된다. 그 예로는 4차 산업혁명 선도 기술직의 고용 증가, 4차 산업혁명으로 핵심인재 중심의 인력재편 가속화, 기계화·자동화로 대체가능한 직업의 고용감소, 고령화·저출산 등으로 의료·복지 직업의 고용증가, 경제성장과 글로벌화에 따른 사업서비스 전문직의 고용증가, 안전의식 강화로 안전 관련 직종의 고용증가, ICT 융합에 따른 직업역량 변화 등을 꼽을 수 있다.

⑥ 기후변화 및 에너지 부족

환경과 에너지 문제는 국내뿐 아니라 국제적 문제지만, 글로벌 상황 변화에 따라 영향을 받기도 할 것이다. 예를 들어 최근 세계 각국은 자동차 배기가스, 환경 호르몬 등의 환경 기준에 적합하지 않은 제품은 수입을 금하는 추세이다. 즉, 석유 등 에너지 자원은 글로벌 공급과 수요에 따라서 가격 등락이 결정되고, 이것은 다시 조선과 해운 같은 영향권에 있는 산업의 경기 상황과 고용 및 노동시장에 영향을 미치게 될 것이다.

 사례

국내 회사원 94% "경력개발도 AI 기술이 사람보다 나아"

오라클과 기업인사 리서치업체 워크플레이스 인텔리전스(Workplace Intelligence)가 경력개발을 위한 AI 활용 의지가 높아지고 있다고 발표했다. 한국을 포함 전 세계 주요 13개 국가에서 1만 4,600명 이상의 인사담당자 및 임직원을 대상으로 진행된 이번 '업무환경과 AI(AI@WORK)' 조사에서 특히, 한국 근로자의 경우 향후 미래를 결정하는 데 있어 기술의 도움을 받기를 원하는 비율과 경력개발에 사람보다 AI를 활용하겠다는 응답이 글로벌 평균을 상회하는 것으로 나타났다.

조사에서 응답자의 85%는 자신의 미래를 결정하는 데 있어 기술의 도움을 받기를 원했으며, 한국의 경우 글로벌 평균 수치보다 높은 92%가 이에 동의했다. 이들은 각각 새로운 기술 습득 방식을 추천(39%)하며, 경력 목표 달성을 위한 다음 단계를 제시(34%)해주고, 개발이 필요한 기술을 파악(31%)해주길 바라는 등 AI에 대한 높은 기대감을 보였다.

사람보다 AI가 경력개발에 더 도움이 된다는 의견은 82%에 달했고, 한국은 이보다 더 높은 94%의 응답률을 보여주었다. 그 이유로는 편견 없이 공정하게 추천(42%)하고, 현재 역량이나 목표에 적합한 맞춤식 리소스를 제공(34%)하며, 경력과 관련해 신속하게 답변을 제공(34%)하고 자신의 현재 역량에 맞는 새로운 직업을 찾아줄 수 있다(31%)는 점을 꼽았다.

반대로 여전히 사람이 경력개발에서 더 중요한 역할을 하고 더 도움이 된다는 답변도 있었는데, 이들은 개인적인 경험을 바탕으로 한 조언 제공(46%), 장단점 분석(44%), 단순한 이력 이외에 개인 성격에 맞는 업무 추천(41%)이 가능한 점을 중요시했다.

기업들이 좀 더 직원들의 니즈를 반영해야 한다는 근로자는 글로벌 평균 87% 그리고 한국 93%로 향후 기업 내에서 직원들의 경력개발에 대한 지원이 더 많아져야 함이 강조되었다. 이에 더해 AI 등과 같은 첨단 기술을 활용해 경력개발을 지원하는 기업이라면 계속 함께할 의사가 있다고 답한 응답자는 55%에 달했다.

출처: 인더스트리뉴스(http://www.industrynews.co.kr), 2021.11.04.

⑦ 가치관과 라이프스타일의 변화

시대가 변화됨에 따라 가치관과 라이프스타일의 변화는 노동시장을 포함한 직업세계 전반에 걸쳐 영향을 미칠 것이다. 하지만 삶의 모습 자체를 변화시키기 때문에 그 영향력은 장기적이고 깊은 변화를 초래할 것으로 예상된다. 가치관과 라이프스타일의 변화에

 [표 13-1] 경력개발 및 고용변동 요인

	고용시장의 동향	내용
확실성 요인	인구구조 및 노동인구 변화	저출산, 고령화, 1인 가구의 증가, 생산기능인구의 감소, 여성의 경제활동 증가, 외국인 근로자 증가
	산업특성 및 산업구조 변화	산업구조의 고도화, 타 산업과의 융합 등 산업 육성을 위한 정부의 전략적 지원
	4차 산업혁명과 과학기술 발전	4차 산업혁명에 따른 과학기술의 발전(로봇화, 자동화, IoT, 자율주행, AI, 빅데이터 등)
	기후변화 및 에너지 부족	환경요인(환경오염, 기후변화, 자연재해 등)과 에너지자원 요인(자원고갈, 국가 간 자원경쟁 등)으로 인한 규제 강화, 산업육성
	가치관과 라이프스타일의 변화	사회의 복잡화, 개인화, 생활수준의 질 향상 등으로 새로운 산업수요 증가
불확실성 요인	대내외 경제 상황 변화	세계 및 국내 경기 전망
	기업 경영전략 변화	기업의 생산시설의 해외이전 또는 국내 유턴, 기업의 인수합병
	정부정책 및 법, 제도 변화	각종 규제 완화, 신직업 육성 및 자격제도 신설, 다양한 정책의 적용

따른 대표적인 예는 건강과 미용에 대한 관심 증가, 생활환경 및 환경보호에 대한 관심 증가, 착한 소비 및 합리적 소비 추구 경향, 혼족 문화 증가, 안전의식 강화, 반려견 문화 확산, 자신만의 라이프스타일 추구 등이 있다.

⑧ 정부정책 및 법, 제도 변화

중앙정부나 지방자치단체에서 추진 중인 다양한 정책이나 법률, 제도가 일자리 전망에 영향을 줄 것으로 보인다. 대표적 예로 최근의 청년 실업 대책이나 지원 제도가 여기에 속

한다. 그 외 신성장동력 산업육성 정책, 문화육성 정책, 사회복지 정책, 교육 정책, 고용정책, 부동산 정책 등을 대표적인 예로 꼽을 수 있다.

출처: 2017 한국직업전망, 한국고용정보원, 2017.

🐾 고용변동 요인으로 인해 변화될 취업과 일자리, 경력개발과 관련하여 자신의 개인적 생각을 정리하고, 이를 팀원들과 공유해보자.

> 🖎 고용변동으로 인한 일자리 전망:

 2. 취업시장의 이슈

(1) 직무능력과 직무적합성 강조

기업이 요구하는 인재상이 바뀌고 있다. 기업들은 무한경쟁시대로 접어들었다. 기업이 치열한 경쟁 속에서 살아남기 위해서는 경쟁사보다 부가가치가 높은 새로운 것을 창조하거나 당면 문제를 효율적으로 해결할 수 있는 인재를 뽑아야 한다. 개인이 경쟁력을 갖췄다는 것은 해당 직무를 가장 잘 수행할 수 있는 직무능력과 직무적합성을 갖춘 사람, 즉 전문지식과 해당 분야에 대한 다양한 경험이 있는 사람을 의미한다. 단순한 스펙이 아닌 해당 직무에 적합한 능력을 가지고 있는가는 취업시장에서 중요한 이슈가 되고 있다. 더

하여 직무에서 요구하는 적합한 능력뿐 아니라 사회인으로서 갖춰야 할 기초적인 능력을 갖추는 것이 채용 단계에서 중요시되고 있다.

(2) 블라인드 & AI 활용 채용

입사지원서나 면접 등 채용 과정에서 지원자의 출신 지역이나 신체 조건, 가족관계, 학력 등 편견이 개입될 수 있는 정보를 요구하지 않고 대신 직무 수행에 필요한 지식과 기술 등을 평가하는 데 초점을 맞춘 채용 방식에 대한 선호가 늘어나고 있다. 2017년 7월에는 평등한 기회, 공정한 과정을 위한 블라인드 채용 추진방안을 발표하면서 7월부터는 322개 공공기관 전체가 블라인드 채용 전면 시행에 들어간 데 이어 8월부터는 149개 지방 공기업에서도 블라인드 채용이 실시됐다. 이로 인해 학력 및 사진 부탁 금지 등은 권고가 아닌 의무사항이 되었으며 공공기관뿐 아니라 일반 기업에서도 블라인드 채용의 도입이 늘어나고 있는 추세이다.

또한 대기업을 중심으로 AI 역량검사를 도입한 기업이 늘어나고 있으며 향후 확대하는 것에 대해서도 긍정적인 생각을 가지고 있는 것을 알 수 있다. 서류전형뿐 아니라 인적성 검사에서도 AI를 도입한 채용 방식이 꾸준히 늘어날 것으로 예상된다.

 사 례

기업 5곳 중 3곳, "AI 도입, 채용에 도움된다" … 도입 의향도 46%

'AI 역량검사'를 도입한 대기업들이 예전보다 늘어남에 따라, 최근 취업준비생이나 직장인 커뮤니티에도 후기들이 빈번하게 올라오고 있다. 실제 기업들은 'AI'를 채용 과정에 도입하는 것에 대해 어떻게 생각하고 있을까. 구인구직 매칭 플랫폼 사람인(www.saramin.co.kr, 대표 김용환)이 기업 560곳을 대상으로 '채용 과정에 인공지능(AI) 도입'에 대한 생각을 들어봤다.

응답기업의 절반이 훌쩍 넘는 58.8%는 '채용에 인공지능이 도움된다'고 보고 있었다. 이들 기업은 '시간 및 노동력 투입의 감소로 채용 비용 감소'(54.4%, 복수응답)를 인공지능의 가장 큰 효용성으로 보고 있었고, '인사담당자의 불필요한 업무 줄여 채용 효율성 향상'(48.9%), '채용 과정의 공정성 및 투명성 확보'(46.5%), '묻지마 지원자 등 허수를 빠르게 제외할 수 있어서'(31%), '객관적 평가 가능'(27.1%) 등이 이어졌다.

하지만 실제로 인공지능 채용 솔루션을 도입한 기업은 겨우 6.1%에 그쳤다. 대부분은 'AI 역량 평가'(76.5%, 복수응답)를 활용하고 있었고, 'AI 화상면접'(29.4%), 'AI 자기소개서 분석'(26.5%) 등의 순이었다. 현재 도입을 안 한 기업들도 향후 도입의사 여부에 대해서는 46%가 '채용과정에 인공지능 도입할 의향 있다'고 답했다.

그렇다면, 인공지능은 채용 과정 어느 부문에 가장 도움이 될까. 기업들은 '서류전형'(60%, 복수응답)을 1순위로 꼽았다. 시간이 가장 많이 소요되기 때문인 것으로 보인다. 이어 '인적성검사'(37.3%), '모든 전형에 다 도움'(15.7%)의 답변이 이어졌다.

인공지능이 가장 채용 효과를 낼 수 있는 직무로는 '재무/회계'(34.8%, 복수응답)가 1순위로 꼽혔다. 다음으로 'IT/정보통신'(31.6%), '인사/총무'(20.9%), '제조/생산'(18.6%), '구매/자재'(18.2%) 등이 이어졌다. 사람을 직접 대면해야 하는 일이 많은 '서비스'(8.2%) 직무는 AI를 활용한 채용으로는 판단하기 어려울 것으로 보았다.

기업들은 '인공지능 채용 시스템'에 대해서는 65.2%가 '긍정적'이라고 답변한 만큼, 향후 채용과정에 인공지능을 도입하는 기업들은 더 늘어날 것으로 보인다.

출처: 사람인 취업뉴스, 2022.3.3.

(3) 경력직 선호

기업들의 채용관행도 변하고 있다. 과거에는 신입사원 위주의 공개 채용 방식에서 이제는 바로 실무에 투입할 수 있는 경력사원을 수시로 채용하고 있다. 신입사원 재교육 기간 및 비용이 평균 19.5개월, 약 6천만 원이 발생한다. 즉, 신입사원은 시간과 비용을 들여 훈련을 시켜야만 업무효율을 기대할 수 있기 때문에 단기성과를 기대하기 어렵다. 또한 기업 간 수평적 이동에 대한 거부감이 줄어들고 역량에 따라 자유롭게 이동할 수 있는 분위기가 확산되면서 경력직 선호와 이에 따른 이동은 더욱 늘어날 전망이다.

토의 13-2

☎ 직무와 능력중심의 취업시장 개편에 대해 취업을 준비하는 학생들은 환영하는 입장이나 아직까지도 여전히 학벌과 스펙을 요구하는 분위기가 존재하고 있다. 변화되고 있는 취업시장의 이슈에 대한 자신의 생각을 정리하고, 이를 팀원들과 공유해보자.

✎ 취업에 대한 나의 견해:

3. 경력개발의 이슈

(1) 일의 비연속성에 따른 경력의 불안전성

전통적으로 경력의 개념은 직업적으로 중단이 없는 전진이라는 의미를 포함하는 개념

이야기

프로틴 경력

변화무쌍한 경력조직보다는 개인에 의해 주도되고 환경변화에 따라 자유자재로 변화가 가능한 능력을 갖춘 경력을 의미한다. 이 용어는 마음대로 자신의 모습을 바꿀 수 있는 그리스의 신 Proteus에서 나온 말로 프로틴 경력(Protean career)은 수직상승이라는 객관적 사실보다는 본인이 느끼는 심리적 성공에 초점을 맞춘다. 프로틴 경력에서는 직업적 성취보다 개인의 자부심이나 성취감 등 본인이 주관적으로 성공했다고 느끼는 것이 중요하다는 것이다. 그런 의미에서 프로틴은 '마음속에 있는 경력'이라 할 수 있다. 또한 지속적 학습을 강조한다. 개인의 경력단계는 나이가 얼마나 되었나보다 실제로 개인이 무엇을 학습했는가 하는 학습단계가 중요하다는 것이다. 그러므로 프로틴 경력에서는 직무수행능력보다는 전반적 적응력을 중시하며, 직업적 성공보다는 심리적 성공을, 일을 중심으로 한 자아보다도 총체적 자아를 성공의 지표로 삼는다.

이었다. 그러나 최근의 고용시장의 유연성과 조직의 위계 축소는 이러한 전통적 개념이 약화되고 있다. 관련하여 경력지진(Career-quake) 혹은 경력 아나키(Career anarchy)라는 표현은 이러한 경력의 구조적 불안전성 현상을 잘 나타내는 표현이다.

(2) 개인 주도적 경력

평생직장 시대에서의 경력은 한 조직에 머물면서 한 가지 업무에서 전문성을 키워가 며 승진하는 이상을 가지고 있었다. 그러나 현대의 조직은 위계 구조의 변화와 저성장으로 인해 안정적으로 개인의 경력을 승진시킬 수 없는 상황에 놓여 있다. 오히려 상시적으로 구조조정과 조직 변경에 직면하고 있다. 개인적으로 봐도 입사하게 될 직장을 평생직장으로 보는 것은 어렵다. 아직까지 피라미드형 조직이 있기는 하지만 그보다 수평적 전문성을 강조하거나 자기주도성과 창의성, 자율성을 가진 느슨한 구조의 조직이 증가하고 있기 때문이다. 이런 상황에서는 조직을 통한 경력개발보다는 개인 주도성과 책임이 더 크게 강조된다. 즉, 새로운 경력은 개인이 다양한 도전을 통해 심리적 성취를 이루면서 스스로 자신의 '경력나이'를 쌓아가는 개념으로 바뀌고 있다.

(3) 주관적인 구성적 경력의 중요성

경력의 구조적 불안전성과 개인의 주도성은 곧 객관적 경력을 대신한 주관적 경력의 개념을 낳게 된다. 과거 조직에서는 순차적으로 승진하고 객관적으로 지위가 정해지는

이야기

무경계 경력

무경계 경력(Boundaryless career)이란 21세기 들어 경력 패러다임의 변화가 나타나면서 새로이 등장한 개념이다. 이는 단일한 고용 환경의 경계를 뛰어넘은 하나의 직무 기회들로 정의되는데, 개인의 경력경로가 조직이나 산업, 직업 심지어 국가의 경계까지도 넘어 전개된다는 점을 강조한다. 무경계 경력은 철저하게 조직이 아닌 개인이 전적으로 관리하게 되는 경력이라는 특징을 가진다.

것이 일반적이었다면 이제는 그러한 규범은 변화되고 있다. 경력의 이상을 보여주고 있는 명시적인 안내 지침 자체가 사라진 경력의 시대가 도래한 것이다. 즉, 탈경계적 경력(Boundaryless career)의 시대가 되었다. 그러므로 개인은 자신의 직업적 프로젝트를 진행하면서 이를 재정의하고 재구조화해야 한다.

(4) 관계론적 경력의 관점

새로운 경력에 대한 개념은 개인의 주도성과 주관성을 강조하긴 하지만, 그것은 곧 다른 사람들과의 관계를 통해서만 가능하다. 네트워크가 강조되는 사회에서는 개인은 더 이상 자유로운 독립단위가 아니다. 그 대신 모든 일들은 서로 연계하여 의존하고 협력을 통해 이뤄진다.

주관적 경력 역시 상호 의존적 의미 만들기의 과정 속에서 구성되는 것이다. 즉, 개인의 경력개발은 독자적 노력에 의해서만 이뤄지는 것이 아닌 사회적 관계 속에서 이뤄지는 것이기 때문에 네트워크와 관계는 개인의 경력개발에 중요해질 것이다.

4. 경력개발의 과제

(1) 경력개발의 관점 전환

많은 사람이 경력개발을 회사의 취업과 이후 부서 혹은 회사의 이동 등이나 승진 같은 외부적 조건의 변화로 보는 제한된 관점을 가지고 있다. 물론 이러한 기능적 변화나 외재적 요인의 획득과 이를 위한 과정도 개인의 경력개발에서 중요한 것은 사실이다. 그러나 변화하는 시대에서 새로운 경력개발의 이슈와 흐름을 고려할 때 성공적인 경력개발을 위해서는 관점을 전환하고 확대해야 한다. 또한 스스로 자신의 경력을 개척하고 창조하는 주도적인 경력개발을 하기 위해서는 경력개발 관점의 전환이 필요하다.

(2) 경력개발을 위한 세부 과제

① 자신이 처한 상황 파악

경력개발의 핵심은 자신(가치관, 성격, 직업 흥미, 강점, 대인관계스타일, 직무와 시장에 대한 전반적인 이해)에 대해서 정확히 아는 것이다. 즉, 자신이 무엇을 좋아하고, 잘할 수 있는지 명확하게 아는 것이 중요하다. 이를 위해 많이 경험하고, 성취를 통해 자신의 능력을 확인하고 검증받으며 스트레스 상황과 몰입하는 상황을 통해 진정한 자신의 욕구가 무엇인지 이해하는 것이 중요하다. 그리고 거기에 맞춘 경력개발이 이어지는 것이 필요하다.

② 자신의 역량 극대화

자신이 하고 있는 일에 대해서 자신의 강점을 계속 강화시키려는 노력이 필요하다. 이를 위해 강점을 발휘할 수 있는 일을 선택하는 것이 중요하다. 개인의 역량을 극대화한다는 것은 성과와 흥미를 함께 가지고 있는 '탁월한 강점'을 사용하는 것을 말한다.

③ 자신의 협동 능력을 신장

팀 단위, 네트워크 간의 협력이 조직의 성과를 결정하게 되므로 경력관리의 상황에서 갈등관리, 문제해결능력, 다양한 사람과의 네트워크 능력을 키우는 것이 중요하다. 개인의 노력으로는 한계가 있음을 인지하고 주변의 도움과 협력을 통해 함께 경력개발의 결과를 만드는 것이 중요하다.

④ 자신의 규제 능력의 향상

전문가로서 지켜야 할 윤리강령을 준수하고, 조직에 해가 되는 단기적 이익을 포기하며, 자신의 경력을 계획하고 관리해나가는 능력이 필요하다. 자기규율과 절제를 가져야 한다. 성공적인 경력개발은 자기관리가 선행되어야 한다.

⑤ 지속적 학습과 경력탄력성 유지

개인의 경력개발을 위해 지속적인 학습을 쉬지 말아야 한다. 또한 개인의 경력 진행과정은 본인의 계획과 의지대로 진행되는 것은 아니므로 의도치 않은 상황에서 직업 환경의 변화에 유연하게 대처할 수 있는 경력탄력성이 있어야 한다. 나아가 사회적 변화 가운데 미래에서 요구되는 전문능력을 스스로 개발해야 한다.

⑥ 경력개발의 주도성 확대

개인의 경력개발과 관리에 대한 책임은 일차적으로 개인 책임이다. 미래사회에서 경력관리의 책임은 개인에게 있는 것을 명심하고 이제는 경력을 스스로 계획하고, 자신의 역량을 개발하는 등 경력개발의 주도성과 책임감을 키워야 한다.

⑦ 내·외부 환경의 변화에 대한 인식

지식정보의 빠른 변화가 일과 일하는 방식, 직무환경 무엇보다 경력개발을 변화시키고 있다. 새로운 환경의 변화에 맞춰 경력개발이 필요한 이유다. 나아가 주변 환경에 대한 현실과 변화 동향에 대해 이해하고 이러한 환경이 개인의 경력개발에 갖는 의미를 인식하고 파악하는 것이 필요하다.

⑧ 개인과 조직 차원의 경력개발 요구 조화

경력개발을 위해 일과 삶에 대한 균형뿐 아니라 개인과 조직 간의 경력개발 요구에 대한 조화가 필요하다. 특히 조직 내에서 의미 있는 경력개발이 이뤄지기 위해서는 조직의 요구와 개인의 필요 사이에서 서로의 기대를 충족시켜줄 수 있는 승승의 해결책을 찾기 위한 쌍방의 성숙한 노력이 필요하다.

학습평가 Quiz

1. 아래 보기 중 경력개발 및 고용변동의 요인으로 볼 수 있는 것을 모두 고르시오.

〈보기〉
가. 인구구조 및 노동인구 변화
나. 대내외 경제 상황 변화
다. 기업 경영전략 변화
라. 4차 산업혁명과 과학기술 발전
마. 가치관과 라이프스타일의 변화

① 가, 나, 다　　　　　　　　② 가, 다, 마
③ 가, 나, 다, 마　　　　　　④ 가, 나, 다, 라, 마

2. 아래 내용은 고용변동의 요인 중 어디에 해당되는가?

- 글로벌 경기의 침체
- 보호무역주의 정책
- 글로벌 경쟁의 심화
- 국내 경제의 저성장과 내수시장의 침체

① 대내외 경제 상황 변화
② 4차 산업혁명과 과학기술 발전
③ 기업 경영전략 변화
④ 정부정책 및 법, 제도 변화

3. 다음 중 고용시장의 변동요인 중 불확실성 요인이 아닌 것은?
① 대내외 경제 상황 변화
② 기후변화 및 에너지 부족
③ 기업 경영전략 변화
④ 정부정책 및 법, 제도 변화

4. 아래 내용은 무슨 제도에 대한 설명인가?

> 입사지원서나 면접 등 채용 과정에서 지원자의 출신 지역이나 신체 조건, 가족관계, 학력 등 편견이 개입될 수 있는 정보를 요구하지 않고 대신 직무 수행에 필요한 지식과 기술 등을 평가하는 데 초점을 맞춘 채용 방식이다. 정부는 2015년부터 공공기관 국가직무능력표준(NCS)에 바탕을 둔 채용 제도를 도입하면서 이력서 등에 출신지와 출신 대학, 신체적 특징 등 차별적 요소로 작용할 수 있는 정보를 전형과정에서 배제하도록 권고한 바가 있다.

① 경력직 채용   ② 열린 채용
③ 블라인드 채용   ④ 공개 채용

5. 다음 중 경력개발의 이슈로 적절하지 않은 것은?

   ① 일의 비연속성에 따른 경력의 불안전성
   ② 개인주도적 경력
   ③ 주관적인 구성적 경력의 중요성
   ④ 네트워크 및 관계 지향 경력

6. 프로틴 경력이란 무엇인가?

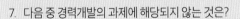

7. 다음 중 경력개발의 과제에 해당되지 않는 것은?

   ① 자신이 처한 상황 파악
   ② 협동능력보다는 개인능력 향상 중시
   ③ 자신의 규제 능력의 향상
   ④ 지속적 학습과 경력탄력성 유지

학습내용 요약 Review(오늘의 Key Point)

1. 경력개발 및 고용변동의 요인으로는 인구구조 및 노동인구 변화, 산업특성 및 산업구조 변화, 대내외 경제 상황 변화, 기업 경영전략 변화, 4차 산업혁명과 과학기술 발전, 기후변화 및 에너지 부족, 가치관과 라이프스타일의 변화, 정부정책 및 법, 제도 변화 등이 있다.

2. 최근 취업시장의 이슈로는 직무적합성 강조, 블라인드 채용, 경력직 선호 현상이 있다. 스펙보다는 능력중심의 채용 문화가 확산되고 있다.

3. 경력개발 이슈로는 네트워크 및 관계지향의 경력의 관점이 중시되고 있다. 이 외에도 최근 사회에서 대두되고 있는 경력개발의 이슈로는 일의 비연속성에 따른 경력의 불안전성, 개인주도적 경력, 주관적인 구성적 경력의 중요성, 관계론적 경력의 관점이 있다.

4. 프로틴 경력(Protean career)이란 변화무쌍한 경력조직보다는 개인에 의해 주도되고 환경변화에 따라 자유자재로 변화가 가능한 능력을 갖춘 경력을 의미한다. 이 용어는 마음대로 자신의 모습을 바꿀 수 있는 그리스의 신 Proteus에서 나온 말로 프로틴 경력은 수직상승이라는 객관적 사실보다는 본인이 느끼는 심리적 성공에 초점을 맞춘다.

5. 무경계 경력(Boundaryless career)이란 21세기 들어 경력 패러다임의 변화가 나타나면서 새로이 등장한 개념이다. 이는 개인의 경력경로가 조직이나 산업, 직업 심지어 국가의 경계까지도 넘어 전개된다는 점을 강조하며 철저하게 조직이 아닌 개인이 전적으로 관리하게 되는 경력이라는 특징을 가진다.

6. 성공적인 경력개발을 위한 당면 과제로는 자신이 처한 상황 파악, 자신의 역량 극대화, 자신의 협동 능력의 신장, 자신의 개인 규제능력 향상, 지속적 학습과 경력탄력성 유지, 경력개발의 주도성 확대, 내·외부 환경의 변화에 대한 인식, 개인과 조직 차원의 경력개발 요구 조화가 있다.

 Mission 자기개발능력에 대한 성찰

자기개발능력 과정을 통해 새롭게 배운 점, 느낀 점과 앞으로 자기개발능력의 개발과 습관화를 위한 구체적인 실천 행동들을 작성하시오.

배운 점	1. 2. 3.
느낀 점	1. 2. 3.
새롭게 실천할 점	1. 2. 3.

사후평가

☑️ 체크리스트

직업기초능력으로서 자기개발능력을 학습한 것을 토대로 다음 표를 이용하여 자신의 수준에 해당되는 칸에 ∨표 하시오.

구분	문항	매우 미흡	미흡	보통	우수	매우 우수
D-1 자기개발 능력	1. 나는 자기개발의 의미를 설명할 수 있다.	1	2	3	4	5
	2. 나는 자기개발능력의 의미를 설명할 수 있다.	1	2	3	4	5
	3. 나는 자기개발의 특징을 설명할 수 있다.	1	2	3	4	5
	4. 나는 현대사회에서 자기개발이 필요한 이유를 설명할 수 있다.	1	2	3	4	5
	5. 나는 자아인식의 개념을 설명할 수 있다.	1	2	3	4	5
	6. 나는 자기관리의 개념을 설명할 수 있다.	1	2	3	4	5
	7. 나는 경력개발의 개념을 설명할 수 있다.	1	2	3	4	5
	8. 나는 자기개발을 방해하는 장애요소를 해결할 수 있다.	1	2	3	4	5
	9. 나는 자기개발 계획의 수립전략을 설명할 수 있다.	1	2	3	4	5
	10. 나는 자기개발 계획 수립이 어려운 이유에 대해서 설명할 수 있다.	1	2	3	4	5
	11. 나는 브랜드의 조건을 설명할 수 있다.	1	2	3	4	5
	12. 나는 자신을 브랜드화하기 위한 전략을 설명할 수 있다.	1	2	3	4	5
	13. 나는 브랜드를 PR하는 방법을 설명할 수 있다.	1	2	3	4	5
D-2-가 자아인식 능력	1. 나는 직장생활에서 나를 아는 것이 왜 중요한지 설명할 수 있다.	1	2	3	4	5
	2. 나는 자아인식의 개념을 설명할 수 있다.	1	2	3	4	5
	3. 나는 나를 알아가는 방법에는 어떠한 것이 있는지 설명할 수 있다.	1	2	3	4	5
	4. 나는 조하리의 창에서 자아를 구분하는 2가지 기준을 설명할 수 있다.	1	2	3	4	5

구분	문항	매우 미흡	미흡	보통	우수	매우 우수
D-2-가 자아인식 능력	5. 나는 다른 사람과의 커뮤니케이션을 통해서 나를 발견할 수 있다.	1	2	3	4	5
	6. 나는 나의 직업흥미를 알고 있다.	1	2	3	4	5
	7. 나는 나의 적성을 알고 있다.	1	2	3	4	5
	8. 나는 흥미와 적성을 개발하는 방법을 설명할 수 있다.	1	2	3	4	5
	9. 나는 자신을 인식하는 데 있어서 자기성찰이 왜 필요한지 설명할 수 있다.	1	2	3	4	5
	10. 나는 자기성찰을 연습하는 방법을 설명할 수 있다.	1	2	3	4	5
D-2-나 자기관리 능력	1. 나는 자기관리와 자기관리능력에 대한 개념을 설명할 수 있다.	1	2	3	4	5
	2. 나는 자기관리 단계에 따라 자기관리 계획을 수립할 수 있다.	1	2	3	4	5
	3. 나는 어떠한 과제를 우선적으로 수행해야 되는지 설명할 수 있다.	1	2	3	4	5
	4. 나는 인내심을 가지고 일을 할 수 있다.	1	2	3	4	5
	5. 나는 긍정적인 마음을 가지기 위한 방법을 설명할 수 있다.	1	2	3	4	5
	6. 나는 업무수행 성과를 높이기 위한 전략들을 설명할 수 있다.	1	2	3	4	5
	7. 나는 합리적인 의사결정의 개념을 설명할 수 있다.	1	2	3	4	5
	8. 나는 합리적인 의사결정 과정을 설명할 수 있다.	1	2	3	4	5

구분	문항	매우 미흡	미흡	보통	우수	매우 우수
D-2-다 경력개발 능력	1. 나는 경력의 개념을 설명할 수 있다.	1	2	3	4	5
	2. 나는 경력개발의 개념을 설명할 수 있다.	1	2	3	4	5
	3. 나는 경력개발의 중요성을 설명할 수 있다.	1	2	3	4	5
	4. 나는 경력단계가 어떻게 진행되는지 설명할 수 있다.	1	2	3	4	5
	5. 나는 나의 경력단계가 지금 어디에 해당하는지 설명할 수 있다.	1	2	3	4	5
	6. 나는 경력개발 계획 수립단계에 따라 나의 경력개발 계획을 수립할 수 있다.	1	2	3	4	5
	7. 나는 경력개발 목표에 따른 적절한 전략을 수립할 수 있다.	1	2	3	4	5
	8. 나는 나의 경력개발과 관련된 최근의 이슈를 설명할 수 있다.	1	2	3	4	5

☑ 평가방법

체크리스트의 문항별로 자신이 체크한 결과를 아래 표를 이용하여 해당하는 개수를 적어보자.

학습모듈	점수		총점	총점/문항 수	교재 Part
D-1 자기개발능력	1점 × ( )개			총점 / 13 = ( )	Part 1
	2점 × ( )개				
	3점 × ( )개				
	4점 × ( )개				
	5점 × ( )개				
D-2-가 자아인식능력	1점 × ( )개			총점 / 10 = ( )	Part 2
	2점 × ( )개				
	3점 × ( )개				
	4점 × ( )개				
	5점 × ( )개				
D-2-나 자기관리능력	1점 × ( )개			총점 / 8 = ( )	Part 3
	2점 × ( )개				
	3점 × ( )개				
	4점 × ( )개				
	5점 × ( )개				
D-2-다 경력개발능력	1점 × ( )개			총점 / 8 = ( )	Part 4
	2점 × ( )개				
	3점 × ( )개				
	4점 × ( )개				
	5점 × ( )개				

☑ 평가결과

모듈별 평균 점수 3점 이상: 우수
모듈별 평균 점수 3점 미만: 부족

참고문헌

구본형 변화경영연구소(2008). 나는 무엇을 잘할 수 있는가, 고즈윈.

구본형(2013). 구본형의 그리스인 이야기, 생각정원.

국립국어원(2008). 표준국어대사전, 두산동아.

그린하우스·칼라난·고드샥, 탁진국 역(2002). 경력개발 및 관리, 시그마프레스.

김권수(2017). 내 삶의 주인으로 산다는 것, 책들의정원.

김병완(2011). 48분 독서법, 미다스북스.

김주영·김윤영·허소현·도재우(2017). NCS 직업기초능력 향상을 위한 대학생활과 자기개발. 아카데미아.

김주환(2011). 회복탄력성, 위즈덤하우스.

김주환(2013). 그릿, 샘앤파커스.

김흥국(2000). 경력개발의 이론과 실제, 다산출판사.

리차드 빅스, 이강선 역(2002). 일과 인생의 균형잡기 밸런스, 팜파스.

마커스 버킹엄, 한근태 역(2009). 강점에 집중하라, 21세기북스.

멜 로빈스, 정미화 역(2017). 5초의 법칙, 한빛비즈.

박일순(2016). 자기계발과 인성함양, 한올.

박정효(2013). 인생디자인북, 알키.

브라이언 트레이시, 정범진 역(2003). 목표 그 성취의 기술, 김영사.

선대인(2017). 선대인의 대한민국 경제학, 다산북스.

스티븐 코비, 김경섭 역(2013). 성공하는 사람들의 7가지 습관, 김영사.

신수림(2021). 직업교육훈련기관의 직업기초능력 향상을 위한 교양교과목 설계에 관한 연구 - 한국폴리텍대학 사례를 중심으로, 실천공학교수법, 13(1).

안젤라 더크워스, 김미정 역(2019). 그릿, 비즈니스북스.

에마 세팔라, 이수경 역(2017). 해피니스트랙, 한국경제신문.

이미연(2017). 진로코칭 워크북, 한올.

이재희(2016). 리더십 프레임, 한올.

이형국·권오관·강기원(2013). 경력개발과 취업전략, 한올.

임경희 · 박미진 · 정민선 · 한수미 · 이종범 · 김진희 · 홍지영 · 문승태 · 김수리 · 최인화 · 조붕환 · 이 인혁(2015). (직업기초능력 향상을 위한) 자기개발과 진로설계, 학지사.

장원섭(2011). 인적자원개발 이론과 실천, 학지사.

존 카터, 유영만 역(2017). 하던 대로나 잘하라고?, 김영사.

존 하몬드 · 헬프키니 · 하워드 레이퍼, 전기정 · 김서규 역(2001). 스마트 초이스, 21세기북스.

캐롤 드웩, 정명진 역(2011). 성공의 새로운 심리학, 부글북스.

켈리 맥고니걸, 신예경 역(2015). 스트레스의 힘, 21세기북스.

피터 드러커, 이재규 역(2010). 프로페셔널의 조건, 청림출판.

하워드 가드너, 우경재 · 문용린 역(2007). 다중지능, 웅진지식하우스.

하이럼 스미스, 김경섭 · 이경재 역(1998). 성공하는 시간관리와 인생관리를 위한 10가지 자연법 칙, 김영사.

하정연 · 오정희(2015). NCS 기반의 인성과 진로, 동문사.

한국고용정보원(2017). 2017 고용 전망, 한국고용정보원.

한국교육심리학회(2000). 교육심리학용어사전, 학지사.

한국교육평가학회(2004). 교육평가용어사전, 학지사.

한국기업교육학회(2010). HRD 용어사전, 중앙경제.

한국산업인력공단(2012). NCS직업기초능력 자기개발능력 워크북 학습자용.

한국산업인력공단(2012). NCS직업기초능력 자기개발능력 워크북 교수용.

한상희 · 허현자 · 정은희 · 윤성은(2017). NCS 기반의 자기개발(긍정심성), 양서원.

해리 백워드, 이민주 역(200). 언씽킹, 토네이도.

• 매거진

dongA.com 비즈N(2012.05.03). [DBR/DBR 경영어록] 월트 디즈니 “무언가를 시작하는 방법 은 말이 아니라 행동이다”.

The Korea Herald(2015.5.21). 대가들의 6가지 ‘몰입’ 비결.

The Sceince Times(2022.4.20). 장애인의 날 특집, 한국의 스티븐 호킹, 서울대 이상묵 교수를 만나다.

교보문고. 빠르게 실패하기 책 소개

글로벌 이코노믹(2020.12.05). 심리학자 한성열의 힐링마음산책.

동아일보(2016.6.21). 스트레스의 힘… 이겨낼 수 있다는 ‘믿음’ 가져야.

로이슈(2021.10.21). [고용이슈] 직장인의 44.2% '하던 직무 바꿨다' 가장 큰 이유는?.

사람인 취업뉴스(2022.3.3). 기업 5곳 중 3곳, "AI 도입, 채용에 도움된다" … 도입 의향도 46%.

연합뉴스(2022.10.30). [SNS 세상] "인스타로 취업 준비해요".

월간 HR Insight(2020.5). 글로벌 기업들이 동료평가를 효과적으로 활용하는 방법.

인더스트리뉴스(2021.11.04). 국내 회사원 94% "경력개발도 AI 기술이 사람보다 나아".

한국직업능력연구원(2022). KRIVET Brief Issue 20대의 직업가치관 변화.

• 사이트

http://blog.naver.com/molab_suda 고용노동부 공식블로그 내일을 위한 수다.

http://smartsmpa.tistory.com/1397 CPTED- 디자인으로 범죄를 예방하다.

http://webzine.kpc.or.kr/bo/bbs/board.php?bo_table=column&wr_id=74 성공적인 경력개
발을 위한 다섯 가지 점검 사항.

http://www.career4u.net/ResourceCenter/intro.asp 어세스타 자료실.

http://www.counselling.or.kr 한국자살예방협회사이버상담실(2022). 자가진단 테스트 '스트레
스 척도'.

http://www.dailypop.kr 자기투자에 올인하는 '자(自)테크 인기'.

http://www.impacton.net/news/articleView.html?idxno=4512.(2022.7.14.) 팬데믹 이후 고용
시장 불안 지속.

http://www.ncs.go.kr/ncs/page.do?sk=P1A4_PG09_005 자기개발능력 동영상 강좌.

https://blog.naver.com/elfpenguin/221524738272 워렌 버핏을 특별하게 만든 재능.

https://m.blog.naver.com/PostList.nhn?blogId=ecraft1486 의사결정이 바꾼 기업의 운명.

https://www.dailypop.kr/news/articleView.html?idxno=47336 (2020.10.15.) [슬기로운 집콕
생활] 수치로 보는 코로나 19속 '자기계발'.

https://www.dailypop.kr/news/articleView.html?idxno=61820 (2022.8.4.) 자기투자에 올인
하는 '자(自)테크 인기'.

https://www.jobkorea.co.kr/goodjob/tip/view?News_No=18259&schCtgr=120001&Page 잡
코리아 취업 스펙의 변천사.

https://www.mindgil.com/news/articleView.html?idxno=72632(2021.10.27) 마음건강길, [3
분 꿀팁] 좋은 소식이 내 신체 '면역력' 높여준다.

www.ncs.go.kr 국가직무능력표준포털사이트(2017).

NCS 자기개발능력

초판 1쇄 발행　2018년 1월 15일
2판 1쇄 발행　2023년 1월 10일

저　자　조 형 훈
펴낸이　임 순 재
펴낸곳　(주)한올출판사
등　록　제11-403호
주　소　서울시 마포구 모래내로 83(성산동 한올빌딩 3층)
전　화　(02) 376-4298(대표)
팩　스　(02) 302-8073
홈페이지　www.hanol.co.kr
e-메 일　hanol@hanol.co.kr
ISBN　979-11-6647-292-3

NCS 자기개발능력

NCS 자기개발능력

NCS 자기개발능력